거룩한 천국

저 높은 곳을 향하여

금식 전도자 : 박이스라엘

예수님 사랑해요!

하늘사랑출판사

거룩한 천국

저 높은 곳을 향하여

금식 전도자 : 박이스라엘

이 책은 하나님 아버지께서 자신의 일을 위해서 한 사람을 낳고 기르신 과정을 그린 책입니다.
"내가 거룩하니 너희도 거룩할 지니라"

(레19:2, 벧전1:16)

사람의 영혼을 거룩하게 하는 금식을 전파하기 위하여 가르치시고 이끄시는 과정, 따라 하느라고 수고한 일들, 사람을 사랑하시고 영혼들을 아끼시는 아버지의 사랑이 들어있는 책입니다.

너무 더운 한여름에 쓰다 보니 피곤하여 밤 12시 기도자리에 나가자마자 머리가 의자에 가서 닿았다. 그런데 "큰 손 하나가 나의 오른쪽 머리와 팔을 받쳐서 세웠는데" 꿈·환상이 아닌 실제 상황으로 나를 일으켜 머리를 똑바로 세워놓았다. 처음엔 어안이 벙벙하여 놀랐으나 곧 정신을 차리니 다니엘 말씀이 생각나서 말씀을 찾았다.

다니엘 10:10-11절에, "한 손이 있어 나를 어루만지기로 내가 떨었더니 그가 내 무릎과 손바닥이 땅에 닿게 일으키고 내게 이르시되 '큰 은총을 받은 사람 다니엘아!' 내가 네게 이르는 말을 깨닫고 일어서라 내가 네게 보내심을 받았느니라."

우리 예수님께서 십자가 지시고 부활하심으로 이 지구의 사람들에게 부활의 첫 열매가 되셨듯이 부족한 저를 택하여 죽이시고 하늘의 비밀을 알게 하시고 그 비밀을 통하여 나라를 거룩케 하여 제사장 나라 만들어 복 주시고자 하시는 것이 하나님의 뜻이었다.

그래서 육을 죽이시고 혼을 깨뜨리시고 영으로 살게 하셔서 하늘의 비밀을 깨닫게 하시고, 이 방법을 통하여 나라와 교회와 가정을 행복으로 이끌어 거룩한 나라를 만들어 주시고, 제2의 이스라엘을 만들어 세계의 으뜸가는 나라요 평화통일을 이룬 나라요 이웃나라에서 돈 빌리러 오는 나라요 잘되고 행복하나 하나님을 버리지 않는 나라요 예수님 오시는 그날까지 온전한 그리스도의 나라를 만들어 영광 받기를 원하시는 것이 하나님의 뜻이요 그 나라로 택함 받은 이 나라를 그렇게 해주시겠다는 약속을 이루어 주시겠다는 것이 "큰 손이 내 머리와 오른 팔 어깨를 받쳐 일으켜 준 현상"이라 말씀하셨다.

나는 그동안 꿈·환상으로 아버지와 예수님 성령님을 많이 만나고 많은 음성을 들었다.

실제 상황 같은 일이 많이 있었으나 "나를 어루만져 일으키신" 체험은 처음이다. 이 체험은 나 개인의 체험으로 끝난 것이 아니고 우리 민족 모두를 사랑으로 어루만지시고 새롭게 역사하실 하나님의 사랑의 어루만짐으로 믿고 전하고 싶습니다.

나는 43세에 망하여 금식하다가 죽어 버릴 마음도 있었습니다. 수 백 번 성경을 통독하고 수많은 금식을 통하여 하나님이 기뻐하시는 금식이 무엇인가를 깨닫게 하셔서 4권의 책을 쓰게 하셨습니다.

꿈이나 환상은 하나님께서 우리에게 주신 하나님의 음성이라 할 수 있습니다. 우리에게 고난이나 어려움이 있다면 꿈·환상을 통하여 고난의 원인이 무엇인가를 말씀하실 때가 많습니다. 곧 병원에 가면 먼저 진단을 받는데 꿈·환상은 곧 내 영혼의 상태, 내면의 진단이라 할 수 있습니다. 그리고 금식은 꿈·환상을 통해 주신 진단에 처방 약입니다.

하나님 앞에 잘못된 점이 무엇인가 철저히 통회자복의 금식을 통해 죄와 저주가 끊어지고 성령 충만 받게 되면 하나님의 임재와 동행이 이루어지게 되고, 마음속에 하늘의 은혜의 햇살이 비추게 되어 내 마음에 기쁨과 행복의 삶을 살게 되고, 하나님께서 나를 향한 계획과 뜻이 이루어지게 됩니다.

나 자신의 미련하고 어리석음으로 실패의 인생을 살았지만 오직 하나님의 은혜로 회복된 내 인생의 삶을 고백하므로 모두

6

가 하나님의 은혜로 회복되기를 빌면서 내 인생 스토리를 고백합니다.

하나님께서 우리 민족을 제 2의 이스라엘 민족으로 선택하셔서 하나님께서 기뻐하신 금식을 하면 한국교회 새로운 부흥의 역사가 이루어지고, 통일한국 7천만 동포가 복음화 되어 세계 열방을 살리는 일에 독자 여러분이 주역이 되시기를 하나님께서 원하고 계신 것을 증언합니다.

저같이 부족한 자를 하나님께서 많이 만나주셨고, 많은 신령한 하늘의 비밀을 받았는데 정확히 책 저술에 미숙하여 소통의 어려운 일도 많았습니다. 언어 표현 부족으로 의사 전달을 제대로 못한 내 모습을 알게 되었습니다. 전라도 완도 섬마을에서 태어났는데 어느날 아버지가 때리면서 말씀하시기를 배워서 뭐하느냐고 하신 말씀 때문에 학교를 못가게 되면서 중 2때 중퇴하고 서울에 무작정 상경하여 식모살이(가사 도우미) 생활을 했던 나 같은 자도 하나님께서 얼마나 사랑하여 주셨는지 어떻게 일으켜 세워주셨는지의 내 삶의 고백을 적으면서 하나님의 경륜과 섭리의 인도 앞에 하나님의 크신 사랑에 감사한 마음으로 이 책을 쓰면서 수많은 눈물을 흘릴 수밖에 없었습니다.

저 개인의 신비적 체험으로만 생각하지 않고 끝까지 읽으시면 새롭게 더 깊이 하나님을 만나는 은혜가 있을 것을 확신하면서 영적 계시인 하나님의 언어를 우리말로 표현하는데 한계가 있기에 마음의 문을 열고 긍정의 마음을 가지시면 성령의 조명이 있을 것을 확신합니다.

며칠 전에 한 꿈을 꾸었다.

조그만 방에 15명 정도 되는 목사님들이 들어계신다.(우리나라에 멋진 목사님들을 계속 보여주시고 계셨다) 그곳에 내가 들어갔는데 번쩍번쩍 빛나는 금 나팔을 가지고 들어갔다.

나팔의 밑 부분 길게 뻗어있는 부분이 있는데 그곳에 누르는 조절 기능이 붙어 있었다. 그곳에 들어갈 때에는 그 기능이 왼쪽에 있었다. 그런데 박00 목사님께서 오른쪽으로 조절 기능을 바꾸어주셨다.(율법 설교를 은혜의 복음 설교로 가르치심) 오른쪽 손가락 다섯 개로 누르고도 조금 떨어진 곳에 두 개가 더 있는데 손가락이 더 없다. 그래서 다섯 개만 누른 상태로 나팔을 불었다. 드디어 소리가 났다. 그런데 빠아아아앙하고 멋진 소리를 내길 바랐는데 뚜우 하는 내가 원하는 멋진 소리는 안 났다. 그러나 계속 연습하면 잘되는 것이 인생이다.

금 나팔의 받침은 말씀이요 다섯 개의 조절 기능은 벧엘의 다섯 가지 핵심 내용이고, 기적의 성령 충만의 뒤편에 있는 그림으로 성령 충만을 위하여 금식하고 금식하면 사마귀가 빠져나가고(골리앗) 꿈 · 환상으로 응답받아 순종하고 은사 받아 하나님을 섬기는 것이다.

꺾기만 하는 설교자를 오른쪽 기능 예수님의 사랑과 훈계, 책망을 함께 하여 할 수 있도록 가르쳐주셔서 사랑의 설교자로 바뀌고 있는 것이다.

이것은 저에게 한 분과의 만남의 복입니다. 인생은 만남이라

할 수 있는데 이 작은 자에게 하나님의 은혜와 사랑의 고백의 책이 우리 하나님의 크신 은혜와 사랑을 더 깊이 깨닫는 역사가 모든 독자에게 있으시기를 축원 드립니다.

2016년 8월 22일

무더운 여름, 벧엘의 나의 작은 방에서 박이스라엘

목차

1장

낳고 기르시는 하나님

어린 시절

　전남 완도군 군외면 삼두리 생각만 해도 아름답고 소박한 섬 마을 바닷가에서 태어났다.

　마을 자체가 바다하고 닿은 듯이 있어서 늘 바다가 친구인 마을이다. 초등학교 뒤에 있는 큰 집에서 낳고 자랐다.

　초등학교 1학년 1학기까지, 화장실도 탄탄하게 잘 만들어져 있었고 펌프와 샘이 함께 있었고 마루가 엄청 넓어서 한참 뛰어가야 했고 대문은 언제나 나에게 위협적으로 컸다.

　초등학교 1학년 2학기 때에 나는 엄마를 따라 이사했다. 완도군 군외면 망축리로, 그 집은 산 밑에 있었고 방 하나 부엌 하나, 화장실은 가로 세로 나무 두 개 올려놓았다 앉으면 구멍이 눈앞에 하나 뚫려있어서 산이 보이고 무덤이 함께 눈에 들어와 발밑도 무섭고 눈앞의 무덤도 무서웠다. 집 밑에는 집보다 세배 더 큰 연못이 있었는데 그곳에 물이 가득 차 있는 여름에는 우리의 수영장이 되었다. 어려서 왜 이런 곳으로 이사 왔는지도 모른 채 엄마와 할머니 우리 5남매는 이 작은 방 하나에서 모두 잠을 자야 했다.

　할머니는 고향을 떠나시는 것이 너무나 힘드셔서 친척집에서 사카린 장사를 하시면서 얻어먹고 다니시다가 아들은 없고 며느리 혼자서 온갖 고생하며 애들 키우고 있는 자신의 단칸방 집을 가끔 오셨다 가셨다 하신다.

엄마는 먹고 살길이 막막해서 행상 나가시고 열 살 위인 큰 오빠와 일곱 살 위인 언니는 서울로 돈 벌러 가서 없고 네 살 위인 작은 오빠와 세 살 아래인 남동생과 거의 집에 있었다. 엄마는 자신이 행상 다니실 때에 잠재워주시는 것이 좋으셨는지 우리 집에는 행상 나오신 아주머니들이 자주 함께 주무시는데 아주 곤욕이다. 방 하나에 다섯씩 여섯씩 자는데 이분들은 아랫목에서 앉아있다 가겠다고 앉아계시는데 자다가 보면 내 입에 그분의 발이 늘 와있고 엄마는 우리의 밥을 덜어서 그분들을 대접하는 것을 늘 보고 살았다.

엄마는 옆에 있는 산을 천여 평 얻어가지고 그것을 개간하시느라 나는 늘 그 산에서 돌 던지기, 나무뿌리 잡아당기기 등을 하며 철없이 자라나고 있었다.

그런데 초등학교 4학년 때에 나에게 이상한 현상이 일어났다. 학교에서 아이들하고 싸우고 남자애들, 여자 친구들을 때리는 등 난폭하고 아주 이상한 일들이 일어난 것이다. 이것이 너무 심해서 친구들의 엄마나 아빠가 집에 쫓아오고 나는 맞아서 귀가 때로는 얼굴이 퉁퉁 붓고 잘 안 들리기도 했다. 학교에서 돈 가지고 오라고 하면 "엄마 돈" 하면 바로 안 주면 계속 울고 학교를 가지 않고 집 주위를 돌며 울고 떼를 쓰며 엄마를 약 올리고 욕하곤 했다. 작은 오빠하고도 계속 싸워 두들겨 맞고 언니도 때리고 지금 생각하니 정말이지 아찔한 아이의 행동이 나타나고 있었다.

　그런 나 때문에 온 집안이 시끄러웠다. 여잔데 여자가 하는 일
은 안 한다. 방청소, 밥, 설거지, 집안에서 하는 것은 못하고 밖
에서 놀고 때리고 맞고 띵깡 부리고, 저녁이 되면 서울에서 있
다온 언니의 목소리가 높아진다. 설거지 좀 해놓으라고 하면 씻
지 않고 건져서 엎어놓고, 청소하라고 하면 걸레 끝 잡고 슛! 하
고 방구석에 걸레 던져놓고 도망가 버리기 때문이다. 속상한 언
니 어찌할 줄 모르고 펄펄 뛴다.

　학교는 아랫마을 연내에 있어서 학교 끝나고 산 밑에 있는 우
리 집을 올려다보면 때론 두 명 세 명씩 어쩔 땐 한 명씩 우리 집
대문 앞에 어른들이 서 계신다. 약 삼사백 미터 정도 되기 때문
에 환하게 보인다. 누구냐 하면 내가 때린 애들의 엄마나 아빠
다. 그런데 우리 집엔 아무도 없어서 내가 올라가면 내 편을 들
어줄 사람이 없다. 나는 아빠가 없는 채로 가난하기 때문에 아
무도 없는 것이다.

　우리 아빠는 전라도에서 알아주는 인물이라는데 입술이 야무
지게 생긴 사진이 방문 열면 정면에 붙어있으나 사진뿐이지 살
아있는 아빠는 본적이 없다. 그런데 살아는 있다고 한다. 남의
아빠는 살아 있으면 집에 있는데 우리 아빠는 없다.

　그래서 나는 빤히 보이는 집에 올라갈 수 없어서 논둑에 앉아
심심하니까 해가 져서 그분들이 돌아갈 때까지 논다.

　책이란 책은 내 손에 오면 그 논둑에 앉아서 다 읽는다. 만화
책, 동화책, 소설책 어려운 때였지만 내가 읽을 것은 늘 손에 있
었다. 봄이 되면 모내기 하려고 논을 써레질해서 곱게 만들고

물을 받아 놓으면 그리로 뱀들이 쉬익 지나가고 개구리도 뛰어다닌다. 나는 돌멩이를 들어 던져서 뱀의 머리도 맞춰서 죽이고, 중간에 맞으면 꺾어서 죽이고, 개구리도 잡고 돌팔매 명수가 따로 없다.

다윗의 돌팔매질을 그때부터 하고 있었다.

구멍으로 들어간 뱀은 꼬리 잡아 댕기고 안 나오면 찔러 죽인다. 포악하기 이를 데 없이 변한 것이다. 하루에 산에 들에 바다까지 뛰어 다닌다. 바닷가에 앉아서 모래집을 짓고 그곳에 물이 나오게 만들어서 바다로 생수가 흐르게 해놓기도 한다. 웬일인지 돌아다니기만 하지 진득하게 앉아서 뭔가를 못하기 때문이다. 나도 소꼴이나 염소 꼴을 베고 싶은데 우리 집은 그런 것이 없다.

방학이 되면 밥이라도 얻어먹으라면서 이모네 집에 보낸다. 이모 손자 보러 보냈는데 지금 생각하니 아이가 나를 봤지 나는 아이를 못 본 것 같다.

내 이름은 섬 머슴아! 고삐 풀린 망아지였다. 우리 할머니가 그렇게 부르셨다. 이렇게 초등학교 4학년 2학기, 5학년 1학기쯤 된 것 같다. 하루는 학교 갔다 집에 오니 할머니께서 고향에서 돌아오셔서 대성통곡을 하고 우시며 하시는 말씀이 "나쁜 년, 나쁜 년, 내 손녀딸이 네 년 딸을 좀 때렸기로 어떻게 지가 그럴 수가 있어? 내 손녀딸은 애비가 있단 말이여"하며 울고 계신다. 나는 금방 알아들었다. 내가 때린 아이의 엄마가 왔다 갔구나. 할머니께서 하시는 말씀이 "나쁜 년을 쫓아가서 머리를 다 잡아 뜯어 버릴거여" 내가 듣고 있다가 "할머니 그러세요. 얼른 가서 다 찝어 뜯으시라구요. 애비가 어디 있어요" 하고 소리 지르니 저 바다 건너 쪽을 가리키며 거기 있다는 것이다. 내 아빠는 그분의 아들이다. 내 아버지가 "어디 있어요? 없잖아요!"하고 소리를 고래고래 지르면서 "가서 그년 머리나 다 찝어 뜯으시라구요" 하면서 나가서 무엇을 하고 다닌 지 기억이 없다. 또 고무줄하고 땅따먹기 하고 노는 친구들 고무줄 자르고 땅따먹기 놀이하는 친구들 훼방하고 돌 던져 버리며 다녔을 것이다.

다음날도 학교에서 돌아오니 할머니께서 또 울며 똑같은 말씀을 하신다. "할머니 아직도 안 가셨어요? 그년 머리 뜯으러" 소리를 버럭 지르고 나가버렸다. 삼일 째 되는 날도 여전히 할머니는 똑같은 말씀을 하시면서 울며 내 아들이 있다 살아있다고 대성통곡하며 3일 째 우신다.

바다가 환히 내려다보이는 조그만 우리 집, 아무리 봐도 아빠는 안 보이는데 할머닌 있다고 우기시면서 우시는데 어린 내 마음에도 울컥 눈물이 앞을 가린다. "에이 이제 안 때려" 하고 돌아서서 나갔는데 그 뒤로 거짓말처럼 손발이 멈춰졌다. 나는 모르고 있었으나 하늘의 아버지께서 나를 불쌍히 여기셔서 내리신 은혜로 알고 있다.

나는 위가 몹시 약해서 고구마 감자만 먹고 살 수밖에 없는 시절인데 그것을 먹을 수 없었다. 못 먹어서 목이 너무 가늘었다. 엄마는 밥을 조금 남겨 두었다가 나를 주시곤 하셨다. 지금도 잘 안 넘어간다. 위도 약해 고쳐주셨건만 원래 강한 사람처럼 고치진 못 하신다고 한다. 그 상태에서 좋아지게 하신 것이다.

나물 캐러 가도 서너 개 이상 못해, 반지락(바지락) 캐러가도 서너 개, 나무를 하러가도 한주먹, 항아리 물동이는 주는 대로 다 깨먹었다. 드는 힘이 없어서 올리다가 팔이 바들바들 떨리며 떨어뜨리고, 집 안 일은 도통 하려들질 않으니 우리 온 식구들의 골치 덩어리였다.

  그렇다고 모두 나쁜 것만은 아니었다. 공부는 집에서나 학교에서나 해 본적이 없는데 듣기만 해도 100점, 아님 하나 틀린다. 말을 잘했는지 초등학교 4학년 때 전교 회장을 시켜 놓았는데 무서워서 죽어라고 도망 다녔고 방과 후에는 학교에 있는 풍금을 치기 위해서 늘 유리창을 넘어 다녔다.
  하루는 4학년 때 유리창을 넘어 들어가서 피아노를 몰래 치며 선생님들에게 질책거리인 내가 피아노 치다 도망치는데 선생님께서 부르신다. "선희야! 도망가지 말고 풍금 쳐라. 내가 선생님들한테 말해 놓을게" 도망가는 나의 뒤에다 대고 하시는 말씀이다. 나도 지금 그 선생님처럼 아이들이 해보고자 하는 것은 무엇이든지 해보도록 배려하는 선생님이 되었다. 그 뒤로 나는 풍금을 잘 칠 줄은 모르지만 친구가 없는 나에게는 늘 나의 친구가 되어서 "아빠하고 나하고 만든 꽃밭에 채송화도 봉숭아도 피었습니다......."
  아빠 없는 서러움을 이렇게 노래로 달래고 있었던 것 같다. 어른들에게 인사를 잘해서, 이쁜 것이 인사성도 밝다고 칭찬을 많이 들었고 어른들하고도 대화를 하면 어떻게 저런 어린 아이한테 내가 위로를 받는다고 좋아하셨다. 특이한 것은 친구가 없었다. 만나면 때리기 때문에 모두 피했고 나도 그 애들이 좋지 않앉기 때문에 별로 절친하게 지낼 수 없었다.

부잣집 아이들이 여럿이 있어서 늘 깨끗하고 예쁜 옷에 어른들이 늘 잘 챙겨 주어서 바르게 자라고 있는 아이들이 눈에 띄지만 나에게는 그림일 뿐이었다. 거기에 대한 마음의 상처가 나를 그렇게 포악하고 악한 쌈쟁이로 만들어내지 않았을까 어린 아이 때에도 고통을 받으면 귀신이 들어가서 사람이 사람이 아닌 것이다.

6학년이 되었을 때 원래 키가 커서 앞에 있었는데 다른 애들이 커지는 바람에 나는 상대적으로 작아졌다. 지지리도 공부도 못해서 찍소리 못하고 있던 바보 같은 아이가 갑자기 키가 커지더니 별것도 아닌 것을 가지고 내 머리를 잡아 흔든다. 아무리 놓으라고 해도 놓질 않고 계속 잡고 있으니 나도 그의 머리를 잡았으나 너무 아파서 내가 먼저 놓고 있는 사이 담임 선생님이신 외삼촌이 오셔가지고 전후 사정을 묻지도 않고 우리 둘을 세워놓고 엉덩이를 마구 때렸다. 나는 너무 억울해서 왜 묻지도 않고 때리느냐고 앙탈을 부리고 나서 혼자 다짐했다. "다시는 싸우지 않고 말로 설득을 해야겠다."

그 뒤로 싸움은 완전히 사라지고 중학교에 가기 위해 열심히 공부했으나 산수가 자꾸 이해가 안 되어 머리를 싸매며 해보려 했으나 역부족인 채로 반 깎아 주는 장학생으로 중학교에 입학하게 되었다.

엄마와 언니가 무척이나 좋아해 주셨다. 우리 언니는 나에게 엄마와 같은 사람이다. 엄마 대신 돈 벌러 서울에 가지 않으면 모든 것을 다 해줬다.

중학교에 들어가면서 집나간 아버지를 언니하고 오빠가 여수에 가서 기적같이 찾아왔다. 이 사건이 나의 일생을 바꾸는 이상한 계기가 되고 말았다.

아버지는 작은 부인을 얻어서 한곳에서는 딸 하나 또 얻어서 아들 둘, 딸 하나를 낳고 계셨다. 이름이 곰보 작은 엄마다. 함께 계시다가 집으로 돌아오셨으니 그쪽인들 오죽했겠는가? 쫓아와서 엄마를 때리고 세 아이들을 데려다 났다 데려갔다를 반복하며 폭군 노릇을 하며 1-2년쯤 계셨던 것 같다.

중 2때 1학기가 끝나고 여름 방학이 되었다.

집에 와서 "엄마"라고 불렀지만 안 계셨다. 아빠만 계셨다. 나는 원래 하던 대로 "아빠, 돈 15원 주세요. 숙제해야 되요" 하니까 아빠가 없다고 하신다. 우리 엄마는 나한테 절대로 없다고 안 하시고 그냥 주신다 그 말했다가는 그날 집이 엉망이 되어버리기 때문이다. 아빠는 날 키우지 않으셨기 때문에 나에 대한 지식이 전혀 없으시다. 나는 화가 나서 방으로 들어가서 앉아있으니까 아빠가 "빨래 걷어라"고 하신다. 두 말 않고 "싫어요", "빨래 걷어라", "싫어요" 했더니 아빠가 마루에서 방으로 들어오시더니 나를 뒤에서 뭔가로 때리기 시작한다. 나는 때리려면 때리세요 하고 그냥 앉아있었다. 그런데 계속 때린다. 계속 맞고 앉아있었다. 얼마나 그렇게 하고 있었는지 모른다. 뒤에서 엄마의 비명소리가 들리더니 방으로 들이닥쳐서 나를 일으킨다. 일어나서 보니까 어제 패놓은 장작으로 때리고 계셨다. 그러면서 "배워서 뭐해 학교 관둬" 하시며 때린 것이다. 일어나서 보니까 무서웠다. 쏜살같이 도망치는데 쫓아 나오신다. 너무 급하게 도망치다가 집 앞에 방죽으로 슝 날라서 빠지고 말았다. 물은 가슴까지 찼다. 엄마가 너무 화가 나셔서 그 방죽으로 들어오셔서 함께 죽자고 때리신다. 왜 키우지도 않은 당신이 와서 내 귀한 딸을 때리냐는 것이다. 속상해서 엉엉 우는 엄마를 물속에서 발로 걷어차면서 "왜 죽어" 하고 방죽에서 나와서 도망치기 시작했다. 아빠도 얼마나 끈질긴지 계속 쫓아오신다. 그러나 다람쥐 같은 나를 이길 순 없었다.

산으로 도망쳐서 아빠를 따돌렸고 나는 그 밤에 집에 못 들어갔다. 밤새 술을 사다 마시면서 "요년 선희 어디 있냐?" 하고 고래고래 소리 지르시면서 찾는데 그 소리 듣고 학교에서 퇴근하고 집으로 가시던 삼촌 선생님이 내 조카를 누가 왜 찾느냐고 올라오셨다가 진탕 맞고 가셨다. 그 밤은 참으로 암담한 밤이었다.

그 이후 아빠는 또다시 우리를 버리고 어디론가 사라지셨다. 나는 아빠랑 살아보지 못해서 몰랐다. 내가 아빠 닮았다는 것을, 4개국 외국어를 하시고 그 시절 안기부 같은 곳에 근무하시고(서울에서) 일본에 회의 하러 뽑혀 가시고(기념시계 큰오빠 주시다) 6.25때 포로 설득도 하러 다니셨으나 결혼하기 전 아빠를 만났을 때 아빠는 또 거지셨다.

할머니께서 아빠 낳으실 때 ☆ 꿈을 꾸셨는데 하늘에 달이 떠 있고 할머니 치마로 붓 먹과 노트가 내려와서 받아 안으셨다고 하신다. 그러나 우리 아빠의 인생이 밝지 못함을 예고하셨다. 달밤이었기 때문이다. 자신이 빛을 보지 못하고 고난 속에 있으셨으므로 배울 필요가 없다고 하셨고 우리 형제들은 아빠의

1-2년의 출현으로 다니던 학교를 모두 관두게 되고 어려움 속으로 다시 들어가게 된 것이다.

아빠의 저주스러운 주먹을 해결하실 수만 있었다면 아빠도 아마 한자리하고 떵떵거리고 사셨으리라고 생각한다. 그러나 아빠는 그렇게 못하신 것이다. 나는 방학이 끝나고 학교를 가야 하는데 아빠의 말소리가 머릿속에 맴돌며 결국 학교를 못 갔다. "배워서 뭐해" 보모의 말은 자녀의 복과 저주를 좌우했다. 성경대로......

그러나 우리 아빠가 나에게 저주만 내려주신 것은 아니다. 밖에 거친 일은 좋아하고 집안일은 싫어하는 것 때문에 시끄러운 우리 집, 어느 날 아빠가 삽을 가지고 밭에 가시면서 누가 같이 가자고 하신다. 삽 들고 따라나선 나를 보고 언니가 소리친다. "집안일 하라고!" 뒤도 안 돌아보고 아빠를 따라 간다. 아빠가 휙 돌아보시면서 "두고 봐라 이런 놈이 더 잘살게 될테니까!" 하신다. 이 말씀 또한 나의 삶 속에 늘 살아 역사한다. "그럼 잘 되고말고 내가 제일 잘 될거야!"

말 그대로 잘 되고 있다.

"입술의 열매를 짓는 나 여호와"(사57:19)

중학교에서는 학비를 학교에서 다 내줄테니 다시 등교하기를 간절히 구했으나 나는 가지 못했다. 갑자기 중 2짜리가 집에서 할 일이 없어지고 옆집 친구는 교복입고 우리 집 앞을 지나 학교를 간다. 그것을 보는 엄마와 내 마음은 견딜 수 없이 격동이 일어나서 집에 있을 수 없어 아무런 대책도 없이 서울로 향했다.

2장

서울의 얕은 물속으로

서울로

큰 오빠 언니가 서울에 왔다 갔다 했으나 서울에 살 수 있는 거처를 마련하지 못한 상황이었던 것 같다. 있을 곳이 없어 외갓집 할아버지 동생 이모들이 서울에 있어서 이집에도 조금 있어 보고 저 집에도 조금 있어 보았으나 안정할 수 없었다. 머릿속에는 온통 공부해야 한다는 생각으로 가득했으나 잠잘 곳이 없어 할 수 없었다. 휘경동에 있는 BYC메리야스 만드는 공장에 넣어주었으나 두 달도 못 다녔다.

또 친구들이 중학교 못 다니고 올라온 애들이 어디엔가 있어서 함께 어울려 공장에 다녀 보았지만 도저히 안정할 수 없었다. 다시 공부해보기로 하고 식모살이를 자청했다. 애기 난 선생님네 집이다. 애기 수발들어 주고 공부 가르쳐주는 조건이다. 아내는 초등학교 선생님, 남편은 고등학교 선생님이었던 것 같다. 이렇게 낮에는 살림을 할머니 시키시는 대로 거들고 밤에는 공부했다. 육 개월쯤 지났을 때도 잘 알아들을 수 없었다. 그런데 밤에 공부를 가르치는 선생님께서 지금 생각하니 얼마나 피곤하셨을까? 그런데 어느 날 밤 그 선생님이 슬그머니 내 손을 잡는다. 내 나이 18세쯤 되었을까 그 뒤로 공부만

하려고 하면 가슴이 콩닥거려서 도저히 할 수 없었다. 나는 공부하려고 왔기 때문에 그곳에 있을 필요가 없어서 그만 그 집에서 나와서 사촌언니의 도움으로 학원 하는 집으로 옮겨서 식모살이를 하게 되었다. 그런데 워낙 주방 일을 잘못하기 때문에 거기서도 못 견뎠다. 그 분들은 잘못해도 괜찮으니 그냥 있으라고 하지만 나 자신이 견딜 수가 없어 이리저리 헤매고 다닌다. 머릿속에는 공부를 해야 한다는 일념뿐이지 돈을 번다든지 어떻게 해서 방이라도 얻어야 된다는 생각을 못했다. 할 수도 없었다.

식모살이하는 그 돈도 뺏어다 쓰는 사람이 있었다. 나는 다시 사촌 언니의 신세를 질 수 밖에 없었다. 언니도 단칸방인데다 큰 처녀가 한 방에서 몇 달을 살았으니 그때 언니의 고통이 오죽했으랴 형부가 할 수 없이 내가 갈 곳을 찾았는데 나라에서 무료로 기술 가르쳐주는데 찾아주었다. 경기도 어디였는데 그곳은 미용, 재봉, 운전 등 다양한 기술을 가르쳐서 사회로 내보내는 역할을 하고 있는 곳이었다.

이층으로 된 다다미 숙소에서 자고 합숙하며 배우는 곳인데 나는 거기서도 꼭 얼빠진 사람처럼 말도 못 알아듣고 빠리빠리하지 못하고 이리치고 저리치이면서 운전을 배웠다.

미용, 미싱을 배워서 사회로 나가라고 했지만 도저히 앉아있는 일을 하지 못하는 나는 운전을 택했다. 면허증을 그곳에서 딴 것이다. 지금 알고 보니 그곳은 비행 청소년들을 데려다가 기술 가르쳐서 내보내는 곳이었던 것 같다. 나는 하도 비리비리하고 오줌도 싸고 이상하게 정신을 차리기 어려운 곳이었다. 지금 생각하니 비행청소년들의 악한 영들을 이기지 못하고 고통당한 모양이었다.

면허증은 땄는데 잘 곳도 없고 무엇을 해야 할지 몰라 생각의 방황을 계속하다가 사촌 언니에게 말해서 포항에 계시는 아버지를 찾아가야겠다고 하니 언니 입장에서는 골치 덩어리가 간다고 하니 차비를 줬던 것 같다. 무작정 포항제철로 갔다. 그곳에 아빠가 계신다는 것이다. 말 듣기로 포항제철의 박사장님이 서울에 있는 아빠를 불러가셨다고 들었다.

갈 때는 좋았는데 가보니 아빠를 찾을 수 없었다. 포항제철을 다 뒤졌다. 어떤 젊은 청년이 나를 오토바이에 태워 친절하게도 함께 찾아줬으나 허사였다. 밤이 되니 갈 곳 없는 나를 포항 바닷가로 데리고 갔다. 겨울은 아니었던 것 같다. 가서 술을 먹으면서 날더러 먹으라고 해서 싫다고 했는데 자꾸 권해서 한 두 잔 받아먹은 것 같다. 나를 데리고 여관에서 재워준다고 갔는데 자신이 총각이고 어디어디 산다고 한다. 그 작은 여관방 둘이 누우면 딱 맞다. 그런데 이 사람이 밤에 가질 않고 나를 범하려고 밤새 달려든다. 밤새 악을 쓰고 싸웠다.

그런데 여관 주인은 와보지 않았다.

그러든가 말든가 얼마나 싸웠는지 그 사람이 지쳐서 새벽에 갔다. 내가 하기 싫은 일을 하라고 강요할 때 나는 이상하리 만큼 힘이 세진다.

중 1때도 그런 일이 있었다. 다리가 불구인 사촌 오빠 친구가 있었다. 시계방을 하고 있었는데 불쌍한 마음이 들어서 친절하게 대해줬다. 어느 날 그 오빠가 날더러 어딜 가자고 해서 따라갔는데 지금도 그곳이 어딘지 모른다. 이틀인지 삼일인지를 나를 방에 가둬놓고 달려들었는데 어디서 어린 게 그런 힘이 나오는지 그 오빠가 나를 못해봤다. 화가 나서 밀어재끼면 벽에 가서 남자가 텅텅 부딪힌다. 이틀의 무서운 밤이 지나고 좋게 차비 줘서 보내달라고 사정했더니 보내줬다.

나에게 이상한 현상은 내가 하기 싫은 것은 절대로 안 한다. 차라리 죽겠다고 나선다. 그런데 이런 힘이 어디서 나오는지 나도 모른다. 날이 밝아서 그 오토바이 아저씨 네를 찾아가 봤더니 예쁜 색시에 자식이 둘이나 있었다. 세상에 저렇게 예쁜 색시를 두고 이해할 수 없었다.

이제 또 갈 곳이 없어졌다. 배운 것이 운전이라 운전연수나 해볼까 하고 택시 있는 곳으로 가서 어떤 아저씨에게 부탁했다. 돈은 없는데 연수를 시켜주시면 택시 운전해서 갚겠다고 했더니 그러자하고 밤중에 포항에서 경주로 가서 연수하다 아찔한 순간이 있었다. 낮에 연수해 주면 좋으련만 꼭 밤에만 해준다.

있을 곳이 없어 쪼그만 쪽방을 그 기사님이 얻어줘서 냄비하나 얻고 연탄불에 밥을 해먹었는데, 사람이 숨을 쉬고 있으면 어떻게든 살아진다는 것을 알게 되었다.

문제는 이 기사님이 밤에 집에를 안가고 나를 지키는 것이다. 내가 잠들면 어떻게 해보려는 심산이었던 것 같다. 나는 그냥 잠을 안 잤다. 그때부터 밤 기도 훈련을 시키신 듯하다.

이런 시간이 십여 일쯤 된듯하다. 대책이 서질 않았는데 착하게 생긴 아저씨 한분이 다가와서 사연을 묻는다. 사람이 왜 이런 방에서 냄비 하나 가지고 아무것도 없이 이렇게 살고 있냐는 것이다. 집에 돌아갈 차비가 없어서요.

그 아저씨가 너무나 안타까워하며 차비를 주겠다고 데리고 가서 어느 길쭉하게 생긴 집으로 갔던 것 같다. 마음씨 좋아 보이는 아저씨도 남자였다. 이분은 밤이 되니 울었다. 잠자달라고 하도 어처구니가 없어서 멍해졌다. 2-3일 밤을 자지 않고 버티고 알아서 하라는 듯이 했더니 결국은 마음을 바꾸어서 집에 돌아갈 차비를 주었다. 이분은 잠을 자주면 돈을 주겠다는 심산이었던 것 같다.

약 한 달쯤을 그곳 포항에서 사라져버리신 아버지 때문에 당한 아픔이었다. 사람이 살 수 없는 환경에서 살아봤다.

밤낮으로 아저씨들 때문에 잠을 잘 수 없었고 남자들은 참으로 이상하다고 생각하며 내가 하기 싫은 일은 절대 못한다는 나의 생각을 더욱 굳히는 계기가 되었다.

어떤 상황이든지 안 해야 될 일은 안 한다고 버티면 넘어간다는 것도 배우게 되었다. 천신만고 끝에 집으로 돌아와서 보고 싶은 엄마를 만났다.

우리 엄마

부잣집에서 태어나서 배우면 화냥년 된다고, 삼촌들은 대학까지 가르치셔서 선생님하고 농협장하고 잘사는데 배움이 없는 엄마는 몇 마을 떨어진 삼두리 우리 아빠에게 시집오셨다.

아빠는 서울에서 공부하며 살고 엄마는 완도에서 사시니 아빠는 총각이라 속이고 이화여대 나온 여성과 또 결혼하여 딸 둘 낳고 집에 오셨는데 그 여자 분이 집에 와서 보니 큰 마누라가 떡 있으니 기가 막혀 아이들을 놔두고 가서 다른 남자랑 결혼해버렸다. 엄마는 그 두 딸을 받아서 키우면서 우리 5남매를 키우셨다.

아버지가 동네 이장하시던 시절 완도에서 여수로 배타고 다니면서 동네 사람 잘살게 해준다고 나무장사를 하셨다고 한다. 박정희 대통령 때에 그때는 나무를 잘라서 팔면 안 되었던 것 같다. 그런데 잡혀서 동네 사람들과 함께 감옥에 살게 되었다. 그런데 감옥에 살지 않는 방법으로 우리 재산을 나라에 줘버렸는데 이 빚쟁이 저 빚쟁이들이 달려들어 괴롭히니 결국 도망 가버렸다. 그 뒤로 우리는 버림을 받았고 엄마는 무서운 고생의 삶이 기다리고 있었다.

아빠가 사라지신 뒤에도 빚쟁이는 계속 괴롭혀서 결국에는 재산을 모두 처분해서 빚 갚고 남은 돈으로 서울로 올라가려 했으나 친척 할아버지한테 속아서 친정 옆 마을에 자리 잡게 되셨다는데 친정 옆에 살면서 설움당한 일을 되뇌실 때면 한참씩 하셨다.

외할아버지는 부자였고 우리는 너무나 가난했다. 큰 광에 항아리가 네모로 죽 있다. 2-30개쯤 된듯했다. 항상 보면 쌀이 가득 들어 있어서 몰래 생쌀을 훔쳐 먹기도 했었다. 철없는 오남매를 먹이고 입히고 가르치고, 아빠가 돌아오시기 전에는 땅도 조금 사려고 돈이 준비되었던 것 같은데 아빠 오셔서 꽝되셨다고 우셨다. 꽝만 난 것이 아니라 금보다 귀한 자신의 자녀들을 가르치지 못한 것이 한이 되신 분이셨다.

중학교 고등학교 다니다가 모두 중퇴했었다. 얼마나 고생하며 사셨는지 지금 내 나이 61살 되어 엄마를 생각해도 눈물겹다. 평상시에는 행상하시고 겨울에는 김을 하시는데 우리 집에서는 앞에 바다가 훤히 보인다. 앞에는 먼 산이 있고 그 사이로 바다가 있다. 1키로쯤 되는지 가늠이 어렵다. 왼쪽으로는 날이 아주 맑을 때에는 제주도가 희미하게 보이고 바다는 아침에는 고요하고 오후에는 거의 바람이 분다. 산 밑 집에서 바라보면 엄마가 무엇인가를 머리에 이시고 바다에서 집으로 오시는데 한나절이 되어도 집에 도착 못하신다.

"엄마! 왜 이렇게 늦게 오는 거야!" 다리가 아파서 아무리 걸어도 자꾸 뒤로 가신단다. "애야, 다리 좀 주물러다오" "싫어"
"조금만 주물러줘"하면 "하나, 둘, 셋 됐지" 하고 만다. 얼마나
철이 없었던가 그때 마음껏 주물러 드릴 걸 어떻게 살아 내셨는
지는 하나님만 아신다.

　아빠가 돌아오셔서 약 2년 계시는 동안 작은 엄마라는 분이
와서 아빠랑 같이 엄마를 때렸다. 그때 아빠는 다리에서 떨어져
서 허리를 다쳐 있었다.
　나는 뒤에서 무서운 생각을 했다. 아빠의 허리를 발로 차서 죽
일 것인지 말 것인지 생각하는 순간의 고통을 겪고 있었다. 생
각하다 울며 밖으로 뛰쳐나갔고 우리 가엾은 엄마는 그날 죄도
없이 실컷 두들겨 맞았다. 그 뒤 얼마 안 되어서 아빠는 포항으
로 가셨다. 나는 그 아빠 만나러 가서 못 겪을 일을 많이 겪고 집
에 있는 동안에 초등학생 동창인 남자 친구를 사귀었다. 그런데
얼마나 웃기는지 사랑하기 때문에 결혼해야 한다고 쫓아다니니
그 애가 도망가 버렸다. 얼마나 적극적인지 놀라서 도망간 것이
다. 20살도 안 되었을 때 더욱 장군으로 성장시키고 계셨다.

다시 서울로

집에 왔으나 딱히 할 일이 없어서 다시 서울로 갔다. 그리고 직장을 얻었는데 찻집이었다. 먹고 잘 데가 없으므로 나는 식모살이를 하려했다. 그런데 사람들은 나를 잘 알아보았다. 그런 일을 못하게 생겼다는 것이다. 어떻게 그렇게 알아들 보시는지 나는 정말 집안일은 잘못하는 정도가 아니라 아-주 못 한다. 행주도 잘 못 짜고 걸레도 잘 못 짜서 물이 질질 흐르니 어디가 깨끗하게 되겠는가? 지금도 똑같다. 만약에 꽉 짜면 팔목이 너무 아파서 견디기 어렵다. 사람은 하나님께서 만드신 대로 사는 것이 맞다고 나는 강력히 주장한다.

그런데 찻집에서도 울보 대장이다. 사람을 상대해야 하는데 아주아주 화나고 신경질 나고 짜증 나고 싫었다. 그런데 나는 먹고 살아야 해서 할 수 없이 그곳에서 먹고 자며 잠시 일하다가 남편 성갈렙 목사를 만나게 되었다.

다시 한곳을 옮겨 고생고생 끝에 돈 5만원을 모아서 5만원에 팔천 원짜리 사글세방을 얻게 되었다. 그 돈을 준비하는 동안 얼마의 돈은 도둑질을 했던 것 같다. 가물가물하지만 아버지께서 나의 이런 행동을 용서해주시기를 원한다. 서울에 와서 21살이 되어서야 방을 갖게 되었다.

얼마나 감격했는데 애들 아빠 때문에 나의 행복은 그대로 끝났다. 이 사람은 공부를 해야 한다면서 집을 드나들면서 결국은 동거가 되고 말았다. 사람은 아무리 생각해도 내 마음대로 살아지는 것이 아니라 아버지의 마음대로 살아지는 것이 맞는 것이다.

결혼

　그 사람은 나를 먹여 살려야 한다고 엉덩이가 벗겨지게 앉아서 공부하더니 교정직 공무원이 되었고, 나는 애기를 갖게 되어 아빠에게 가서 결혼해야 하니 도와 달라고 했더니, 가을에 하면 뭣도 해주고 뭣도 해준다고 하신다. 아니라고 나는 아무것도 안 해줘도 되니 그냥 봄에 시켜 달라고 했다.

　두 번째 아빠하고 언쟁이다. 아빠는 결코 승낙하지 않으셨다. 알았어요. 제가 알아서 할 테니 놔두라고 했다.

　엄마는 그때 아빠를 찾아 포항에 가서 함께 계셨다. 아빠랑 사시면서 피부병이 걸렸는데 무서웠다. 등어리가 가만히 있다가 갑자기 움직이면서 진물이 질질 흐르는 무서운 병이었다. 나는 그때 그 등어리를 한 번도 못 만졌고 그래도 아빠가 그것을 만지며 치료해주며 위로해주셨다. 아빠의 죄 값은 엄마의 이 피부병으로 인해서 조금 내려간 듯 했다. 부부가 뭐가 맞지 않으면 이렇게 한평생 고생을 하는지 바로 이것이 저주다. 지금도 의문이다. 불행한 부부의 표상이다. 우리 민족의 조상들의 우상숭배한 죄 값의 저주가 이렇게 행복하지 못하게 뒤에서 조장하는 것을 알게 되었다(출20:4,5).

결혼을 준비하려면 날짜 먼저 잡아야 했다. 예수를 믿지 않을 때라서 책보고 날짜를 잡아달라고 갔더니 책을 뒤적뒤적하더니 날짜를 잡아줄 수 없으니 시집가지 말라고 대뜸 말한다. 이유가 뭐냐고 했더니 나하고 안 맞는단다. 아니다. 나는 애기를 가졌기 때문에 지금 결혼해야 하니 날짜를 잡으라. 그 사람은 애기 떼고 가지 마라. 당신 죽는다. 당신이 어떻게 아냐 쓸데없는 소리 하지 말라고 씨름이 벌어졌다.

그 사람 말인즉 당신은 귀한 사람이다. 그런데 이 집안은 사람을 사람으로 보는 것이 아니라 돈 버는 기계, 일하는 기계로 보기 때문에 당신이 살 수 없다. 얼마나 단호하고 확신하는지 이겨 볼 수가 없었다. 할 수 없이 그냥 돌아온 내 마음은 출렁이는 바다가 되고 말았다. 다시 무당집을 찾아갔다. 무당이 하는 말 "아니 왜 그래 당신은 비행기 타고 외국에를 많이 다니네. 당신 이상한데 아니야 자궁 살이 끼어서 그래 굿 하게 돈 가져와" 미쳐있는 내 마음은 무언가를 해야 한다. 월급 팔천원 공무원 월급 중 2천원을 주고 다시 2천원을 가지러 집에 왔다가 가만히 생각하니 내가 지금 뭐하는 거야 2천원이면 이것도 저것도 할텐데 하고 에이 내가 그냥 날짜를 잡자하고 잡은 날짜 4월 4일 "죽을 4자가 두 개면 불 사자가 되어서 일어나 잘 살게 될 거야" 얼마나 멋진 해석이었는지 그대로 되었다. 온갖 고생 다하고 다시 일어나 둘이 행복한 목사가 되었으므로, 말하는 대로 이루시는 내 아버지를 찬양 드린다.

엄마가 오지 못하시므로 이불도 내가 만들고 그릇도 내가 사서 신혼집을 꾸미고 결혼 날짜가 되었는데 너무나도 가슴 아프게 엄마 아빠는 안 오셨다. 엄마는 아파서 아빠는 자기 말 안 들었다는 핑계로, 돈이 없으셨던 것 같다.

가난해도 우리 집 같이 가난한 집은 드물었다. 아빠가 하시는 모든 일은 안 된 것 같다. 살아계신 부모님을 두고 결혼식을 하는데 두 오빠, 동생, 언니, 나를 데리고 들어갈 큰 오빠가 양복이 없어서 사촌 형부가 데리고 갈 정도로 가난하고 어려웠다. 시댁에서는 내가 가난한 집에서 왔다고 시아버지의 구박이 말이 아니다. 하지만 결혼 생활이 시작되었다.

2-3평 되는 두 명이 자면 꼭 맞는 5만원에 팔천 원짜리 방이다. 그곳에서 나는 딸을 낳았다. 그런데 책보는 여자의 말이 내 귀에 살아 있었다. "딸만 낳고 죽는다." 그런데 딸이다. 너무 예쁘고 너무 사랑스럽다. 23살에 낳은 아기, 동네 사람들은 아이가 아이를 낳아서 키운다고 너무 예뻐해 주신다.

딸이 얼마나 예쁜지 밤에 잠도 못자고 들여다보곤 했다. 아기 낳고 기절해서 30분 만에 깨어난 엄마이기도 하다. 하늘이 노랗고....... 애기 낳는 것은 그렇게 어려운 것이었다. 하와 할머니 덕분이다.

아기도 무럭무럭 예쁘게 자란다. 애기가 자랄수록 마음과 머릿속에 떠나지 않는 소리 "딸만 낳고 30전에 죽어" 어떻게 하면 이 말을 떼어 버릴 수 있을까 "맞아, 아들을 나면 되겠다." 그래서 아이가 약 10개월 되었을 때부터 아들을 어떻게 하면 나을 수 있는지 여러 가지 궁리를 했다. 어른들이 젖 떼면 또 애기가 생긴다고 했기 때문이다. 여러 사람에게 물었는데 참으로 여러 가지 방법을 알려주었다. 콜라, 사이다, 닭 먹어라 참내 애기 갖는 것 하고 이게 무슨 상관이 있는 것인가 믿을 수가 없었다. 그분들은 내 생명이 달려 있는 것을 전혀 모르기 때문에 이런 말을 하는 것이 아닌가.

전전긍긍 어찌해야 하나를 몇 달을 두고 고민하는 중, 돌이 되어 우리 딸 솔이의 젖을 뗄 때가 되었는데, 젖 떼면 아기를 갖는다니 이것 또한 황당한 일이 아닐 수 없었다. "왜 젖을 떼면 아기를 갖는거야 참 알다가도 모르겠네" 하나님이 만드신바 된 우리는 만드신 대로 살아야 하는데 모르는 나는 투덜투덜한다.

애를 태우던 어느 날 나는 마당에 서 있었다. 하늘을 바라보고 있었다. 그리고 중얼 거렸다. "혹시 하나님이 정말로 계세요? 그렇다면 저에게 아들을 주세요. 그러면 저도 하나님을 믿을게요" 그런 뒤 어른들의 말씀대로 큰 애 젖 떼고 둘째를 갖게 되었다. 배가 자꾸 불러오더니 80년 12월 11일 밤11시쯤에 진통이 시작되어 병원을 찾아갔다. 간호사가 나와서 애기 낳도록 도왔다. 12월 11밤 1시 11분에 아기를 낳았다. 간호사는 아무 말이 없다. 속으로 생각했다. 딸 낳았나보다 그러니까 아무 말 없지. "이제 나는 죽었구나! 그렇지만 한번 물어는 봐야지" 하고 "언니야 나 뭐 낳았어?" "어휴 미안해요 너무 추워서 잊어 버렸어요". 하고 아기를 데려다 보여주는데 머리가 동그랗고 고추가 달려있었다. "아들이에요". "감사드려요"하고 아직 산실 침대에서 내려오지도 않은 채였다. "진짜 하나님이 계시네 하나님 감사합니다. 저도 하나님 믿을게요." 하며 기분이 매우 좋았다. 이제 그 여자의 말이 틀렸다는 것이 인정되었기 때문이다. "딸만 낳고 30전에 죽을 거야" 이제 아들 낳았으면 그 말은 무산이다.

아이들 키우느라고 바빴다. 두 아이가 얼마나 예뻤는지 동네 사람들이 아이 훔쳐가면 안 된다고 데리고 나오지 말라고 당부까지 한다.

이쁜 딸을 가졌을 때 꾼 ☆ 꿈

모내기가 끝난 논에 2미터가 넘는 돼지가 드러누워 있다. 깨끗한 물이 발목 정도까지 차있다. 돼지 새끼 12마리씩이 두 줄로 젖을 물고 있는데 너무 예쁘다. 중앙에 있는 윗 젖을 서로 먹으려고 싸우며 빤다. 그냥 꿈을 보기만 해도 이 딸은 엄청난 복 있는 딸이라는 것이 알아진다. 그래서 예명이 복딸이다.

멋진 아들 가졌을 때 꾼 ☆ 꿈

깨끗한 연못이 있다. 중앙에는 바위가 솟아있고 위에는 깨끗하나 밑에는 가라앉는 게 있어서 건드리면 물이 흐려질 것 같은 연못이다. 하늘에 용이 떴는데 갑자기 이 연못으로 떨어지더니 노랭이로 변해버린다. 나는 이 꿈을 꾸고 큰일이다 싶어 아무에게도 말 못했다. 아이가 고등학교 다닐 때 망해서 삼각산에 섰을 때 함께 하던 원장님이 해석해줬다.

"하늘의 용이 그 사람 물속으로 들어가서 쓸모없이 되어버렸으니 큰 권세를 갖고 태어난 아이다."라고 해서 감사했는데 내가 꿈 해석의 은혜를 받은 뒤에 보니 중앙의 바위가 그 권세의 주인이신 예수님이셨다.

즉 이 아이는 예수님의 것이고 이 아이를 만나는 사람은 용, 즉 사탄의 권세를 없애 주고 민족과 세계를 그의 능력, 즉 예수의 이름으로 살릴 거라는 것이다. 택정된 아이를 예수 믿겠다고 아들 달라는 나에게 주신 것이다. 신기하게도 흉악의 결박 자들을 풀어내서 민족과 세계를 성령 충만으로 이끌 책임자 종의 아들이었다. 전쟁을 막아주고 삶을 잘못되게 하고 있는 악의 세력의 처단자의 책임자로 훈련되어져 가고 있다.

꿈은 살아계신 하나님의 계시인 것이다.

아이들을 키우며 남편과 술과의 전쟁을 치루며 산다. 아들을 낳고 몸조리 하고 그 다음해 27살 때 봄에 하나님과의 약속을 지키기 위해 움직이게 하셨다. 안집 주인 아줌마에게 놀러오신 분이 있는데 권사님이라고 부른다. 왜 권사님이냐고 했더니 교회 다니면 그렇게 부른단다.

그래서 그분에게 나의 사정을 알리고 나를 교회로 데려가 달라고 했다. 하나님과의 약속을 지켜서 청량리 동도교회에 출석하게 되었다. 그런데 교회에 나가면서 이상한 현상이 일어났다. 몸이 붕붕 뜨는 것 같고 안정이 안 되고 힘들고 짜증스러웠다.

아들이 뒤에서 엄마 엄마 부르고 딸 솔이는 계단을 내려가려고 하는 중인데 그 계단을 헛디뎌서 중간에 이마 찢고 12계단 밑으로 곤두박질 쳐서 땅으로 떨어졌는데 아이가 피투성이가 되었다. 애들 아빠가 안고 달리고 나는 아들을 맡겨 놓고 뒤따라 달려갔는데 어느 병원인지 알 수 없어 청량리 로터리부터 홍

릉까지 정신을 못 차리고 울며 헤매고 다녔다.

내 딸이 죽은 것 같았다. 내 눈에서 사라졌다. 피투성이가 된 채 얼마나 울며 헤맨 끝에 어느 병원에 있는 아이를 만났다. 우리 아이 세 살 때의 일이다.

아이는 이마를 여섯 바늘 꿰매고 진정된 상태였다. 나는 아이를 붙잡고 대성통곡하고 있으니 의사 선생님이 하시는 말씀 "딸은 멀쩡한데 엄마가 정신이 없네" 하시며 진정하라고 위로해 주었다.

남편 만나 인사하러간 첫날부터 그 집에 불 안 때던 방에 연탄불 펴서 그곳에 자던 네 처녀가 땅바닥에 내쳐졌다. 그 뒤에 연탄가스가 나만 쫓아다니며 먹여서 벌써 몇 번을 먹고 내쳐졌는지 모른다.

그곳에 사랑하는 어린 딸이 함께 죽었다 살았다를 반복하고 있었다. 솔이가 다친 후에도 나는 도저히 진정이 안 되어서 시댁으로 도망갔다. 오기도 하고 안정되지 못한 채로 신앙을 계속하던 중이었다. 지금 생각해보니 우리가 전도해야 하는 대상자들은 기도와 금식을 많이 하고 그들을 전도해야 한다는 것을 깨달았다.

우리 아이들이 2살 4살 때 난 28살 때이다. 이제 돈을 벌어서 우리 아이들이 학교에서 돌아오면 내가 집에서 기다려줘야 한다면서 공무원 월급 팔천 원, 만 칠천 원, 이만 원 이렇게 오르고 있으나 도저히 모을 수가 없어서 돈 벌러 나가게 되었다. 시아버지 또한 자꾸 가난한 집에서 시집와서 아무것도 안 해온 것을 눈치를 주면서 돈 벌러 가기를 종용하셨다.

나는 어려서 학교에서 돌아오면 한 번도 엄마가 기다려주지 않았던 것이 마음에 남아 있었던 것이다. 나는 우리 아이들에게 기다려주는 엄마가 되 주려고 행상에 나선 것이다. 화장품 외판원 화장품 케리어 끌고 팔에 가방 매고 나가서 장사해서 돈을 꿰 벌었다. 남편이 10만원 이하 벌 때 나는 15만원 정도를 벌었다. 그런데 그 돈이 또 없다. 아이들을 시어른들이 봐 주셨는데 식구가 엄청 많아지면서 손에 돈이 잡히질 않고 남편도 대학을 다니다보니까 남는 것이 없었다. 자신 대학 졸업하고 나 학교 다니기로 약속했는데 그 약속은 이행되지 못한 채 지금에 이르렀다.

화장품 외판을 재미있게 하던 중 어딘가에서 자전거가 뒤에서 받아서 쓰러졌다. 두 사람이 나를 일으켜서 부축해 몇 걸음 땐 것까지 생각나는데 그 뒤는 아무것도 생각나지 않은 채 나는 공중에 있었다. 풍선 같은 둥근 원통 속에 갇힌 채 공중에 떠있었다. 위는 보이는데 아래는 안 보이고 보이긴 하는데 나갈 순 없는 상태에 앉아서 울고 있었다.

"안 돼! 안 돼! 나는 못가 우리 아이들 키워야 해" 하면서 계속 울고 있었다. 얼마나 지났을까 뒤에서 멋진 남자의 음성이 우렁차게 들린다. "그럼 너는 가라!" 너무 좋아서 벌떡 일어나서 가려고 하니 "너는 너의 아이들 때문에 가거라" 하신다.

그러고 눈을 떠보니 애들 아빠가 내 얼굴 앞에 있다.

"새 장가 갈 수 있었는데 살아나서 미안해요" 하고 깨어난 것이다. 나중에 안 일인데 삼일 만에 깨어난 것이란다.

세상에 나는 그 여자 말대로 30전에 죽어서 공중에 있었던 것이었다. 그런데 "너는 딸만 낳고 30전에 죽어" 이 말을 무산시키기 위해서 하늘을 올려다봤었고 아들 주시면 하나님을 믿겠다고 약속했고 아들 주신 것을 감사하고 약속대로 하나님이 누구신지 예수님이 누구신지도 모른 채 죄를 지어가면서도 교회를 다니고 있었다.

그 사람의 말을 무산시키기 위해서 찾은 하나님이 아들을 주셨고 그리고 그 아이들 때문에 나를 살려주셨다. 예수님을 믿었으나 나는 예수님이 누구신지도 어떻게 생기셨는지도 몰랐다. 그런데 아들을 주신 그 은혜로 약속을 지키게 하시고 나에게 나타나 멋진 음성으로 말씀하신 예수님, 그분이 구원자이신 예수님이셨던 것이다.

딸을 떼고 시집가지 말라고 했던 그 말 아니야, 나는 우리 아이를 꼭 낳을거야! 사랑스런 딸, 멋진 아들 이 두 아이 때문에 나는 하나님 앞에 은혜를 입어 저주 받아 죽을 수밖에 없었던 자리에서 살려주신 내 아버지 예수님 성령님을 찬양합니다.

나는 아무것도 모르고 있었으나 아버지는 자신의 뜻을 위해서 이 땅에 택정자들을 보내시고 기르시고 준비하신다는 것이다.

아들이 사학년 때의 일이다. 어디만 갔다 오면 아들이 다락에서 떨어지고 또 어떤 일들을 통해서 다쳐있다. 어느 날 하늘을 바라보고 "하나님 아버지! 제가 아버지께서 원하시는 일을 다 할게요. 아들이 다치지 않고 건강하게 자라게 해주세요." 기도

했더니 갑자기 그렇게 야위고 빼빼하던 아이가 고기를 먹기 시작하는데 세상에 셋이서 돼지고기 세근이 모자라서 더 사러 다닐 정도로 먹었다. 그러더니 살이 통통하게 찌더니 지금 만큼 키가 자란 것이다.

그때 아들 주셨을 때 어쩌다 아이가 생긴 거지 하고 하나님이 어디 있어 하고 약속을 안 지켰더라면 지금 나는 뼈만 남은 죽은 자의 자리에 있었을 것이다. 그것도 지옥에 생각만 해도 소름끼친다. 지옥!

우리가 흔히 자신 혼자 하는 말은 그냥 흘려버리는 수가 있다. 그런데 나의 하나님은 절대로 그것을 그냥 넘기게 하지 않으셨다. "그러면 내가 네 말을 들어주겠니? 생각해 봐" 하신다.

내가 생각해도, 말하고 약속을 지키지 않는 사람은 나부터도 그를 하층의 사람 취급하지 절대로 상층의 사람으로 취급하지 않고 있었던 것이다.

아들 낳고 약속을 지키게 해주셔서 지금 건강하게 아버지 앞에 쓰임 받게 해주신 내 주를 찬양하고 또 찬양 드린다. 우리 모두를 이렇게 약속을 지키게 해주시고 나라와 가정과 교회가 평안하고 안전하여 영광 돌려 드리게 되기를 간절히 소망한다.

하지 말라는 결혼

나는 이 남편을 찻집에서 만났는데 있고 싶지 않은 찻집에서 건져주었다. 지금 생각해도 감사할 뿐이다. 안 건져줬더라면 다방 마담으로 인생을 마쳤을 수도 있다. 하나님의 은혜에 감사하고 애들 아빠에게도 항상 감사하는 분야이다. 나는 생리적으로 남자를 싫어하고 좋아하질 않는다.

아빠도 날 버렸고 오빠는 날 때렸다. 남편도 내 말을 들어주는 것이 아니라 자신의 삶인 시와 술을 위하여 나를 이용하는 것처럼 느껴졌다. 나 또한 성격이 여성스럽지 못하고 급하고 못됐고 때리기까지 한다. 어렸을 때에 손이 멈췄는데 시집와서 시누이가 약 올리는 것처럼 느껴지니까 그를 때릴 뻔 했었다. 그 일 때문에 시끄러운 적도 있었지만 남편이 잘 해결해주고 위로해 주었다.

애들 아빠는 늘 다정했다. 그런데 나는 그냥 싫다. 술 먹는다는 이유였지만 내 맘 속에 내장되어 있는 어렸을 적의 고통과 아픔이 그렇게 작용했던 것 같다. 그러니 그 사람도 결혼을 잘못한 것이다. 이 사람 만나 첫 번부터 죽기 시작했다.

28살에 죽었다 살아났다 살아나기 전에 여러 번의 연탄가스를 먹고 딸도 나도 땅바닥에 병원에 내쳐졌지만 계속 살려주셨다. 그때마다 남편은 업고 다니다 병원으로 먼저 뛰다 나중 뛰다 엄청 고생을 했고 나의 어려움과 고통 속에 늘 있었지만 술도 368일 먹고 집에도 367일 늦게 들어와서 늘 참아야 하고 늘 화내야 하고 술 먹은 남편을 끌어다 재워야 하고 밖에서 주저앉아 못 오면 데려와야 하고 참으로 견디기 어렵고 힘들고 아픈 일들만 싸이고 싸이고 싸이면서 점점 난폭해지고 점점 나빠져만 갔다.

시댁 식구들하고도 친구하고 못 어울리듯이 잘 어울릴 수 없었다. 내 성격 탓이지 다른 일이 아닌 듯하고 시댁 식구들은 자신의 자녀들과는 너무 사랑스럽게 잘 어울리고 사신다.

그런데 나는 그런 것이 재미없고 오직 교회만 좋았다. 제사지내고 화투하고 얘기하고 제사상에 절하고 고추장 담고 모두 모두 취미 없는 일이었던 것이다. 시집가서 어머니께서 고추장 담자고 해서 함께 했는데 가마솥에 불 때고 그곳에 뭔가를 넣고 저으라셨는데 도무지 저어지질 않고 걸레 못 짜던 그 팔이 그것을 어떻게 저을 수 있을까? 결국은 어머니께서 마무리 하셨지만 다시는 고추장 만드는 근처에도 안 갔다.

뷀엘에 와서도 절대 고추장은 안 된다고 얼마나 오랫동안 사다 먹었는데 권사님들이 설득하고 설득해서 담고 계시는데 쳐다보고 하는 말 "고추장을 왜 그렇게 쉽게 담어? 그거 눈 매웁고 엄청 힘든건데...." 우리 권사님들과 목사님들이 웃기만 한다.

제삿날이 다가오면 모든 음식거리는 사다주고 두 동서에게 하라고 하고 나는 잠깐 급한 일이 있다고 나간다. 그리고 저녁에 돌아와서 부침이 맛있게 했고 음식 맛있게 해 놨다고 칭찬을한참 하고나면 깔깔이 막내 동서, 형님은 정말 너무 얄미운데미워할 수 없는 당신이란다. 왜? "그 말 때문에" "우리 할머니랑똑 같이 말하네" 그럼 그 급한 일이 뭐냐구요. 교회에 가서 피아노치고 찬송하다 왔지요.

이건 동서들이 모르는 비밀이에요 우리 시아버지는 저하고성격이 비슷해서 급하고 화끈한 것이 똑같아서 맨날 같이 싸우고 화해하기를 반복하고, 결혼 초에는 얼마나 얼마나 흉을 많이보고 다니셨는지 하늘이 아신다. 그런데 이런 며느리 흉을 어떻게 안 보겠는가? 사리에 맞지 않으면 시아버지, 시어머니, 시누이, 시동생 할 것 없이 모두 따지고 달려들어 기어이 이기고, 귀머거리 3년, 벙어리 삼년, 봉사 삼년은 모두 내 것은 아니다. 왜그렇게 해야 되는데 시아버지 잘못 한 번 걸리면 기어이 따져서미안하다고 말해야 철수, 온 식구가 다 똑같이 당하니 오 마이갓! 나중에 우리 아버지께서 제가 좋다고 하신다.

"아버지 그게 무슨 말씀이세요? 나 싫다고 흉을 많이 보셨는데요" 며느리 둘 더 보신 후다. "뭐가 좋으신데요?" 하니까 "너는 화끈해서 좋다."라고 하셨다. ㅋㅋ감사해요.

이런 웃기는 며느리 음식이란 음식은 다 퍼다 남 주고, 하루는"어머니께서 애야 그릇이라도 달라고 해서 가져 와라" 하시니어머니"뭘 그런 귀찮은 일을 다음에 그들이 가져오면 그때 그릇까지 가져 버리세요" 했더니 다시는 두 말씀 안 하신다.

세상에 애들 낳으니 쫓아낼 수도 없어요. 흉을 봐도 소용없고 싸워 봐도 소용없이 온 동네사람을 모두 싸안고 사니 우리 어른들로써는 아연실색 돈도 안 생기는데 두 손, 두 발 다 드셨다.

초등학교 4년 때 어떤 사람이 우리 집에 와서 하는 말, 큰 딸은 월급쟁이에게 보내면 돈 모으고 살겠고, 둘째 딸은 큰 사장네 집으로 시집 보내야지 그렇지 않으면 큰 일 난단다. 그러니 시집가지 말랬지요 시댁은 아주 가난한 집이요 놓고도 안 쓰는 집이요 자신들만 알고 사시는 착하디착하신 분들인데 저는 그렇지가 못했지요. 그래서 제가 이 성씨 집을 말아먹어 버렸답니다.

그 점쟁이 참 용했다. 나중에 안 일인데 우리 시아버지께서 뒤에서 저를 떡 버티고 스셔서 하나님처럼 아무 말도 하지 말고 가만히 놔두고 "너희들 일이나 해라" 하셨다네요. 감당 못할 고난의 사람이었지요. 우리 시아버지 천국에 가셨는지 확인 미정, 그렇게 전도하려 했고 "아버지! 어떤 일이 생기면 예수님을 불러야 해요" 그러면 천국 갈 수 있다고 했지만 병원에 입원하셨다가 퇴원하시는 길에서 돌아가시고 말았다. 천국을 확인하지 못한 이 못난 것의 후회를 아버지만 아신다. 장례 치르는데 친척 어르신들 하시는 말씀 "그래도 저것이 복이 있구먼, 똥 한번 안 치우고 가시는 것 보니 말이여!" 하면서 자신들끼리 웃는 것을 보았다.

돌아가시기 전에 기적 같이 하나님 아버지께서 기도 중, 집을 주신다고, 그래서 일주일 만에 주신 집에 아버지 어머니께서 들어오신다고 해서 오시지 말고 그냥 사시라고 했지만 꼭 오시고 싶다고 해서 20평도 안 되는 곳에 어른들을 모시고 살게 되었다. 그런데 그때부터 슬픔의 씨앗이 싹트게 되었다. 한쪽 방에서는 제사를 한쪽 방에서는 하나님께 예배를 드렸으니 신들의 싸움이 벌어지고 말았던 것이다.

밤 기도 할 수밖에 없는 사연

처녀 때는 가난하고 잠잘 곳 없고 먹는 곳 지정돼 있지 않아 슬펐지 건강 때문에 애태운 적은 없었다. 엄마 말씀으로는 사형제가 아파 엄마의 애를 먹였지만 나는 그렇게 아파 본적이 없었다는 것이다. 결혼 후 어렸을 때 엄마 속을 하도 썩여서 "엄마 미안해요 용서해줘요" 하니까 "네가 뭘 잘못했는데 하신다." 아니야 용서 해준다고 말해달라고 조르는 날 바라보면서 하시는 말씀 "너는 아픈 적이 없어 속 썩인 적이 없다."는 것이다.

말인지 소인지 모르게 눈만 뜨면 산과 바다를 뛰어다녔던 나, 돈 달라고 해서 안 주면 하루 종일 울며 칭얼댔던 나, 오빠한테 맞으면 오빠가 다시 돌아와서 미안하다고 할 때까지 울었던 나, 밖에서는 때리고 집안에서는 눈물로 모든 말을 해버린 나, 한번은 엄마가 엄마 보이는 곳에서 울고 있는데 쫓아 나오셨다. 그런데 온 동네를 끌고 다니면서 간발의 차이로 잡지 못하게 약을 올렸더니 다시는 쫓아 나오지 않으셨다. 전형적인 귀신 들어간 현상이었다. 자신의 고통을 이렇게 표현하고 있었던 것이다.

부모는 아무리 속을 썩여도 아프지 않으면 마음에 남아있지 않다는 것이다. 언니는 팔이 뜨거운 물에 들어가서 기형 상태가 되었고 막내는 아주 어렸을 때 아파서 걸어서 두세 시간을 가야 하는 산길 가는 길에 공동묘지가 있어 아래쪽은 처녀 총각 죽으면 묻어놓은 곳, 낮에 지나도 소름이 쭉쭉 끼치고 자동차가 무덤으로 끌려들어가서 무덤 중앙에 자동차 바퀴자국이 나있는 무덤들, 그곳을 밤에 지나 병원에 도착하니 죽었단다. 그곳을 다시 업고 돌아와서 보니 살아나 있더라고 얼마나 땀을 비 오듯 쏟았겠는가 하늘의 은혜가 내린 것이지 땀과 열 때문에 하늘을 감동시킨 일이라고 생각이 든다. 얼마나 무서우셨을까 아빠는 이미 나가버리셨고 엄마 혼자 이 고통과 아픔을 감당하고 계신 것이다.

어렸을 때에 나는 아픈 기억이 두 번 있다. 감기 때문에 우리 삼촌이 엉덩이에 주사 놔줬는데 잘못해서 뼈를 건드렸다가 절뚝거리고 다녔던 일, 밤중에 친구들하고 발장 치다가(발장: 김을 말리기 위해 만드는 기구) 묘지가 있는 곳을 지나 집에 왔는데 그때부터 15일 동안을 고열에 시달렸다. 언니와 함께, 언니는 소리소리 지르고 아프다고 울고 나는 말 한마디 못하고 누워 잠만 자고 있는데 엄마가 저녁에 돌아오시며 하시는 말씀, 하나는 죽었는지 살았는지 코에다 손을 얹어야 알 수 있고 하나는 너무 시끄럽다면서 반반 섞였으면 얼마나 좋을까 한탄하시는 소리를 들었다.

나는 아프면 무조건 자고 아무소리도 먹는 것도 할 수 없었다. 지금까지도, 그때 하도 오랫동안 못 일어나니까 어떤 곳에 가서 물으니 귀신 들어갔다고 해서 방비책을 가르쳐 줬다면서 집 입구에다가(이사한 우리 집은 가난해서 대문이 없었다) 십자가를 긋고 밥을 해서 바가지에 담고 뭐라고 중얼대며 칼을 십자가에 던져 맞추고 밥을 어떻게 하라고 하셨는데 거짓말처럼 나았다.

지금 보니까 귀신은 십자가가 나와야 무서워 떨고 도망가는 것이었다. 그때 밤에 무덤을 지나서 혼자 밤 12시가 넘어서야 집에는 왔는데 그 무덤에서 귀신들이 붙어 와서 어린 나를 죽이려 했던 것이다. 그런데 애들 아버지는 만나자마자 죽기 시작했다.

인사하러 갔다가 연탄가스 마시고 죽었다가 살아난 후, 연탄가스는 나만 쫓아다닌다. 5만원 팔천 원짜리 방에서 3-4번의 죽음이 연탄가스 때문이었다. 28살 때는 자전거에 치어 뇌진탕, 그 후 스물아홉에는 미쳐 있었다. 머리 다친 이후에 정신이 없고 자꾸 잊어버리곤 했다. 아주 가까운 사람 외에는 알 수 없었다.

오랜 친구들은 거의 알아볼 수 없었다. 미안하다고 말해도 그 애들은 머리를 갸우뚱했다. 30살부터는 하나님께 미쳤다. 하나님께 올인하여 교회와 가난한 살림을 꾸리기 위해서 이것저것 일을 했는데 배움이 없는 나로서는 장사 밖에 할 것이 없었다.

오토바이 사고, 자전거 사고 계속 다친다. 자전거는 발만 다쳤는데 빵 짝을 16개씩 실고 타고 다니니 힘이 약해 넘어질 수밖에 없다. 오토바이 때는 달랐다. 병원에 입원하는 신세가 된다. 열이 너무 나서 도저히 견딜 수 없었다. 시댁 식구나 교회에서 아무도 돌아보지 않았다. 그동안 혼자 공부하고 있는 전도사를 돌봤다. 먹을 것 몰래 해다 주고 옷 몇 번 빨아 줬더니 바람이 났다고 소문이 났던 것 같다. 미워서 못 오고 있었던 것이다. 그런데 정신을 차리지 못하고 며칠을 지났는데 아들의 친구 엄마가 밤에 소고기 국을 끓여가지고 전기 오븐까지 가지고 찾아왔다. 이유는 다른 사람은 모두 나를 욕해도 자신은 그러면 안 되겠다고 생각이 들었단다.

자신의 딸이 유치원도 다니기 전에든가 어렸을 때 열이 나서 병원에 입원했는데 일주일이 지나도 열이 떨어지지 않아 병원에서도 전전긍긍 하고 있을 때, 국물김치와 김치를 담았는데 먹다가 하도 맛있게 익었길래, 봉이 엄마가 이걸 먹으면 좋겠다 싶어 병원에 가져다주고, 아이가 죽게 생겨서 나 방언 받게 해준 은사자 목사님을 찾아가서 한 번만 가서 기도해 줄 수 없겠느냐고 사정하니 본 교회 목사님이 아시면 큰일 난다는 것이다. 물래라도 한 번만 하고 사정했더니 호주머니에 손 넣고 병원에 가서 기도해 주시고 그 아이는 목사님께 저금통 뜯은 돈 얼마를 드렸다. 목사님이 병원 문을 나서실 때 아이는 열이 떨어져서 할렐루야로 영광 돌려드렸다.

엄마가 한 주간 애쓸 때 나는 그의 엄마 곁에서 함께 왔다 갔다 하며 위로하고 도와줬었다. 그런 일이 내 일이라고 믿었기 때문이다. 이 일이 생각나서 왔고 늦게 와서 미안하다면서 놓고 갔다. 소고기국 한 솥, 큰 냄비만 했다. 밤새 그 국물 다 먹고 또 물 가득 부어서 또 먹고, 열이 뚝 떨어져서 병원에서 도망쳤고 병원비는 나중에 갔다 줬다.

이런 가난과 사고가 계속되면서 화장실 가서 쓰러지고, 기분 나빠도 쓰러지고, 그냥 몸이 머리부터 발끝까지 비실비실하고 얼굴도 핏기가 하나도 없이 하얗고, 머리부터 발끝까지 성한

데가 없었다. 시댁 식구들은 돌봐주지 않고 나를 멀리 했다.

남편은 술 먹고 자신의 일보느라고 정신이 없었다.

아이들 초등학교 2-4년 때에 극에 달해서 도저히 아이들을 돌볼 수 없어 얼마나 더럽고 머리를 감겨주지 못해 이가 득실거리고 우리 두 아이의 모습이 말이 아니었다. 배가 너무 아파서 옆에 기도원에 가서 기도좀 해달라고 하니까 다른 사람은 다해주고 내 차례 되니 아버지가 해주지 말란다고 안 해준다. 참내, 얼마나 어처구니가 없는가!

어떻게 하나님이 기도해 주지 말라고 하시는가? 아파서 기도하러 가고 남편하고 싸우면 밤 12시, 기도 40일이 시작 된다. 혼자 무서우니까 권사님들 꼬셔가지고 함께 하고 친구 은덕 엄마하고 가고 때론 혼자하고 거의 교회에서 살았다. 시댁의 엄마 죽이는 저주 귀신에 나의 어렸을 적에 부모거역의 죄가 합해져서 나를 이렇게 하고 있지 않았나 생각한다. 죽음의 귀신이 날마다 죽이려고 쫓아다녔다.

어느 날 · 꿈에 어떤 네모난 물 담는 웅덩이 두 개가 나란히 있는데 내가 첫 번째 것을 지날 때에는 물속이 조용했다. 그런데 두 번째 것을 지날 때에부터 물속에서 귀신들이 나와서 내 발을 잡아당기는데 얼마나 많이 달려드는지 그 귀신들을 발로 차고 칼로 찌르고 얼마나 많았는지 끝에쯤 가니 언덕에 사다리가 놔져있다. 그런데 그 사다리까지 귀신들이 발을 잡아당겨서 올라갈 수 없었다.

그런데 몇 번 돌봐준 그 전도사님이 와서 나를 엉덩이를 바쳐서 올라가게 해주었다. 결국 그를 돕는 것은 나를 돕는 것이라는 것을 깨달았고 사람은 오해를 해도 하나님은 오해하지 않으시고 사랑으로 받으셨다는 것을 알게 되었다.

그 사다리를 올라가니 어디서인가 찬양소리가 난다. 가서 보니 작은 산을 중앙에 두고 사람들이 손을 잡고 강강술래 하는 것처럼 돌고 있다.

나도 그들 속으로 들어가서 손을 잡고 함께 돌았다. 예수 믿고 오년 동안의 기도와 몸부림이 이런 평안의 은혜를 주셨다고 보이신 것이다.

나와 같은 고통을 겪고 있는 어떤 선교사 부부의 삶을 보고 말 통하지 않고 따로따로 자신만 잘한다고 말하는 것을 들으면서

상처받은 심령이여
왜 그리 상처가 깊어졌는가
내가 때릴 때
내가 그를 아프게 할 때
그가 내 심령을 찌르고
그가 내 맘을 후벼 팠다는 것을
알지 못한 무지 때문에

내가 나를 찌르고 내가 나를 아프게 했다는 것을
깨닫는 것이 해결의 시작이라네

그러나
너는 보이고 나는 보이지 않으니
어찌 그것을 알 수 있단 말인가
그 분의 긍휼하신 은혜가 내리는 날
깨닫고 돌이켜 내가 회개하여
내 심령을 스스로 그분께 맡기고
내 마음을 내 스스로 치료하여
나를 한없이 꺾어 돌아보고 또 돌아보며
고치고 또 고친 어느 날

오—자유
사랑하는 자들로부터 자유를 얻으리라
그 누가 뭐라 해도
그 누가 나를 헐뜯고 욕한다 해도
나는 이제 행복 해졌다네
그 누가 나를 칭찬해주고 치켜 세워줘도
나는 이제 교만해지지 않을 수 있게 되었다네
거울로만 볼 수 있었던 나를
너를 통해 보게 된 날부터...

3장

땅의 천국

교회 생활, 사랑하는 우리 목사님

교회를 가면 열도 내리고 살아나고 집에 오면 불덩어리 되고 죽음이 나를 놓지 않고 계속 따라 다닌다.

어느 날 화장실에서 그만 정신을 잃었다. 한참 있다 깨어나 보니 좌변식 화장실 위에 그대로 앉아 있었다. 무슨 일인지는 모르겠는데 계속 눈물이 나서 밤새 울었다. 다음날 교회 가는 길에서 어떤 남자를 만났는데 나를 보더니 고개를 갸우뚱 한다. 왜 그러느냐고 하니까 혀를 끌끌 차면서 죽였다 살렸다 한다는 것이다. 누가 죽이고 누가 살리느냐고 하니까 귀신이 죽이고 하나님이 살리신다는 것이다. 지난밤에도 당신은 죽었다 살아났다고 한다. 그래서 화장실에서 죽었다 산 것을 알았다.

교회에서는 주로 사무일 청소, 전도, 낙심 자 일으키기, 불신자 전도하고 어려운 성도들 있으면 쫓아다니며 도와주고 병들어 있으면 간병해주고 청소해주고 전도한다. 동네 사람 쫓아 다니며 애기 봐 주고 청소해주고 심부름해줬다. 동네 사람들은 "박집사야! 너랑 안 놀아"하며 도망 다닌다. 교회 다니기 싫다고 도망가는 것이다. 교회에 있는 것은 너무 재미 있었다. 이곳이 천국 같기도 했다.

우리 목사님은 간경화를 앓고 계셨고 나 때문에 너무나 힘든 일들을 견디셔야 했고 상당히 행복해도 하셨다. 밤이면 와서 고래고래 소리 질러 기도하니 예배당 옆에 사택이 붙어있어 때론 나오셔서 "잠좀 자자" 하시고 동네서는 거 미친 x는 또 와서 소리 지른다고 욕하고 상당한 곤욕을 치뤘다. 그러나 언제나 목사님의 사랑둥이는 나라고 생각하고 사는 것이 웃기는 박 집사 나였다.

하루는 목사님이 "박집사 이리 나와라!" 수요일 예배 때다. "왜요?" 이리 나와 하시더니 피아노에 앉으라신다. "왜요?" "앉아" 피아노 치라는 것이다. "못쳐요" 앉아하시더니 "참참참 피흘리신"을 부르시면서 치라고 하시니 나는 쳤다 친 것이 아니라 피아노를 때렸다.

그때 피아노가 얼마나 웃었을까 나는 한 손가락 피아노자인데 피아노 띵똥 거리니까 목사님이 피아노 반주자 하라는 것이다. 우리 목사님은 능력자시다. 그 피아노에 맞춰서 얼마나 노래를 잘 부르시는지 그리고 중앙으로 나오라시더니 "인사! 이제부터 반주자다"하고 박수 쳐 주신다.

참내 어이가 없어서 그러나 둘이 쿵짝이 잘 맞는다. 인사하고 좋아하고 그런 것이다. 어차피 못 치니까 몇 개월 후에 부흥회가 열렸다. 그런데 강사 목사님이 오셔서 은사를 하나만 구하란다. 아니 왜 그렇게 많은 은사를 하나만 구하라고 하냐구요 고린도전서 12장을 비롯해서 여기 저기 많은 은사를 다준다고 해야지, 욕심쟁이 나는 아주 큰 고민에 빠졌다.

다 받고 싶어서 고를 수가 없어서다. 그래서 "아버지! 제가 무엇을 받으면 좋을까요? 제가 무엇을 가지면 좋을지 하나님이 아시니 아버지가 정해서 주세요" 하고 부흥회 끝나면 안수해주신다고 해서 목사님이 내려오셔서 제일 먼저 손을 얹을 자리에 가서 앉았다. 성가대 왼쪽 제일 앞자리 그 자리를 빼앗기지 않으려고 30분씩 일찍 갔다.

드디어 마지막 날 목사님이 안수하러 내려오셔서 제일 먼저 내 머리에 손을 얹으셨는데 내 몸이 그만 붕 뜨고 말았다.

성가대 치마 가리개를 붙잡고 뜨지 않으려고, 내가 은사 달라고 했지 지금 떠서 천국가면 우리 애들은 누가 키우나 하고 얼마나 붙잡고 올라가지 않으려고 기도했는지, 눈을 뜨면 세상이 딴 세상이 되어있을 것 같아 눈 뜨기도 무서웠다.

그런데 사람들이 가는 소리가 들려서 눈을 조금 떠보니 그냥 우리 예배당인데 몸은 아직 진정되지 않았다. 애들 아버지도 애들도 아마 모두 왔었던 것 같다.

2층 계단을 조심스럽게 잡고 내려오면서 "먼저 가세요" 하니까 "왜?" "그냥"하고 식구들을 집에 보내놓고 나는 아래층 교육관에 들어갔는데 기도를 시작하니 갑자기 내 손을 마루에 내리찧어대니 얼마나 아프겠는가?

그런데 솜 방석이 깔린 듯이 폭신폭신하다. 또 가슴을 강대상 올려놓은 귀퉁이에다 찧어대니 얼마나 고통스럽겠는가? 그런데 또 폭신한 느낌이다. 방언 찬송이 나오더니 바닥에다 피아노를 치는데 일류 피아니스트가 따로 없다.

밤 10시 30분부터 새벽 4시 반까지 이렇게 하고 있었다.

2층에서 새벽 종소리가 나니까 딱 그쳐서 새벽 예배에 갔다.

그 다음부터 이상한 나의 행동 때문에 우리 교회 식구들이 심심할 시간이 없다. 새벽에 기도하러 가면 예배 딱 끝나면 방언하면서 피아노를 치니 모두 구경하느라고 재미있다.

그런데 이것이 무슨 현상인지 알 수 없어 피아노에 손을 올려놓으면 안 쳐진다. 기도하고 방언하면 땅바닥에 친다. "피아노를 칠려면 피아노 위에서 쳐야지 왜 땅바닥에 치는 거야" 하는 수 없이 피아노 학원 하는 사모님을 찾아가 일주일에 한번씩 배우기로 했는데 놀라운 일이 벌어졌다.

28살 때 30살 때 두 번에 걸쳐 피아노를 배우려 도전했으나 가슴이 터지려 하고 머리가 깨지려해서 그만뒀다. 그런데 악보를 보기만 하면 손은 탁가서 피아노 건반을 누른다. 봄, 여름, 가을, 겨울 1년을 주일 빼고 하루 다섯 시간씩 연습했더니 반주를 하게 되었다.

그 당시 건강이 죽음에 가까이 가서 링겔을 두 달에 한 번, 한 달에 한 번, 일주일에 한 번, 날마다 맞아도 소용이 없었다. 밥을 하는 것도 못했지만 밥상 앞에 앉아 있을 수 없었고 하루 소변을 16번씩 보고 눈은 황달이 와서 노랬던 모든 것이 피아노를 연습하는 일 년 동안 어디로 갔는지 흔적을 찾을 수 없게 되었다. 할렐루야!

기름부음 받은 하나님이 세우신 목사님의 말 잘 듣고 그분이 축복해주면 그대로 된다는 것이다.

병드셔서 힘들고 어려운 가운데 계셨지만 반주자 박수쳐주신 우리 목사님, 그분의 말대로 일 년 뒤 나는 반주자가 되어 목사님이 그랜드 피아노 사다 강대상 옆에다 놔두셨는데 그때부터 강대상 위에서 살게 되었다.

"하나님 제가 어떤 은사를 받으면 좋겠어요? 아버지가 생각해서 좋은 것으로 주세요!" 했더니 세상에 강대상 옆 목사님 옆에서 피아노를 치게 해주셨다.

우리 교회는 선생님들도 많고 부자들도 많고 어려운 사람도 많았다. 배움도 없고 성질만 급하고 일도 거칠게 하는 나를 잘 아시는 내 아버지께서 예수님을 믿고 그분이 누군지 알지도 못한 채 목사님이 하나님인줄 알고 좋아라고 교회만 왔다 갔다 하는 나에게 큰 선물을 안겨주셔서 사람 구실하며 살 수 있는 길을 허락해 주셨다. 그때 건강까지 어느 정도 좋게 만들어 주셨다. 사랑하는 목사님을 통하여 이루어주셨다.

방언

우리 교회는 방언 때문에 늘 시끄러웠다. 우리 목사님은 능력을 받으셔서 부흥회도 많이 다니고 역사도 많이 일어났는데 부흥회가 끝나고 나면 그 교회가 시끄러웠다고 한다. 그래서 다시는 부흥회도 안 가고 방언도 폐하고 은사를 거절하셨다고 하신다. 그 이후 간경화에 걸리셨다고 말만 들었다.

교회는 어떤 권사님이 식당을 잘하셨는데 혼자 지으셔서 헌당하셨다. 교회 머릿돌에 그분의 이름이 새겨져 있었고 규모는 약 500명 정도는 앉을 수 있지 않았나 싶다. 목사님의 상처가 결국은 방언하는 권사님들의 고통으로 이어진 것이다. 방언하지 말라고 한 번 하시면 화가 나서 교회를 안 나온다고 하시는 몇 분이 계셨던 것 같다. 그런 분들을 모시러 다니고 그러면 쓰겠냐고 설득하고 재미있게 신앙생활하고 있는데 하루는 권사님들이 부흥회가 있다면서 가자는 것이다.

날더러 방언 받으라고 해서 좋다고 3일 정도 밤에 택시 타고 답십리에서 외국어대 앞에를 다녔다. 마지막 날 끝났는데 방언을 못 받았다. 10시 반이 넘은 시간이다. 목사님 부부가 지쳤을 것이다. 앉아있는 날보고 "어서 가세요" 하신다. "방언 주셔야지요" 나는 목사님이 방언 주는 줄 알았다. "다음에 받으세요"
"안 돼요 지금 주세요" 하니까 그분들은 어처구니가 없는 표정
이었다.

그런데 갈 맘이 전혀 없다는 것을 알고는 뭐라고 뭐라고 기도
하시더니 "시아버지하고 얽혀서 못 준답니다." 나도 그분처럼
옆으로 돌아 앉아서 어쩌고 어쩌고 하고는 "제가 아버지께 말
씀 드렸어요. 지금 아버지 시골 가셨으니까 오시면 잘못했다고
빌게요." 했다고 하니까 그분들의 얼굴, 어처구니없어 하시더
니 안 되겠다 싶으니까 부부가 양쪽에서 나를 붙잡고 뭐라고 방
언을 하시니까 내 입에서 툭 방언이 튀어 나왔다. "거봐요 나오
잖아요 감사해요" 하고선 방언을 연습하고 있으니까 "이제 가
세요" 하시니 "조금만 연습하고 갈게요" 나는 오는 도중에 없
어질까 봐 걱정이었던 것이다. 돌아와서 이 방언이 없어질까 봐
새벽에 일어나서 교회 갔다. 없어지기 전에 연습해야 한다는 것
이다. 그런데 예배 끝나고 방언을 하니까 목사님이 시끄러워 하
신다. 알았어요 조금 있으면 목사님은 들어가시니까 참았다가
하곤 했다.

한 달쯤 이렇게 하고 있는데 그날은 여전히 목사님께서 방언
하는 나에게 "시끄러워"하신다. "알았어요" 했는데 자꾸 나온
다. 그래서 "목사님!" "왜" "안 하려고 해도 자꾸 나오는 것은 어
떻게 해야 되요" 하니까 "어휴 그냥 해버려"하신다. "감사합니
다." 우리 모두가 자유를 얻었다. 나중에 생각해보니 목사님이
화를 내도 나무래도 말을 타지 않고 맨날 목사님과 교회를 사랑
하고 있는 나를 보고 권사님들이 애를 방언 받게 하면 어쩌나

보자하고 데리고 가셨던 것을 알게 되었다.

목사님의 사랑을 받는 것은 아주 좋은 것이다. 우리 교회에 방언의 자유가 주어졌고 철야도 안 했는데 일 년을 혼자 철야하면서 기도했더니 목사님이 어느 날 철야하자 하시고 밤 기도가 시작되었다. 믿음을 갖고 하고자 하는 자를 하나님은 도우시고 계셨다. 나는 아버지께만 말씀드렸는데 하나님 아버지는 우리 목사님에게 말씀 하신다.

주일에 놀러가자

애들 아빠, 지금의 성갈렙 목사는 공무원이라서 주일에 모여서 놀러가곤 하는데 나는 아예 하나님께 빠져서 생각이 없었다. 그러다 보니 혼자 가는 게 싫었는지 1년 전부터 계약해 놓고 그날 가자는 것이다. 그런데 1년이 자꾸 가서 그날이 돌아오고 있다. 나는 가기 싫은데 응원을 해달라고 목사님을 찾아갔다. "목사님 성 집사가 자꾸 주일에 놀러 가재요 주일날" 하니까 한번 따라가 줘라하신다. 목사님도 못 믿겠네 하고는 이 궁리 저 궁리 하다가 "예수님, 저 주일에 놀라가기 싫어요" 그런데 자꾸 가재요 하고 일렀다.

드디어 그 날이 왔다. 그런데 오전 8시 30분부터 비가 쏟아지는데 장대비가 계속 쏟아져서 예배중간 12시에 그쳤다. 예배 마치고 성집사가 "기도 했지" "그러니까 안 간다고 했잖아요" 했더니 다시는 가자고 안 할 거야 하고 삐졌다. 날 가자고 안 했으면 다른 사람이라도 갔지 그 이후 다시는 주일에 놀러가자고 안 했다.

ㅋㅋ우리 예수님 최고! 어찌도 그리 잘 듣고 해결해 주시는지 사랑해요 지금도 똑 같이 들어주시고 위로해주시고 해결해 주신다 할렐루야!

목사님의 사랑

섬기는 은사가 성경에 있다. 나는 아무래도 퍼주고 나누어주고 섬기는 것이 재미있다. 어떤 총각 목사님을 김치 담아서 6개월 정도 섬겼더니 그분이 김치 가지러 와서 슬그머니 나에게 우리 목사님의 죄에 대해서 말했다. 눈을 동그랗게 뜨고 그게 정말이냐고 당신 거짓말하면 가만 안 있을 거라고 하니 그 장본인이 자신이고 또 다른 사람을 나처럼 못되게 하려고 한다고 말을 한다. 밤새 고민했다.

이 일을 어떻게 하나 아침 일찍 목사님의 서재 사무실로 찾아갔다. 일 년이면 한두 번 갈까 말까하는 곳이다. 들어가니 목사님은 박 집사 왔다고 반가워하시며 일어나시는데 거기다대고 "목사님! 이런 죄를 지셨다는데 그게 사실이에요?" 하니까 눈을 동그랗게 뜨시고 아무말씀도 안 하신다. 정말이에요? 하며 나는 어떻게 해, 그럼 저는 어떻게 해요? 목사님이 하나님인줄 알고 살고 있는 것이다. 목사님 또 어떤 사람에게 일을 하려고 하신다면서요. 했는데도 여전히 눈을 크게 뜨고 놀라고만 계신다. 거기다 대고 그 사람 건드리면 저는 지옥 갈 거예요. 목사님 지옥 보내야 돼서요 하고 사무실을 뛰쳐나왔다.

그리고 또 곰곰이 밤에 생각해보니 큰일 났다. 왜 마지막 말을 해가지고 어휴 난 지옥가기 싫은데 밤새 고민하고 기도했다. 33세 쯤 되었을 때다. "아버지! 제가 이 일에 대해서 잊어버리게 해주세요. 성도들이나 장로님들이 알면 얼마나 우리 목사님을 괴롭히고 교회를 흔들겠어요" 다음날 일찍이 일어나 교회로 향했다. 목사님이 사택에서 나오시는걸 보고 목사님--- 목사님 눈이 더 커진다. 나는 지옥가기 싫어서 나쁜 일 못하게 목사님을 옆에서 지키기로 마음먹었다. 그 이후 얼마 있다 간경화가 심해져서 모두 미국으로 이주하셨다. 미국에서 돌아가시려는 준비라고 사람들이 가르쳐주었다.

　그런데 가실 때 ☆ 꿈을 꿨다.

　약 2미터 정도 되는 배 안에 목사님하고 함께 타고 태평양 바다에 있었다. 그런데 500미터 넘게 보이는 곳에 새카맣게 반원형으로 해적선이 우리를 향해서 오고 있었다. 나는 목사님을 배 밑에 숨으라고 해놓고 뱃전에 폼 잡고 서서 손을 휘저으며 "예수 이름으로 물러가라"했더니 새까맣게 몰려오던 해적선들이 한 개도 남김없이 사라졌다. 나는 그때 내가 능력을 받았구나 기도를 많이 해서 우리 목사님이 살아오시려나보다고 생각했다. 그리고 정말 우리 목사님은 살아 돌아오셨고 나는 그때의 모든 일을 잊은 채 열심히 신앙 생활했다. 여전히 목사님을 사랑하고 교회는 내 교회였다. 예수님의 몸된 교회는 내 사랑이었고 시편 23편도 박 집사의 노래였다.

　여호와는 나의 목자시니

내게 부족함이 없으리로다
나로 하여금 푸른 초장에 눕게 하시며
쉴만한 물가로 인도하시는도다----
여호와의 집에 영원히 영원히 거하리로다 아---멘

많이 울었고 많이 울린 노래, 여호와는 나의 목자시니 노래대로 하나님은 나의 목자가 되어주셨고 나에게 영원히 예수님과 함께 살 수 있는 교회를 주셔서 하나님의 집에 문지기 되게 하셨고 그 예배당에서 흘러나오는 찬송소리 기도소리 뛰어다니는 소리 들으며 밤이면 하늘 문이 있는 강대상 앞에서 민족과 세계의 영혼들을 가슴에 품고 기도하며 사는 행복한 특권 벧엘의 책임자가 되게 하셨으며, 목사 반장이 되어 목사님들의 대변자 되어 늘 기도하며 농사지으며 하나님 예수님 성령님과 대화하여 하늘의 비밀을 이 땅에 알리는 예수님의 사랑 둥이며 귀염둥이가 되었다.

무엇이 귀염둥이일까 무식하면 예수님과 행복하게 살 수 있다는 것이다.

오랜 후에 이곳 벧엘에 오게 되어 사역하는 중, 간간이 오평짜리 예배당의 설교 때 꿈 예기 중에 나왔다.

"예수 이름으로 떠나가라!" 통쾌하게 없어졌던 해적선 2-3번의 해석 후에 이것이 무엇일까 궁금했는데 결국 알게 해주셨다. 목사님을 향한 직언 책망이 목사님을 생각하게 하셨다는 것을 직언 이후에 소문이 나서 교회가 어려움이 생겼거나 말이 생겼더라면 더욱 화가 나셨을 것이나 목사님과 나는 지옥가면 안 되니까 우리 목사님 내가 지켜야한다고 목사님하고 나가서 하던 일 그대로 하는 내 모습이 미국에 가서 생각하시는 끈이 되었었노라고 우리 아버지께서 가르쳐 주셨다.

그 뒤 우리 벧엘의 진리는 뒤바뀌게 되었다.

고쳐주세요! 10년 기도하는 것보다 두세 마디의 훈계와 책망이 문제를 해결하는 끈이 되고 삶이 변하고 인격이 변할 수 있는 진리라는 것을 깨닫게 해주셨다.

그래서 나는 지금도 훈계 받고 훈계하고 책망하고 받는 것에 (딤후4:2) 대해서 최고의 행복이며 살아있는 인생이 해야 하는 마땅한 지상명령으로 생각하며 살고 있다, 이것이 나와 내 가정을 세우는 최고의 비결이라는 것을 성경이 말해주었다(잠24장).

할렐루야!

"회개하라 천국이 가까이 왔느니라"(마3:2)

나의 그런 터득된 진리를 행동으로 옮기기 때문에 벧엘의 금식은 문제를 순식간에 해결하게 된다. 회개와 용서가 십자가의 근본이며 예수님이 우리와 하나님을 화목케 하기 위한 제물이 되셨으므로 우리도 마땅히 화목 제물이 되어 하나님과 사랑도 회복해야 하고 사람과 사람사이의 화목을 유지케 하기 위하여 애쓰고 수고해야 한다.

그저 이해하고 기도하고 용서만 하는 것이 아니라 그것을 말하여 고쳐주고 책망하여 회개에 이르게 하는 것이 단계 높은 그리스도의 사랑이며 그의 삶까지 고쳐 하나님께 영광 돌릴 수 있게 하는 방법이라는 것을 그 꿈을 통하여 깨닫게 해주시고 삶의 실천자로 바뀌게 해주셨다.

아버지께서 나에게 시킨 심부름이셨는데 잘 감당했다고 여기로 데리고 오는 마지막 관문이었다고 하신다. 예수님의 신부가 된다는 것은 자신을 통찰하여 고치고 다듬고 매만지고 깎아 내고 모난 것이 없을 때가지 만들어서 에스더처럼 간택되면 민족을 살리는 신부 제사장으로서(왕 같은 제사장, 벧전2:9) 이 땅에서 예수님의 대행자 노릇하며 행복하게 살게 된다(계1:6, 5:10, 19:7-8, 21:1-2, 11:17).

여기에 상대의 질책과 책망 손가락질 해줄 사람이 필요하다. 아무도 자신의 모습과 얼굴을 볼 수 있는 사람이 없기 때문이다. 그래서 모두가 나의 스승이며 나의 복둥이인 것이다.

우리 목사님은 그 뒤 70이 거의 되어서 돌아가셨다는 소식을 들었다. 한 번도 갈 수 있게 허락해 주질 않으셔서 천국가기 전에 못 뵈었고 살아계신 사모님과 행복한 대화를 나누며 천국 가서 우리 목사님 뵐 때를 기대해 본다. 이 땅에 사명을 아름답게 마치고 아버지께서 부르시는 그 날

가난한 사람은
나의 영생을 지도하는 스승, 마25:46

우리 교회는 늘 재미있었다. 교회는 지어져 있었고 목사님을 섬기는 부류가 있다. 나는 그곳에 못 낀다. 나이도 어리고 대화의 기술도 발달하지 못하고 배움도 미치지 못한데다 가난하기까지 하기 때문에 어림없는 일이었다. 돈 내는 일에는 참여조차도 못했고 십일조도 빚내서 할 수 밖에 없는 처지로 살았기 때문에 여전도 회비 오천원도 버거워서 도망하고 싶은 지경이었다. 장사한다고 벌이기만 했지 돈 벌었다는 소문은 나에게 없었다. 그래서 지금의 우리 교회는 회비는 아무것도 없다.

나는 그때 주로 뒤에서 어려운 사람들, 병들고 고통당하고 있는 사람들 또는 전도, 그러기 때문에 없는 사람이 왜 그리도 눈에 잘 보이는지, 한 해는 목사님께서 전도사님들을 네 분을 모셔왔다. 모두 신학교 다니고 있었다. 그런데 가만히 살펴보니 모두 옷이 달랐다. 세 분은 오리털 파카가 처음 나올 때 두툼하고 따뜻한 것을 입고 다녔다.

그런데 결혼한 전도사님은 양복만 입고 다닌다. 지나가다가 옷을 살짝 만져보았더니 여름 양복이다. 그때부터 내 생각은 그 옷에 머물러 있었다. 얼마나 추울까 어떻게 하면 따뜻한 오리털 파카를 사줄까 그런데 나는 사줄 형편이 안 된다. 공무원인 남편이 벌어다준 것은 내가 장사하다 망한 빚을 갚느라고 늘 월급이 부족해서 나 자신도 어떻게 살아야 할지 앞이 아득하기 때문이다.

그런데 공무원은 12월에 보너스가 나온다. 계산해보니 2만원이 남았다. 이 돈을 가지고 김장을 해야 하는데 도대체 할 수 없는 금액이다. 어차피 못 할 바에는 전도사님 오리털 파카나 사드리자 하고 옷가게에 가서 물으니 45000원이란다. 그것도 부족하다. 하는 수없이 내 친구 집사, 어른이 되어서 내 입으로 말하는 최초의 친구(원래 친구를 못 사귐 그래서 아무도 친구라고 말하지 않음) 한테 가서 돈 2만원을 달라고 했다. 당시 슈퍼를 하고 있던 친구 집사가 2만원을 줬다. 그런데 또 5000원이 부족하지만 옷가게 집사님께 갔다. 집사님이 5천원을 깎아 주고 4만원에 줬지만 이 파카는 아주 싼 것이고 그 당시 15만원 주면 아주 고급이었다. 오리털 파카를 사려고보니 남편도 없고 시아버지도 없었다.

시커먼 파카 교정직 공무원에게 지급되는 옷을 입고 다녔다. 애들 아빠는 그거라도 있으니 놔두고 우선 제일 추운 사람부터 입혀야겠다고 생각하고 사다 입히니 내 등어리가 따뜻하고 내 몸도 마음도 따뜻해졌다. 조금 후에 보니까 누군가가 더 좋은 파카를 사다 입혀서 내가 사준 싸구려는 안 입고 다니셨지만 그것은 문제가 안 되었다.

1월의 어느 날 교회 갔다 집에 오니까 마당에 뭐가 가득 싸여 있다. 배추, 무, 새우젓 할 것 없이 김장할 때 쓰는 모든 것이 있었다. 놀라서 알아보니 애들 아빠가 얻어다 놓았다는 것이다. 할렐루야! 나에게 김장할 수 있는 돈이 없다는 것을 아시고 김장거리를 몽땅 보내셨던 우리 아버지 지금도 여전히 그렇게 돌보신다. 너무 많아서 친구랑 함께 겨울을 따뜻하게 보낼 수 있게 해주셨다.

그뿐 아니었다. 애들 아빠에게는 오리털 파카 2개 청옷 한 벌, 양복 한 벌, 선물이 쏟아져서 시아버지까지 오리털 파카를 입게 되었다. 이게 무슨 일인지 어안이 벙벙했다. 그 이후 2년 동안 나도 옷을 안 사 입게 옷이 보내졌고 온갖 좋은 것을 먹이고 입히셨다. 세상에 2만원의 돈의 위력이 다른 사람을 보살피는 곳에 썼더니 기적도 이런 기적이 없었다.

예수의 이름으로 냉수 한 그릇을 대접해도 그 상을 잃지 않는다 하시더니 나는 그때 참으로 귀한 것을 배웠다. 지금 나의 삶의 기초가 그곳에서 만들어지고 있었던 것 같다. 내 통장의 돈을 신경 쓰지 말고 하늘의 통장을 내 것으로 만드는 것은 배고프고 병들고 고통당하고 갇히고 어려운 자들을 돌보는 것이다 (마25:46). 하늘의 통장 두고 카드는 내가 되어 자유롭게 사용할 수 있다는 것을 깨달은 것이다.

우리는 예수님을 대신하는 화목제물

화목제물 대신에 화목을 깨고 다닌
미꾸라지 같은 이간질 쟁이

교회의 많은 식구 중에 특이한 사람을 하나 발견하게 되었다. 가져다준 김장거리를 가지고 김장 담글 때 어떤 친하지 않은 집사님 한 분이 끼어있었다. 김장해서 친구 것 먼저 담고 우리 것을 담으려는데 왜 남의 것을 먼저 주느냐고 나서서 계속 뭐라고 한다. 그래서 그 집사님한테 원래 대접할 때는 남을 먼저 주고 나서 내가 먹는 것이 당연하지 않느냐고 했더니 계속 달려들면서 아니란다. 내가 먼저 먹고 주는 것이란다.

그렇다고 질 내가 아니다. 기어이 우겨서 친구 것 먼저 통에 담고 남은 김장을 우리 먹게 됐다. 그때 이후 이 집사님의 행동을 주시하게 되었다. 하루는 난데없이 우리 집을 찾아와서 친구의 흉을 보는데 친구가 나를 욕했다는 것이다.

여러 가지 말을 한다. 그래서 "집사님 내가 욕 얻어먹을 일을 했나보지요 괜찮으니 신경 쓰지 마세요" 말했는데 소용이 없었다. 가지도 않고 계속 중얼댄다. 나는 원래 직업도 없고 할 일도 없는데 항상 바쁘다. 가만히 앉아있질 못하기 때문에 일거리를 만드는 명수이다. "집사님, 저는 그 친구에게 은혜를 입었어요. 그 은혜 다 갚으면 제가 함께 흉을 볼 테니 어서 가세요." 하는 수 없이 가서 내 친구한테 들러 하는 말이 있었단다. 박 집사처럼 독한x는 처음 봤다고 해서 웃었다.

너무나 아름답고 재미있는 하늘나라를 땅에서 섬긴 내 사랑하는 교회를 떠날 때가 되었던 것 같다. 아버지의 계획이 나를 훈련시키실 때가 되었던 것이다. 한 해는 사무실에서 근무할 수 있게 배려하신 목사님, 산은 멀리 봐야 아름다운 법,

그때 목사님이 나 때문에 얼마나 애를 먹으셨을까 눈에 보이듯 알아졌다. 덜렁대고 청소하고 피아노치고 전도 낙심 자 일으킬 때는 전도사님하고 했고 거의 혼자하기 때문에 별 문제가 없었는데 앉아 있지 못하는 나를 사무실에 앉혀놨으니 그것뿐이 아니라 불의를 보면 입을 다물지 못해 말을 해버린다는 것을 전혀 모르셨던 것이다. 문제가 발생하기 시작했다.

내가 뭐라고 한 장로님께서 목사님에게 다니면서 내 흉을 보기 시작, 한 번은 목사님 뵈러 갔더니 그 장로님이 내 흉보다 깜짝 놀라 멈추는 것을 보고 뭔가 눈치 챘다. 그 다음 목사님하시는 말씀 누가 뭐라 해도 나는 안 믿어하신다. 사무일 보던 해 사무연회 자리에서 목사님이 하신 말씀이 성질 못된 나에게 거짓말이 되어서 나는 교회를 더 이상 못나가게 되었다. 직선적인 성격인데다가 거짓말은 안 된다고 생각했었는데 지금 생각해보니 목사님이 일부러 그런 것이 아니라 그렇게 생각할 수도 있었겠다고 이해할 수 있게 되었다.

그때는 훈련 받아야 될 때가 되었다고 아버지께서 말씀하신 것이다. 나는 그렇게 해서 내가 자라고 배우고 사랑받던 교회를

나오게 되었는데 이 집사님이 어느 날 우리 집엘 오셨다.

얼마나 많은 말을 하는지 나는 그냥 듣기만 했다. 36살쯤 되었을 때다. 오랫동안 한 말의 대답은 간단했다. "아- 우리 목사님 보고 싶다" 돌아간 집사님은 우리 목사님의 행동을 격하게 했다. 그 분이 돌았던 어떤 집사님과 나, 그런데 그쪽 집사님은 고소했단다. 왜 고소했을까 그분이 목사님이 집사님을 이렇게 욕했다고 하니까 같이 화를 냈던 것이었다.

어린 나에게는 특이한 생각이 있었다.

그렇게 하면 그 사람이 가서 똑 같이 나의 욕을 목사님한테 할 것 같아서 아무소리 안 하고 좋은 말 하나만 해서 그의 귀에 넣어줬더니 잊어버리지도 않고 그대로 말을 전해준 것이다. 그리고 목사님이 나에게 전화하셨다. "보고 싶은데 왜 안 오니?" 말을 많이 하는 것보다 적게 하는 것이 정립하기 좋다는 것을 그 때 깨달았다. "목사님 그러니까요 저도 잘 모르겠어요 알게 되면 가서 가르쳐 드릴게요" "알았어" 정말 몰랐다. 내가 왜 교회를 나와서 가만히 집에 있는지, 부정한 말을 함께 많이 한 집사님은 우리 목사님을 격하게 했던 것이다. 말을 많이 하고 싶은 사람도 있겠지만 그것을 듣고 대답만 잘하면 별 문제 없이 화목하게 살 수 있다는 것을 깨달았고 그 뒤로 들은 말은 이 이간질 쟁이 집사님은 엄청 착한 신랑이 돈 잘 벌어다 줘서 잘 먹고 잘 살았었는데 남편이 오토바이 사고로 그 자리에서 즉사했다는 소식을 들으면서 그 사람의 말과 행위를 그대로 갚으시며 기뻐하시기도 하시고 슬퍼하시기도 하실 하나님을 어렴풋이 알게 되는 일들이었다.

그 때는 성경을 모르고 있었기 때문에 이렇게 생각할 수밖에 없었다.

그 뒤부터 나는 사람들에게 많은 말을 들어도 다 전하지 않았다. 화목을 깰만한 말은 안 전하고 미워할 만한 말도 전하지 않게 되었다.
아버지께서 말씀하시기를
다른 사람 나쁜 일 한 것을 욕하며 버리라고 할 때 내 것도 버리라고 하셨고 남들이 잘하는 것은 배워서 더 잘하면 훌륭한 사람이 된다고 가르쳐 주셨다.

이마에 맞은 도장

애들 아빠의 술은 나를 기도의 자리로 내 몰았다. 술 냄새가 너무 싫어서 도망은 가야겠는데 춤추는 것도 싫어하고 술은 못 먹고 친구도 없고 나의 피난처는 교회였다. 이스라엘 백성들이 출애굽할 때에 바로의 마음을 완악하게 하여 군마를 이끌고 바로의 군사들이 추격했는데 그때 이스라엘 백성들이 부르짖고 울며 구했더니 모세를 통하여 홍해가 갈라지게 하시는 놀라운 사건을 허락하셨다(출14:1-).

금식의 하늘을 열기 위한 아버지의 작업으로 택함 받은 우리 집안은 편할 날이 없었다. 그 편할 날이 없는 나는 기도할 수밖에 없어 기도의 자리로 갔고 그것이 능력이 되어서 금식의 하늘 문을 열 때에 사용 받았다. 엄청난 사단의 공격을 맞서 싸울 수 있는 도구가 생겼던 것이다.

아버지의 계획 없이 되는 일이 어디 있겠는가? 술 때문에 한 번 싸우면 작정기도 40일, 혼자 무서우니까 권사님들 꼬시고 내 친구 은덕이 엄마를 불러오고 나의 인생은 시끄러웠다.

가슴이 터질 듯한 고통, 교회 2층 본당에서 고래고래 소리를 질러도 질러도 시원칠 않았다. 이웃집에서는 미친x 또 시작이다. 목사님한테 전화, 어느 날 본당 십자가 앞에서 또 몸부림이 시작되었다. 앞에 크게 걸려 있는 십자가에서 갑자기 피가 솟아나오더니 내 앞으로 와서 내게 달려드니 얼마나 소리를 지르며 놀랬는지 목사님이 일어나시고 모두 일어났다.

이제는 교육관에서 해야겠다고 생각하고 1층으로 갔는데 갑자기 화장실 쪽에서 시커먼 것이 나오더니 방언으로 고래고래 소리 지르며 3-40분은 싸웠다. 상대가 뭔지는 모르지만 그런 뒤 갑자기 주위가 조용해지더니 또 보이진 않는데 아기 천사 같이 생긴 게 뒤에 동그랗게 앉고 앞에는 누가 있는 듯 말을 주고받기 시작했다. 오랜 대화 끝에 "집 주마" 하신다.

"저는 빚도 있어서 어려운데 어떻게 집을 주시나요?" 했더니 알 것 없다고 하신다.

일주일 뒤 시아버지께서 갖고 계시던 우리 몫의 논이 700만 원 정도였는데 갑자기 어떤 사람이 와서 2천만 원 준다고 해서 아버지가 팔아서 천만 원 계약금 걸었는데 그것이 두 달 동안에 3900만 원짜리가 8500만 원짜리가 되었다.

88올림픽 전 해이다. 부동산 동향도 아버지만 아신다. 주인에게 세냈다가 1년 후에 들어가게 되었는데 "집 주마" 하신지 딱 일주일 만에 주신 집이다. 예수님은 정말 대단하셨다.

그 집에서 90년도 6월 1일 밤에 잠이 오지 않아서 이 방 저 방 다니면서 기도하고 청소하고 했다. 애들 방에 가서 기도하는데 복 딸 솔이 위에 손을 얹었는데 갑자기 손에 힘이 주어지면서 딸을 누르려 하니 놀라서 떼려고 애쓰는데 갑자기 손이 하나 나타나더니 도장이 보이고 내 이마에 꽝 찍었다.

나는 기절했고 잠시 후에 일어나서 이마에 무엇인가 보니 신명기 28장 10절 "여호와의 이름으로 너를 일컬음을 세계 만민이 보고 너를 두려워 하리라"고 써 있었다.

성경을 펴서 보는 순간 몸이 붕 떠서 붕붕 뜬 채로 새벽예배 다녀왔고 붕붕 떠서 도저히 밥도 못해줘서 애들 아빠는 그냥 직장 갔고 나는 아침에 옆에 기도원에 가서 물었다. 왜 이렇게 붕붕 떠다니는지 원장님이 "응 온실에 화초를 산꼭대기에 심으려 하시는구먼 산기도 좀 하세요" 하고 자버린다. 그 다음 해 91년도에 교회 사무실에 들어가게 되었고 그 해에 교회를 관두는 무서운 사건이 벌어졌다.

감사의 조건

날마다 숨 쉬는 것이 감사
날마다 먹을 수 있는 것이 감사
날마다 쌀 수 있는 것이 감사
날마다 단잠을 주시는 것이 감사이다

더 이상을 바라는 것은

있는 감사를 밀어내는 것이요
오고 있는 감사를 막는 것이요

품에 안긴 감사를 모르는 것이다
날마다 감사하면 감사가 온다

4장

태평양 바다 가운데로

주의 종이 도대체 뭔데 망하는 거야!

어떤 사람이 와서 날더러 목사란다. 순종 안 해서 망했다는 것이다. 왜 순종 안 하면 망해야 하는 거야 그러니 좋은 말로 할 때 종하라면 해야 한다는 것이다. 하나님이 무법자신가 왜 하나님의 종을 안 하면 망하게 하고 이렇게 사람을 괴롭히는 거야 그가 가고 난 다음 "아버지, 왜 종을 하지 않으면 거지가 되어야 하나요? 전 안 해요 부자 되게 해주시면 할게요." 했으나 너무 거지가 극심해서 도대체 대책이 안 선다. 얻어먹을 수도 빌려먹을 수도 없게 되어버렸다.

☆ 꿈에 태평양 바다 가운데에 우리 아이들과 버려졌다.
바닷물이 이리저리 우리를 침몰시키려고 움직이는데 아이 둘을 안고 어떻게 해야 할지를 모르고 있었다. 조금 후에 보니 바다에서 바위가 쑥 올라오는데 세상에 너무나 신기하게 태평양 바다 가운데서 미끈미끈한 바위가 올라오면 어떻게 해요 그나저나 빠져 죽겠지요 그런데 뿔 같이 생긴 여러 개의 바위가 쑥 올라오니 아이 둘을 팔에 끼고 그 바위의 뿔을 양쪽으로 잡으니 안전하게 바다에 빠지지 않게 해주셨다.

☆ 삶의 터전을 잃어버리고 먹을 것이 없어서 이제 죽음을 택할 수밖에 없는데 "하나님 정말 계세요? 그러면 저를 먹여 살리세요. 그러면 살아서 종을 할 것이고 못 먹이셔서 죽으면 천국으로 받아주세요" 아들을 달라고 할 때 쳐다본 하늘을 다시 쳐다보게 되었다. 빌리지 않을게요. 외상하지 않을게요. 달라고 구걸하지 않을게요. 하고 약속후의 일이었다.

그런데 너무 답답해서 내 차 티코 타고 삼각산에 기도하는 곳이라고 해서 찾아갔다. 한 번 가고 두 번 갔는데 많은 사람들 틈에 끼어 기도했다. 세상에 그곳은 캄캄한 밤인데 웬 사람들이 그렇게 많이 모여서 울부짖어 기도하며 있는가? 나는 교회에서 기도했는데 이곳은 어떤 곳인가? 이마에 도장 맞고 찾아간 전도사님 "응 온실 안에 있는 나무를 산꼭대기에 심으려 하시는구만" 하시던 말씀이 생각났다. 이곳이 산이었다. 정확히 7년 뒤에 산에 섰다.

그분들은 어떻게 그렇게 아는지 지금 생각해도 신기하다. 얼마나 울리시는지 아이들 잘못 기른 죄가 크다고 회개시키셨는데 이틀을 울리신 것 같다. 목소리가 없어진 듯 했다. 아예 말도 안 나온다. 벙어리 되는 줄 알았는데 나중에 터주셨다. 또 삼각산에 가니 어떤 분들이 손을 들었다. 태워달라는 것이다. 나도 조건을 걸었다. 당신들이 가시는 곳에 나도 데려가면 태워주겠다고 했다. 따라오라고 했다. 꼭대기쯤에 차를 세워놓고 산을 오른다. 나는 한 십분 가는 줄 알았더니 두 시간을 올라간다. 밤이라 천막을 치고 기도하더니 날더러 금식을 하라고 한다.

어디서 어떻게 하느냐고 했더니 이 산에서 하라고 한다. 그러면 집에 가서 애들 좀 살펴놓고 와서 하겠다고 약속하고 돌아와서 아이들에게 얘기하고 다시 밤이 된 삼각산에서 그분들을 만나서 두 시간의 산을 오를 때 나는 이미 금식을 시작했다. 허리에 힘이 들어가지 않아서 불불 기어서 두 시간을 올라갔다. 또 포장을 치더니 기도하고 새벽이 되니 포장을 걷어서 감추고 나만 놔두고 내려가 버린다.

1998년 그때 삼각산은 굉장했다. 얼마나 많은 사람들이 기도를 하고 있었는지 모른다. 그런데 그곳에서 죄도 지어지고 있었다. 얼마나 밤이 되면 시끄러운지 몰랐다.

아랫마을 사람들 그곳의 절 사람들이 밤새워 기도하는 사람들의 소리 때문에 계속 경찰에 신고하고 경찰들이 밤낮으로 쫓아다니면서 기도하는 사람들을 쫓고 벌금물리고 여러 가지의 방법을 썼으나 기도하는 소리는 줄어들지 않았다.

그 뒤 나라에서는 특단의 조치를 내려서 삼각산에서 기도하지 못하도록 명령을 내렸다. 그런데 그 이후 17년, 나라에는 어떠한 일이 일어났는가? 전쟁은 코앞에서 우리를 위협하고 동성애며 악법이며 날마다 눈을 뜨고 귀를 들고 들을 수 없는 사건들만 우글거린다. 대통령도 하야하라고 시위를 거듭한다. 나라나 개인이나 하나님의 교회나 사람에게 잘해서 벌 받는 사람 없고 하나님의 나라에 해를 끼치는 사람치고 잘되는 사람이 없다.

나라에서 그때 삼각산을 막은 일이 우리나라에 해악이 된 것이다. 얼마나 많은 종들이 삼각산에서 능력을 받고 얼마나 많은 백성들이 고통과 아픔을 해결하기 위해서 삼각산을 찾았는지 모른다. 그곳은 하나님이 살아계셨고 사랑하는 기도자들을 기다리고 계셨다.

그러나 이제는 돌이킬 수 없다. 이제 하나님의 영광의 승리를 위하여 나라의 산마다 금식기도원을 짓고 그곳에서 기도하며 찬양을 올려 나라 전체가 산마다 들마다 도시마다 찬양이 울려 퍼질 날이 올 것이다. 하나님을 대적하는 대적자들은 모두 떠나게 될 것이다. 할렐루야!

산에서 첫 금식을 시작한 것이다. 눈을 뜰 수도 없고 앉을 수도 없어서 어딘지도 모른 채 산에서 굴러다녔다. 저 위에서 사람들의 소리가 들린다. 아주 명당을 잡았다고 나는 그 말을 듣고 생각했다. 맞다고 주가 나를 이곳에 묻어줬으면 좋겠다고 세 놓아서 지은 집에 2200만원의 빚이 있었는데 IMF가 터지면서 이자가 20만원에서 40만원으로 뛰고 되는 일은 하나도 없으니 거지가 된 것이다.

살고 싶은 생각이 전혀 없는데 산에 나뒹구는 천덕꾸러기가 되었으니 내 인생이 뭐가 잘못되었는지 가닥을 잡을 수가 없었다. 우리 목사님하고 있을 때 나는 복둥이였는데 목사님 품을 떠나고 남편의 품에서 벗어나니 거지에 천하다 못해 산에 나뒹굴면서 눈을 뜨지도 못한 채 그곳이 절벽인지 나무뿌리인지를 전혀 모르고 있는 것이다.

아무데서나 하는 금식이 그렇게 어렵고 성격적이지 못한 것을 깨닫게 하시는 첫 번 금식이었으나 지금은 삼성병원 같은 멋진 영계를 열어 너무 쉽고 모든 문제들이 해결되는 하나님 기뻐하는 금식을 가르쳐 주셔서 하며 지도하며 사는 벧엘의 원장이 되었다.

금식의 기본은 성령 충만이었다. 천국의 주인이신 이분이 충만해지면 성령님이 일은 다 하신다.

그래서 우리는 금식하여 회개하고 용서하고 일하지 않고 오락하지 않고 정해주신 곳에서 금식하면 귀한 사람의 반열에서 멋지게 살게 해주신다(이사야58;1-12). 성령 충만은 예수님을 힘이 세지시게 하는 것이다. 예수님은 우리가 힘이 세지실 때에 그분도 힘이 세지신다. 우리가 아프면 그분도 아프고 우리가 거룩하지 못하면 거룩하신 그분은 나를 떠나신다(고전3:16-17).

우리는 그래서 내 영혼을 씻는 금식을 해서 거룩하게 관리하면 일은 예수님께서 모두 하신다. 산에서 만난 그분들은 4-5명의 무리가 원장님이라는 분과 함께 기도 다니고 있었다.

삼일 금식이 이렇게 끝이 나니 그분들이 죽을 써서 가지고 와서 준다. 밤에 먹고 아침에 함께 내려왔다. 그 다음날부터 그분들과 합세해서 저녁 7시쯤 올라가서 다음날 아침 6-7시 사이에 내려오는 산 기도를 시작했다. 아이들이 아직 어렸다. 아들 고 2, 딸은 이제 고등학교를 졸업하고 대학을 가야하는데 못가고 집에 있었다. 딸이 어느 날 "엄마 취직을 하려면 컴퓨터를 배워야 하는데 5만원이 필요해요" "응 아버지께 기도하자" "아버지! 돈 주세요" 기도했는데 5만원은 함께 기도하던 그분들이 심방을 오신다고 해서 그러라고 했더니 예배드리면서 그 이야기하니까 "어쩐지 이 돈이 누구건가 했네" 하면서 5만원을 내 주신다.

응답도 빠르시네! 그런데 우리 복딸이 엄마 그것만 주면 어떻게 해요 차비도 주셔야지요! "그러면 그때 함께 말해야지 알았어, 오늘 산에 가서 따다 줄게" 삼각산에 올라가는 도중 계속 손전등을 이곳저곳에 비췄다. 이유는 돈을 찾고 있는 것이다. 내려올 때 다시 봐도 돈이 달려있지 않았다.

"아버지! 돈 따다 준다고 했는데 만원주세요"해도 없다.

차를 타고 오던 모든 분들이 내리고 마지막에 남은 원장님이 이것은 아무래도 기사님 것이라고 하면서 봉투를 내민다.

어제 저녁 산에 오를 때에 아버지께서 담아 가지고 가라고 하셨는데 줄 사람을 못 찾아서 준다는 것이다. "그러면 그렇지"하고 열어보니 딱 만원이 들어있다. 집으로 달려가서 복 딸에게 "딸! 돈 따왔어" "어디" "여기"하고 만원을 줬다. "진짜 땄어" "그럼 나무에 달려 있었어" 고개를 갸웃거리는 딸을 보며 참으로 신기한 일들이 벌어지고 있다는 것을 알게 되었다.

하루는 삼각산 바위 위에 섰는데 우리 집을 하늘에서 써치라이트로 비춰고 있었다. 하늘에서 내려다보니 우리 복둥이 아들과 복 딸, 나 셋이서 머리를 맞대고 이 환경을 어떻게 헤쳐 나갈 것인지 궁리하고 있었고 공중에서 예수님은 우리를 흐뭇하게 미소 지으며 내려다보고 계셨다. 아무것도 없는 상황인데 굶어 죽지 않고 있었다.

하루는 밤 12시에서 새벽 4시까지 기도를 하는데 바람결에 이상한 소리가 들린다.

"이스라엘아! 내가 너를 세상에서 가장 좋은 것으로 머리부터 발끝까지 입히리라. 세상 만민이 그 옷을 부러워하리라"

세 번 동일하게 들려서 외웠다. 기도 끝나고 그 원장님에게 물었다. 야곱이었나 보네 이스라엘이라 부르니.... 하신다.

"맞아요. 제가 하늘나라 욕심 많은 야곱입니다."

그런데 이 음성은 이마에 도장 맞은 신 28장 10절 말씀하고 비슷하다. 90년도 6월 1일 새벽 3시 조금 넘어서 "너를 여호와의 이름으로 일컬음을 세계 만민이 부러워하리라" 이 성경은 세상에서 가장 좋은 옷으로 너에게 입히고 세계 만민이 그 옷을 부러워하리라고 하신다. 이제는 그 옷이 무엇인지 알게 되었다. 사도 바울께서 보신 고린도후서 12:2절의 3층천에 제사장 신부라는 것을, 예수님은 그때의 말씀대로 나를 아름다운 자신의 신부로 만드시고 신부학교를 세워 제사장의 아름다운 옷을 입히고 자신의 신부로 사랑해주시고 보살펴주시며 그 제사장 신부의 옷을 얼마나 자랑하고 싶어하시는지 그 옷을 자랑하실 때에 이 민족이 거룩한 금식을 모두 하게 될 것이고 이 민족이 제 2의 이스라엘로 온전한 구원의 은혜가 있게 될 것이다. 그대로 하실 것을 믿으며 열심히 예수님의 신부로서의 행복한 삶을 그분의 품 안에서 살고 있다.

야곱이 이렇게 처량하고 볼품없이 되어서 지팡이 짚고 산을 오르내리는 집시가 되었다. 삼촌네 집으로 도망가다 돌 베게하고 누워서 천사를 만났던 야곱, 하늘의 복을 탐내서 형의 장자의 명분을 빼앗은, 그러나 그것은 하나님의 뜻이었던 것을 성경이 증명한다.

"큰 자가 작은 자를 섬기리라"(창25:23)

그의 어머니가 이 말씀을 듣고 저주를 자청하고 아들을 아버지의 뜻 안에 밀어준 것이 성경이다(창27:13). 나도 야곱처럼 "여호와의 집에 영원히 영원히 영원히 거하리로다" 시편 23편의 노래처럼 하고 싶은데 정반대의 일이 생긴 것이다. 그런데 바닥을 친 사람은 높이 비상할 수 있고 중간에서 오르고자 하는 자는 비상할 수 없다고 명언을 만든다. 명언을 만들어낸 인생은 평범하게 살 수 없다.

1998년 43살 마무리는 삼각산에서 내려와서 그 원장님의 사글세 기도원으로 옮겼다. 그런데 하루는 기도를 모여서 하는데 기도가 위로 가야하는데 자꾸 원장님 쪽으로 간다. 아무리 흔들고 다시해도 소용없었다. 며칠 뒤 원장님이 날더러 집으로 가라신다. "안 돼요. 저 여기서 배우게 해주세요 네!" 해도 소용없다. 자신의 강대상 하라고 준 돈 10만원, 쌀 한 자루, 자신의 기도원에 한 가족 남기고 4명의 사람을 나누어 주면서 가라고 하니 졸지에 집으로 와서 원장이 되었다. 그때 따라온 전도사님이 나를 먹여 살리기 시작했다.

약속, 1

어느 날 아버지 앞에 약속했다. 사람을 쫓아내지 않겠다고 그런데 이 분들 하고 살다보니 어휴! 맘에 안 든다. 나는 놀러 다니는 것, 돈 쓰러 다니는 것, 원래 싫어하는데 돈이 없으니 오죽했겠는가 더 못쓰는 것이다.

그런데 이 전도사님이 다른 사람이 보내주는 돈을 가지고 함께 온 사람들이랑 자꾸 놀러가고 돌아다닌다. 가라고 하고 싶은데 약속을 했기 때문에 말을 못하고 기도자리에 앉아서 일주일을 울었다. 전도사님이 옆에 있다가 미안하다고 한다.

왜 미안하냐고 하니까 자신 때문에 우는 걸 안단다. 이제는 그러지 않겠다고 해서 고맙다고 했다.

장사하고 암웨이 하고 어쩌고 하는 틈에 약간의 빚이 생겼다. 애들 아빠가 이혼하고 퇴직하고 가면서 빚을 다 갚아주지 못했고 나도 세상이 나를 버릴 때 어떤 집사님에게 140만원을 빌렸다. 나는 그분에게 자동차 보증을 서줬다.

그런데 어떻게 줄거냐고 해서 하나님께 받아서 주겠다고 하고서는 어떤 예언자에게 가니 100일 기도하란다. 나는 100일

기도하면 돈 주는 줄 알고 그 기도 끝나면 주겠다고 약속 했는데 세상에 돈이 안 온다. "왜 안 오지 100일 기도했는데" (나는 지금도 이유를 모른다. 하루도 빠짐없이 기도하고 사는데 왜 100일 기도를 따로 해야 하는지) 그래서 100일 기도 끝나면 준다는 말로 듣고 약속한 것이 화근이 되었다. 이 분이 화가 나서 매일 전화해서 뭣 놈의 그런 하나님이 있느냐 어떻게 하나님이 돈을 갖다 주느냐 욕까지 섞어가며 온갖 해야 될 말, 안 해야 될 말을 다 한다.

☆ 꿈을 꾸니 그 집사님의 늦둥이가 구정물에 빠진다. 그 말을 했더니 날더러 멍석 깔고 아주 밖으로 나가란다. 점쟁이 하라는 것이다. 그날 밤 기도자리에 앉으니 아버지 하시는 말씀이 그 녀석을 멍석 깔고 밖으로 내 보내겠다고 노발대발하신다. 나는 귀를 의심했다. "왜요?" 나한테 그렇게 했다는 것이다. "아버지! 제가 잘못해서 그런 말 좀 했기로 막내둥이가 이제 돌인데 어떻게 그렇게 하십니까?" 내가 사랑하는 너에게 그런 말을 했기 때문에 용서하지 않겠다고 하신다.

"하나님은 원래 그런 분이세요. 만약 그들을 그렇게 하면 나는 이제 하나님 하고 안 놀아요. 말도 안 할 거예요" 하고 그들을 보호하며 따지듯이 덤볐다. 그리고 또

☆ 꿈을 꾸니 내가 초등학교 일학년 교실에서 공부 한다.
제일 앞자리다. 예수님께서 날 찾아오셨다. 가자고 하신다. 먼저 교실문 쪽으로 가시는데 어린 나에게 짐이 너무 많다. 오른

손, 왼 손 다 들어도 자꾸 짐이 떨어진다. 보다 못해 예수님이 다시 오셔서 왼 손에 내 짐을 드셨는데 에게 예수님에게는 내 짐이 공보다 작았다. 오른 손으로 내 손을 잡고 가시다가 답십리 육교 앞에 서신다. 건너편에 우리 사모님이 계시는데 그분에게 자랑하신다. 내 손을 잡은 채로 들고 흔들어 보이신다. "내 신부감이야" 하신다. 그리고 집으로 데리고 가셔서

* 배 깔고 나랑 누워서(평안하다) 종이에다 뭘 끄적거려 가르치시고(영계를 가르치신 것)
* 어머니를 나에게 소개해주신 후에(어머니: 성령님, 갈4:26) 내 손을 다시 잡고
* 대학교 하고 대학원이 딸린 학교로 데려다 주셨다(3층 산의 높은 단계, 삶의 훈련)

사람을 사랑하고 알지 못하여 마음대로 말하고 하나님 두려워할지 모르는 철없는 사람들을 보호하는 것을 이렇게 좋아하시고, 잘못해도 "혼내주세요" 하는 것보다 "용서해주세요" 하는 것을 좋아하신다는 것을 배웠고, 이 사건이 영계의 단계를 초등 5년, 중 3년, 고 3년, 약 11년을 단축하여 아버지의 뜻을 이뤄드릴 수 있게 이끌어 주셨다.

예수님의 십자가는 우리의 죄와 허물을 용서하시기 위해 고귀한 피를 흘리신 하나님의 아들 독생자의 사랑이시다. 그래서 우리도 용서 못할 자를 용서하고 이해 못할 자를 이해하여 화목 제물이 당연히 되어야 한다.

☆ 초보자인 나에게 땅을 제공하게 하시고 여기서 여러 명의 종들을 보내서 훈련받고 훈련할 수 있도록 해주신 것은 대학원과 대학교가 함께 있는 곳이었다. 얼마나 많은 시험지들과 시험 치뤘는가? 이것은 당연히 통과해야 하는 과정을 준비했다가 영계를 가르치셨고 지금은 어엿이 자라서 예수님의 신부되어 제사장 학교(신부)를 운영하는 아버지의 이쁜 딸이 되었다. 이 무렵에 많은 것들을 보았다.

☆ 원형의 건물 위에서 뒷짐을 지고 하늘을 바라보고 있는 나의 모습이 두려울 정도로 위엄 있어 보였다. ☆ 이것은 아모스 큰 예배당 지을 것에 대해서 보여주신 것이었으나 오래 동안 알아보지 못했다가 얼마 전에 알게 되었고

☆ 우물이 하나 있는데 왼쪽에서부터 쌀자루가 놔져 있는데 큰 가마부터 오른쪽 끝에 손으로 들고 갈 수 있는 쌀자루 까지 준비되어 있다. 보고 있으니까 어떤 여자 하나가 뾰족구두를 신고 삐닥삐닥 걸어간다. 어디로 가나 보고 있으니까 오른쪽 끝에 있는 가장 작은 것을 한손에 들고 삐닥삐닥 엉덩이를 흔들면서 간다. 다음은 내 차례인지 나간다. 왼쪽에 가장 큰 가마니 80키로 인 것 같은데 엄청 크다. 그곳으로 간다. 그리고 그곳에 손을 얹고 있다. 갖고 싶긴 한데 머리에 올릴 수가 없다. 한참 기다리니까 예수님이 오셔서 이어 주신다. 손도 안 대고 이고서는 좋다고 간다.

☆ 우와 나는 욕심이 왜 이렇게 많은 거지 내가 골랐나 아님 골라 주셨을까요 그것은 아무도 모르지요 밥 먹고 사는 것은 똑같은데 누가 무거운 짐을 지려 하겠어요 이것을 아버지께서 골라 감당할 수 없으나 예수님께서 사랑하는 나의 성령님께서 감당해주고 계시는 것이다.

☆ 많은 무리들이 유에프오(ufo)를 기다리고 있다. 나는 제일 앞에 많은 사람들이 내 뒤에 있다. 나는 할 일이 없어서 하늘을 쳐다봤다 땅 쳐다봤다 하고 있고 다른 사람들은 길에 서서 공부를 한다. 뒤돌아보면서 비웃는다. "공부 못하는 것들은 꼭 이런 데서 공부한단 말이야" 하고

☆ 나의 건방진 것 너무 많은 공부 때문에 예수님 잃어버린 것을 비웃으신 것이다. 머리로 하지 말고 가슴으로 성령으로 목회하면 아주 쉬운데 내가 잘하려 하고 있다는 것이다. 유에프오는 기적의 방법을 설명 하신다. 이곳의 땅을 기적으로 주시고 지금도 기적으로 우리들을 이끄시고 먹이시고 가르치시고 하늘을 가르쳐 주신다. 사랑하는 나의 아버지 예수님 성령님께서.......

약속, 2

빚 때문에 결국 문제가 터졌다. 2200만원 때문에 이자 40만원 감당 못해 IMF때에 망하면서 집안이 곤두박질하고 있는 것이다. 집이 경매로 넘어가려 한다. 집은 2억짜리인데 작은 빚 때문에 집을 잃게 된 것이다. 아무리 기도해도 소용없다. 1. 2층 세 내놨는데 그 집들에서도 애들을 쓴다.

오빠한테 말해볼까 언니한테 빌려달라고 해볼까 해줄지 안 해 줄지는 몰라도 하나님 하고 약속했다 빌리지 않겠다고, 경매에 넘어가면 나야 죄를 졌지만 1. 2층 세든 분들은 1000-1500까지 손해를 본단다. "첫 종이 된다는 사람이 종이 되기도 전에 그 백성들을 구원키 위해서 종을 한다는데 그 사람들 손해부터 보게 한다."고 생각하니 어처구니가 없다.

이 분들을 구제하기 위해서 돈을 빌리자니 하나님 하고 약속이 깨지고 안 하자니 이 백성들이 3-5년씩 모아야 만들 수 있는 돈을 손해 보게 해야 한다. "내 참 어떻게 해결을 해야하나?" 아무리 궁리해도 해답이 없고 사람을 살리기 위해서 하나님과 약속을 깬다면 나중 사역할 때 돈 필요해서 달라고 하면 "내가 너를 어떻게 믿냐 너 그때 약속 깨고 이런 행동을 했는데 너 돈 달라고 해서 주면 누구 도와준다고 해놓고 네 맘대로 할텐데 못준다.” 이렇게 하실 것이 뻔했다.

“에라 모르겠다. 천국으로 가자” 나는 유서를 쓰기 시작했다. 언니에게 “언니! 나 죽고 나면 이집 처분해서 빚 갚고 1. 2층 손해 보지 않게 해주고 600만원은 교회 돈이니 교회에 주고 ..... 애들 아빠에게 아이들 데려다 주세요. 미안하네요 등등.....” 두통의 유서를 쓴 뒤 금식에 들어갔다.

“금식 중에 해결해 주면 사는 것이요 아니면 간다.”

칠일 금식 뒤 아무런 효과가 없다. 죽을 먹으려하니 쌀도 별로 없어 살아 있는 아이들이나 먹게 놔 두자고 그냥 죽음의 금식을 시작했다. 4일이 지난 열하루 째 경매로 넘어가는 날이 이틀 남았다.

온 동네에 소문이 가득하다. 저 집 망했다고 1. 2층 세든 분들이 자기 형제들을 불러와서 한방 가득 왔다. 나는 속으로 생각했다. “뭐하러 그렇게 많이 온 담 많이 와서 해결되면 얼마나 좋겠어” 그분들이 어떻게 할참이냐고 묻는다.

집도 방도 내놔야 되지 않겠느냐고 다 내놨다. 집도 방도 팔리지 않고 있는 것이다. 1. 2. 3층지어 3층 살다 4층에 무허가 지어 올라가고 3층도 세로 내놨다. 다시 한 번 내놔 보자고 한다. 그러세요 제가 어지러우니 직접 가서 좀 내놔 달라고 했다. 그러마고 그들은 가고 나는 상하나 놓고 강대상이라고 놔놓고 있는 쪽을 향하여 앉았다.

“아버지 이것도 아니면 저를 데려가 주세요” 소리 들리기를 “친구를 위하여 생명을 버리는 것처럼 귀한 사랑이 없느니라”

(요15:13) 참내 내가 누구를 위하여 목숨을 버린단 말인가 모르겠다. 이런 대화 중 10여 분이 안 넘은 듯하다.

띵똥! "누구신가요" 어지러워 일어날 수도 없다. 살려고 하는 금식하고 죽고자 하는 굶식하고는 전혀 다르다.

2층 아저씨다. "아줌마 빨리 문 여세요 방 얻을 사람 데려왔어요. 복덕방에 가니까 기다리고 있더라구요" 새집이라서 그분이 아주 좋아하고 그때 4500만원을 받을 수 있었는데 3500만원에 내놨으니 방보고 너무 좋아서 200만원 계약하고 바로 해결되었다. 빚은 2200만원 방은 3500만원이었기 때문이다.

여러 가지 죽음이 오고갔으나 넘어가는 집을 이틀 앞두고 잡아 주셔서 다시 기적의 집으로 만드셨다.

"아버지! 제가 4층에서 날마다 피아노 치면서 찬송하고 하나님이 내 아버지요 예수님이 나의 구세주라고 노래했는데 이집이 망하면 찬송을 들은 저 사람들이 예수님을 버리면 이 죄를 어떻게 감당 합니까? 저는 쫓겨나 길에서 살아도 할 말이 없지만 많은 사람들에게 악을 끼쳐 하나님의 나라에 먹칠하는 것은 견딜 수 없으니 용서해주시고 해결해 주세요" 라고 기도했었는데 그 기도 들으시고 해결해 주셨다.

약속이 얼마나 중요한가 방을 세든 것도 그 백성을 보호하는 것도 주인이 해야 하는 약속이요, 돈 안 빌리겠다고 약속한 것을 지키기 위해서 유서 두장 쓰고(지금도 보관 중) 죽음을 택해서 금식한 것이 예수님을 위해서 목숨을 버리는 것(요15:13)이라는 것을 또한 배웠다. 십자가의 사랑은 위로 하나님 사랑 아

래로 이웃을 사랑하는 것이라는 것을(마22:37-) 그것을 삶으로
가르치시고 내가 그런 사람을 사랑한다고 문제를 해결해주시
고 기뻐하셨다.

기도원으로

일 년 정도의 고통 속에서 헤매는 동안 한 군데의 기도원에를 보내셨다. 마음대로 이곳저곳을 다니지 못 한다.

첫째는 돈이 없고 둘째는 꿈에 나타나서 갈 곳과 가지 않을 곳을 지정하시기 때문이다. 가지 않아야 할 곳은 영락없이 나쁜 꿈이 꿔진다. 보내신 곳은 귀신 쫓아내는 원장님이신데 50여명이 넘는 사람들을 모아 놓고 예배드리고 계셨다.

나는 그동안 성경을 너무 많이 읽었다. 성경이 너무 재미있어서 내 일생에 백독을 하게 해달라고 했더니 갑자기 속독이 이루어져 4-5일에 1독을 하고 나니 눈이 안 보인다. 그 원장님이 눈 안수를 해주신다고 해서 눈을 내놓았더니 손을 대시며 기도하시니 바로 정상이 되었다. 나는 난시였다. 안경을 약 5년 정도 쓰게 되었는데 예수 믿고 처음에

☆ 꿈을 꾸니 내가 큰 무덤을 옆구리를 파고 돌을 놓고 그곳에 솥을 얹은 다음 불을 때니 무덤에서 시커먼 것이 나와서 하도 쫓아다니니까 "나 죽어요" 하고 도망 다녀도 누가 말려주지도 못 한다. 도망가는 중에 무덤 옆 언덕에 넘어졌는데 그 시커

먼 것이 나를 덮치려고 달려드는데 "예수님 살려 주세요" 하니까 하늘에서 한줄기의 빛이 쫙 내려오더니 시커먼 것을 뚫으니 사라졌고 내 눈에 맞았다.

그 뒤 나는 난시라는 이름으로 안경을 끼고 있었는데 천방지축 급하기가 한이 없는 나는 겨울에 이 안경 때문에 버스타면 가방이고 뭐고 다 집어 던지고 넘어지곤 했다. 그런데 피아노 은사 받고 교회에서 종의 훈련 위해 꺼내시고 몇 군데 헤매고 다닐 때 어떤 작은 교회 부흥회 갔는데 그곳에서 피아노 봉사하게 되었다. 마지막 날 강사님이 병 고친다고 나오라는데 한가지씩만 고치란다.

나는 여러 곳이 안 좋은데 인색하게도 왜 한 가지만 고치라고 하시나 이왕이면 다 고쳐주시지 하고선 곰곰이 생각하다 귀찮은 안경생각이 나서 눈을 내미니 강사님이 "예수 이름으로 나을지어다 하시고는 날로 날로 좋아질 겁니다." 하신다.

나도 안경을 탁 버리고 집에 와서 가족들에게 눈 고쳤으니 날로 날로 좋아질 거라고 했다. 남편이 보안경을 써야한다고 사줬지만 그것은 별로이고 그 말씀 "날로 날로 좋아져" 하고 다니니 눈이 정말로 안경을 안 써도 머리가 안 아프다. 그런 눈이 성경을 한꺼번에 너무 많이 읽어 그렇게 망가졌다가 정상이 되었고 지금도 가끔 피곤하여 약간 희미해지면 "날로 날로 좋아질지어다" 하면 바로 좋아져서 나는 천국 갈 때까지 안경은 안녕이다. "날로 날로 좋아질지어다" 나하고 딱맞는 말이다. 말을 할 줄 아는 입과 마음이 있는 한 늘 치료의 하나님이 동행 하신다.

나는 날로 날로 좋아지는 이 말씀이 여기만 쓴 것이 아니다. 내 인생의 아름다운 말이 된 것이다.

하루는 이 원장님이 주여!를 시켜놓고 기도해주러 다니신다. 내 손을 탁치니까 가슴에 불이 확 들어오더니 데굴데굴 구르며 세 시간 반 동안 짐승처럼 가슴을 치고 그 예배당을 돌아다녔다. 일어나보니 모두 가고 없다.

집에 친정엄마가 와계셨는데 정신이 아롱다롱 하신다. 당뇨가 심해서다. 그런데 손을 얹으니까 엄마 토하고 나도 토하고 "야! 이년아 손 치워" 하시면서 뎁다 욕을 해댄다.

나는 영문을 알 수 없었으나 자꾸 실험을 해봤다. 손 떼면 아무소리 안 하시고 손 얹으면 욕한다. 또 함께 토한다. 그날 밤에 "아버지! 왜 토하지요 또 토하면 대표로 한사람만 토해야지 둘 다 토하는 것은 더럽기도 하고 아주 아닌 것 같네요 그런데 불이 좀 약한가요 그러니까 이렇게 귀신이 나가지 않고 토하고 더럽기만 하니 말이에요"하고 그 기도원에 가는데 차비가 갈 것밖에 없어서 올 때는 "아버지 알아서 하세요" 하고 서대문 지축역에 있는 기도원을 세 번째 갔다.

가서 또 손을 치니 불이 들어와서 데굴데굴 이번엔 깨보니 두 시간 30분 정도 거기 원장님을 함께 간 전도사님이 데리고 와서 이 원장님이 이상하다고 하니 "귀신들어 갔구만 하신다" 내가 볼 때는 불을 던져 자신의 몸 성전을 차지하고 있는 귀신을 쫓아내고자 하는 예수님의 불의 역사인데(마3:11) 잘못 말하니까 아버지 하시는 말씀 "이제 그만가라"하셔서 더 이상 못 갔는데 이제 집에서 엄마랑 연습해 본다.

기도하니 이번에는 나는 안 토하고 엄마만 토한다. 그러면 그렇지 불이 약했던 게야 혼자 좋아서 히히덕 댔다. 엄마랑 실컷 연습하고 이번에는 병원에 입원하고 퇴원하신 이모를 모셔다 연습했다. 하루 아침 저녁으로 4-5시간씩 9일을 기도했더니 이모의 귀신이 나가면서 이모가 누워서 예언하는데

* 내가 크게 될 것
* 자신의 남편이 구원받을 것

여러 가지에 대해서 예언을 하시고 집으로 돌아가셨는데 얼마나 문지르면서 기도했는지 우리 이모 엉덩이가 다 까졌다.

이모가 집에 가시고 아버지께서 칭찬하실 줄 알았는데 선무당이 사람 잡는단다. 참내 이상 하시네 귀신 쫓았는데 칭찬은 안 하시고 뭔 일이여, 그런데 집에서 꿈에 보니 이모의 귀신이 한 달 되니까 다시 스르륵 다 들어가는 것이 보인다. 아니 애써서 빼놓으니까 왜 도로 들어가는 거여 어떻게 해야 하나 난감하기만 했다.

우리 예수님은 나처럼 안 하고 나가라 하면 나갔는데 나는 예수 이름으로 나가라고 그렇게 오랫동안 했는데 또 들어가 버리네 "너희는 나보다 더 큰 일을 하리라고"(요14:12) 하셨는데 아무리 해봐도 안 된다. 죽은 사람 일어나라고 때리니까 새파래지기만 하고 병든 사람은 치료 받으라고 손을 얹으니 말씀대로 되기는커녕 피곤하고 나만 괴롭다. 귀신이 다 나한테 오는 것 같

다. 그런데 예수님은 왜 그런 말씀을 하셨을까 생각해보니 예수님은 3년 하시고 십자가 지신 후 부활하셔서 우리를 자신의 몸 대신 쓰고 계신다. 나는 43살에서 100살까지 57년을 일 해서 몇 십 배를 더하게 하셨다. 비록 부족하지만 그 말씀은 이렇게 응할 수밖에 없다.

우리 복둥이들의 훈련

우리 아이들은 아빠가 공무원이라서 잘 먹고 잘 살순 없어도 굶어서 살 빠질 정도는 아니어서 내가 아파서 걱정이고 장사한다고 다니면서 돈 까먹는 것이 문제덩이였다.

그런데 그나마 이혼하고 하던 암웨이가 안 되니 거지되어 먹던 밥도 얻어먹어야 하고 애들 용돈이며 학비며 어디서 나오나 복 딸은 대학에 못 들어갔고 아들도 고 2, 세상에 어쩌다 이렇게 되었는지 나도 모르는 사이에

* 사람이 죽어도 죽을 줄 모르고 죽고
* 거지가 되어도 거지가 되는 줄 모르고
* 부자가 되어도 부자 되는 줄 모른다.

너무나 한심스러운 하루하루가 지나가고 있었다.

복 딸은 여기저기 취직을 해보았으나 안정이 안 된다. 그 아이가 언제 고생해봤나 이제 고등학교를 졸업했으니 이리저리해도 안 돼서 산속에 있는 청소년 수련원 가기 싫다는 아이를 보냈다. 얼마나 힘이 드는지 밤이 되면 전화해서 "엄마는 미워 엄

마는 미워 왜 내 방 없앴어" 하고 운다.

빚 갚느라고 3층을 빼서 4층으로 이사 와서 예배당이라고 부쳤는데 다른 사람이 와서 살고 내 아이는 나가서 이렇게 울고 또 운다. 가슴이 찢기는 아픔을 견디며 기도, 기도, 기도 날마다 13시간 10시간 8시간 평균 8시간이다. 내 아이들을 살려내려면 기도하고 금식하고 아버지께 살려달라고 구하는 것 외에 할 일이 없었다.

차비가 없어 나갈 수 없고 세상이 나를 버렸기 때문에 일할 곳도 주지 않았다. 너무나 예쁘고 사랑스런 아이가 내가 훈련 들어가니 이 아이도 훈련 들어가며 거지되고 말았다.

"네가 내 율법을 버려 제사장이 되지 못하므로 내가 네 자식을 버린다."(호4:6) 세상에 나 때문에 내 자식들이 거지가 되어버렸다. 그렇게 사랑하는 내 딸은 밥 먹고 살기 위해 산속에서 직장생활을 해야 했다.

어느 날 이 아이가 "엄마 이제 우리 어떻게 살아?" "아버지께서 먹여 살려주실 거야! 그렇지 않으면 천국가면 된다. 그러나 오늘 다르고 내일 다르고 날로 날로 좋아질 거야, 그렇지만 너는 나가서 벌어먹고 살아라"하고 내보냈다.

아이가 돈 벌러 나가는 날 그의 뒤에다 대고 아버지께 말씀드렸다. "만약에 저 아이가 버는 돈으로 먹고 살라고 하시면 저는 살지 않겠습니다. 아버지께서 저를 먹여 살리셔야 합니다." 라고 했다. 독해지고 독해지고 자꾸 독해진다. 아이가 집에 돌아오고 싶은데 돈도 없지만 방도 없었던 것이다.

복둥이 아들은 고 2때였다. 답십리서 종로 입구에 있는 대광고등학교를 다녔는데 교통비는커녕 어떻게 학교 다니고 있는지 조차 알 수 없었다.

하루는 아들이 눈물을 글썽이며 내 앞에 왔다.

"엄마 내가 복둥이라고 했지" "응" 어렸을 때부터 4키로로 태어나서 하도 아프고 자라지 못하는 아들을 소아과 의사선생님이 이렇게 자주 아프고 애가 약하니 어떻게 하냐고 이런 아이는 복을 빌어줘야 한다고 했다. 예수 믿는 여의사셨고 16년 동안 시어머니 똥 치우며 수발하여 천국 보내신 분 그러나 늘 행복한 얼굴로 우리를 맞아 주셨다.

예수님은 누구에게나 그를 주인으로 섬기는 자에게 어떤 환경과 여건이라도 이길 수 있는 힘을 주시는 귀하신 분이시다. 그때부터 "너는 복둥이야! 너는 교수나 박사가 될 거야! 너는 부자가 되어 많은 사람들이 돕고 잘살 거야"라고 복을 빌며 복둥이라 불렀다. "그런데 내가 왜 이래" "복둥이니까, 아들 티브이(TV) 봤지? 어떤 성공한 회장님이 그 회사를 물려주려면 어떻게 하지? 그 아들을 훈련시키지, 그래서 아들도 복둥이라서 훈련을 받고 있는 거야! 큰 것을 맡기시려고"

눈물을 글썽이던 눈으로 그대로 돌아갔다.

지금도 여전히 훈련받고 있다. 학교에 등록금을 줄 수 없어 나라에서 아이들 등록금을 지원해 준다는데 아들은 자존심 상해서 신청하지 않았다. 하는 수 없이 학교를 찾아가서 담임선생님께 부탁했다. 나라에서 돈이 나와 있는데 애들이 신청을 안 했다면서 걱정 마시라고 도리어 위로 하신다.

나는 약속했다. 우리 아들을 가르쳐 주시면 나중에 꼭 다른 사람에게 은혜를 갚아 아이들을 가르치겠다고…….

나라에서 장학금 주고 기독교 단체에서 점심값 주고 집에 들어오신 전도사님이 차비 줘서 고등학교 졸업하고 2년제 대학에 합격했는데 등록금이 있을리 없다.

그 당시 애들 아빠가 하나님이 자신의 아내를 데리고 가서 화났다고 예수님을 버리고 절로 가서 목탁을 두드리고 있을 때다. 절에서 시집을 냈다고 보내왔는데 상으로 만든 강대상 위에 올려놓으니 그 책에서 윙—윙하는 소름 끼치는 소리가 난다. 상 밑에 놔도 난다. 그래서 밖에다 버렸다.

이런 시절이었다. 절에서 아이의 학비를 보내왔다. 그런데 학비만 보내왔지 아이의 차비나 책값을 보내지 않았다. 입학은 했는데 아무것도 없다. 전도사님이 차비만 줬다.

"아들! 포기하지 마라. 포기하지 않으면 하나님도 사람도 돕는다. 그러나 네가 포기하면 아무도 도울 수 없단다."

내가 그런 사람이었다. 아버지의 말 한마디에 포기한, 부모의 말이 아이들에게 생명이 된다. 책도 없고 점심값도 없다. 집에 있는 것 다 뒤져서 김치 넣고 김밥을 싸서 가방 속에 책 대신 넣어주고 보냈다. "책은 옆에 사람 것을 함께 봐라" 저녁에 돌아온 아들은 김밥 도시락을 그대로 가지고 왔다. 도저히 먹을 장소를 찾지 못했던 것이다.

목이 메어 말을 이을 수 없었으나 엄마가 포기하면 아이는 수렁으로 빠질 것이 뻔히 보인다. 다음날 또 김밥을 쌌다.

"엄마, 대학교에서는 점심을 사먹어" 나는 안가 봐서 모른다. 그러나 내 아들이 너무 배고픈데 못 사먹는 것보다 김치만 넣었지만 먹이는 것이 엄마가 해야 할 일이었다.

저녁에 돌아온 아들의 얼굴이 제법 밝았다. "아들 먹었니? 응 친구들이 사줬어 도시락은 같이 까먹고" 학교를 포기할 수도 있는 이틀의 시험이었다. 우리 예수님께서 보고 계시다가 그 뒤로 점심값도 책값도 차비도 늘 대주셨다.

시험에 합격한 것이다. 합격시켜 주신 것이다. 나의 불순종이 이와 같은 어려움을 초래했다.

☆ 꿈에 하늘을 들이받는 용이 있었다. 길이는 나의 두 팔 길이요 넓이는 내 두 팔로 안을 수 없을 만큼 굵다. 보고 있으니 하늘을 들이 받는다. 하늘이 들어갔다 나오니 또 들이 받는다. 두 번을 이렇게 하더니 갑자기 방향을 바꾸어 우리 집을 들이 받으니 집이 불이 나고 물이 들어와서 방에 찼고 윗목만 조금 남아서 아들과 함께 오돌오돌 떨고 있는 것이다.

☆ 어떤 목사님이 예수 믿은 지 얼마 되지도 않은 나에게 종이 되어야 한다고 한다. 나는 집사가 좋다고 두 번 말했는데 이 용이 하늘을 두 번 받았다. 이것은 두 번을 사람 즉 선지자를 보냈음에도 말을 듣지 않고 지 맘대로 하고 있는 나를 징계했는데 집에는 불이 났고 나와 아들만 오돌오돌 떨고 있었다. 불순종이 이렇게 무서운지 몰랐다.

내가 종하고 싶으면 하고 아님 그만인 줄 알았다. 많은 사람도 이와 같이 한다. 나이 많으면 안 해도 된다고 생각 한다. 자식이 묶여서 죽기도 하고 장가를 못가기도 하고 남편이 죽기도 하고 아내가 죽기도 한다. 가정이 문제들이 풀리질 않고 고통 속으로 들어가는 이유이다. 어떤 사람은 몰랐다가 늦게 알아서 이와 같은 문제들 때문에 이름만 다는 목사도 있다. 이름만이라도 달아주라고 해서 달아주니 아들이 금방 장가갔다. 신기한 것이 순종이다. 나이가 많은데 목사를 주라고 하니 걱정하는 내 목소리를 들으시고 자식을 위해서 이름만이라도 주라고 하셨다. 가슴 아프고 눈물 나는 일이다.

왜! 불순종하면 이렇게 되는지 하나님의 성경에 레위인은 세상에 업이 없고 이스라엘 백성이 출애굽 할 때에 장자를 죽인 마지막 재앙 때에 이스라엘 백성들을 구해주셨다. 그리고 출애굽 이후에 장자 대신 자신의 아들을 저주한 아브라함의 아들 레위를 택하여 성전의 일을 맡게 하셨다(민3:9,12). 그런데 그거 하고 나하고 무슨 상관이 있는가?

신약에는 어떤 임금이 잔치를 배설하고 사람을 초청했는데 그 사람들은 바빠서 안 왔다. 소 사러 가고 밭 사러 간다고 안 왔는데 길거리에 가서 아무나 데려오라고 하셨다(마22;9,10) 이것이 백성이라고만 누가 말할 수 있는가? 누가 주의 종이 아니라고 말할 수 있는 사람이 있을 수 있는가? 불순종의 죄 값으로 나는 가정을 잃고 자녀들을 거지로 만들었고 남편도 거지 되게 내쫓았고 나는 죄 중에 빠져 허우적대는 신세가 되었다.

☆ 다니엘이 꿈을 꾼 느브갓네살 왕에게(단4:27)

"왕이시여 내가 아뢰는 것을 받으시고 공의를 행함으로 죄를 사하시고 가난한 자를 긍휼히 여김으로 죄악을 사하소서 그리하시면 왕의 평안함이 혹시 장구하리이다."

그런데 왕은 그 말을 귀히 여기지 아니했고 죄와 죄악을 그대로 두고 다니엘이 가르쳐준 것을 행하지 아니함으로 1년 뒤에 미쳐서 이슬을 맞고 짐승처럼 7년을 산 것은 다니엘의 말을 우습게 여겼기 때문이었다. ☆ (분기별 복과 저주의 말씀, 일 년의 유예 기간, 때로는 십년인 사람들도 있었다. 회개하기를 원하고 계시는 것이다)

나도 그 목사님이 종을 해야 한다고 하는 말이 그렇게 내 삶에 중요한 것을 몰랐다. 이제는 불순종하는 분들에게 당신의 고통스러운 삶이 불순종의 댓가가 아니냐고 묻고 싶다.

나이를 먹었건 못 배웠던 상관없이 이 땅에서 얼마를 살던 순종하다 가라고 가르치고 싶다. 우리는 최선을 다하여 순종의 길을 걷도록 도우며 애쓰며 수고해야 한다.

나라를 잘되게 하는 것은 가정에서 교회에서 나라에 풍랑을 일으키는 주범자 요나를 없애야 한다. 그래서 오늘도 열심히 요나를 찾아서 순종의 길을 가르치고 이끌고 있다.

아버지의 은혜와 사랑으로 순종하지 못한 그 길이 느브갓네살 왕하고 똑같은 성경이 응해서 7년을 미쳐버렸다. 집에 있지 못하고 이슬에 젖고 죄에 젖어 정신을 차릴 수 없었다.

왜 하찮은 나에게 성경이 그대로 응하고 있는 것인가?

그 뒤 나는 주의 종이 되어 15년 동안 나처럼 주의 종의 길에 대해서 누가 말해도 귀히 여기지 않고 자식이 망하고 자신의 죽음의 길에 서고 가정에 고통과 고난의 길이 열려 애태우면서도 알지 못하는 택한 자들을 책망하여 세우는데 학비대주고 돌봐주는 일을 10년 했더니 "그러면 네가 학교를 운영하라"고 하셔서 열심히 주의 종을 기르고 가르치고 훈계하는 일에 최선을 다하고 있다.

알지 못하는 것은 죄가 아닌 것이 아니다. 불순종의 죄가 요나와 같이 나와 내 가정을 내 교회를 내 나라를 풍랑이 일게 한다. 그래서 불순종자 요나를 물고기 뱃속으로 집어넣어 버렸다.(욘 1:15) 사람들은 옛날 나처럼 자신이 무엇 때문에 어려움을 당하는지 모른다. 그러나 애태우며 사는 중에 나를 만나 하늘의 비밀을 듣고 살아난 분들이 많다.

신약에서도 하나님께서 택하신 레위인과 아론 지파 제사장들이 있어서 그것을 하나님 앞에 왜 그렇게 하느냐? 말할 수 있는 사람이 있다면 나와 보시라! 당신은 어떻게 목사가 되었으며 어떻게 주의 종의 길을 가게 되었는가? 많은 신학교가 생겨나면서 여종들이 배출되었다. 이 여종들 때문에 이 나라의 영계가 많이 혼탁해졌다고 다들 한숨 쉬고 속상해 하신다.

그러나 내가 본 영계는 다르다. 남자 6명에 1명의 여종 때문에 하나님이 고통하시는 것이다. 문제는 육신의 훈련은 안하고 신학이라는 테두리 안에서 성경 읽고 레포트 쓰고 남의 책 읽어서 내주고 목사가 되었다고 하니 옛 구습은 그대로 놔두고 어떻게 주의 종의 길을 간단 말인가?

옛날에 했던 말과 행동이 성경하고 맞지 않으니 마태복음 5장 19절의 말씀처럼 가르치고 행하지 못하므로 작은 사람 되어 하나님께도 사람에게도 손가락질 당하고 있는 것이다. 남종이나 여종도 똑 같다.

두 번째는 성령은 놔두고 자신이 배운 것이 최고인 줄 알고 애쓰는 것이다. 우리가 성령의 충만을 받기 위해서 금식을 통과하여 옛 구습을 버리고 새로운 피조물로서 가르치는 자로 서야만이 하나님과 내가 기쁜 삶을 살 수 있다.

나는 아버지께 배운 대로 주의 종들을 훈련하는 훈련 종이 되었다. 이 일에 쓰임 받느라 많은 목사님들과 실갱이 했고 하고 있지만 후회하지 않는다. 살아있는 그날까지 이 땅의 부모역할을 대행할 주의 종을 찾아서 보내주시면 그 사람이 몇 살이든 상관없이 이 땅에 요나들을 줄이는데 최선을 다하는 삶을 살고 있고 앞으로도 그렇게 살 생각이다.

우리 복둥이들은 불순종한 엄마 아빠 때문에 얼마나 고생을 했는지 모른다. 그러나 지금은 둘 다 목사가 되어 누구보다도 열심 있게 하늘나라를 배우고 하나님을 사랑한다.

이곳에서 함께 훈련 받고 함께 봉사한다. 자식을 훈련한다는 것은 백 명의 다른 사람을 훈련하는 것보다 어렵다. 다른 사람은 맘에 안 들면 다른 교회가거나 다른 곳에 가서 훈련 받고 신앙생활하면 된다. 그러나 내 자식은 나를 떠나면 예수님을 버리는 사건이 생기기 때문에 어려운 것이다. 때가 될 때까지 참으로 오랫동안 기다려야 한다. 그러나 우리 벧엘의 기적은 금식과 꿈·환상이다.

어느 날 두 아이가 찾아왔다. 이제부터 엄마를 원장님이라고 부른다고 한다. 이유를 묻지 않는데도 가르쳐 준다. 자신의 하나님을 만나기 위해서 엄마를 버리고 원장님이라고 부르겠단다. 그러라고 했다. 그리고 손자들을 낳았다. 그런데 그 손자들이 나를 원장 할머니라고 부른다.

아이들을 데려다가 "너희들은 그런다 치더라도 어떻게 애들까지 원장 할머니라고 하니 나는 싫다."고 했더니 우리 복둥이 손자 손녀가 나를 할머니라고 불러준다.

원장은 사람이 아니고 원장이다. 그러나 나는 우리 복둥이 손자들 때문에 사람이 되어서 행복하게 산다. 그 이후 우리 아들딸은 자신의 아버지 성령님을 만나 나에게 굳이 묻지 않고 아버지께 여쭈어서 지혜롭게 자신들의 사역을 하고 있다. 자랑스럽게도 하나님을 사랑하고 사람도 사랑할 줄 안다.

우리 아이들이 나를 버릴 때 난 안 울었다. 울면 안 된다고 아버지께서 말씀하셨기 때문이다. 그런데 이 글을 쓰는 동안 나는 여러 번 울었다. 아들딸이 나를 버리고 자신의 아버지를 택할 때 안 울었다. 그런데 글을 쓰다 보니 펑펑 울었다. 그런데 우리 복둥이 손자들 때문에 다시 웃는다. 생각만 해도 웃음이 나온다. 우리 복둥이 손자들은 더 한다. 본 것이 그것밖에 없어서 더 잘 나누어 주고 우리 식구가 열명이라고 했다가 얼마나 혼났는지 모른다.

"할머니 우리 식구는 집에 더 있어요" 얼마나 세게 말했는지 놀래가지고 "다윗! 미안해 깜박 했어" 사과하니까 "네!"한다.

유치원 운동회 날이다. 50명의 식구가 다 갈순 없다. 그런데 휘돌아보더니 "할머니" "왜" "식구들이 다 오지 않았어요" "미안해 집도 지켜야지" "네" 우리 자식을 지나 예쁜 자식이 자식을 낳으니 그 자식은 50명이 한 식구인 것을 자동으로 알고 산다. 참으로 기특하고 이쁘다. 하나님께서 나에게 복을 주셨는데 자식에 자식을 주시고 아버지의 자식을 또 주셔서 가족 삼아 살게 해 주신다.

우리는 투닥 거리기도 잘한다. 그러나 아버지께서 내 가족을 사랑하시듯이 나도 사랑한다. 남들이 이 식구들이 부족하다고 하면 엄청 속상하다. "저는 얼마나 잘났게 별것도 아니구먼" 금방 이런 생각이 들어온다. 그러나 말하진 않는다. 하나님은 사람을 언제나 선물로 주신다. 나에게 주신 혈육, 나에게 주신 예수피의 형제, 천국 가는 그날까지 사랑하고 사랑하며 그들을 위해서 기도하고 애쓰며 이 땅의 복의 완성과 천국의 복의 완성을 위해서 애쓰다가 아버지 곁에 갈 생각이다.

가버린 전도사님

약 8개월 가량을 먹여 살리던 전도사님, 하루는 하늘을 바라보며 "아버지! 한 사람한테 계속 얻어먹으니까 아주 거지 같아요(거지가 거지지 거지 같은 것은 뭐야 쳇) 이렇게 한 사람 한테만 얻어먹고 살아야 해요? 꼭 이 사람의 종이 된 것 같아요. 나는 하나님의 종이 되고 싶은데" 했더니

오 마이 갓(oh! my GOD!) 그 전도사님한테 말도 안 했는데 가버리는 거다. 참 신속하기도 하시지 바라고 있었다는 듯이 아버지께서 보내버리신 것이다. 쌀은 세 명이 두끼 정도 먹을 것 밖에 없는데 그리고 7일 후면 아들의 생일이라서 한 끼 남겨두고 먹고 사는데, 나는 거의 금식하고 아이들은 집에 있는 모든 것을 동원해서 섞어서 해주니 왜 이런 잡곡에 이상한 것들을 주냐고 물으니 잡곡일수록 몸에 좋다고 하며 산다. 일주일이 되어도 쌀이 안 온다.

아들 생일에 마지막 쌀을 밥해서 3일 먹어 꼬박 열흘이 되었는데도 쌀이 올 생각이 없다. 그런데 지금도 아득한 게 그때 무엇을 가지고 열흘을 먹었는지 알 수가 없다. 밥통에서 밥이 다하질 않았는지 천사가 갖다놨는지 열흘이 되었는데 통장을 찍

어보니 암웨이 할 때 끈으로 누군가 43000원을 넣어놓았다. 그
것으로 쌀사고 나서 그 뒤 지금까지 쌀 시험은 거의 없었다. 벧
엘에 와서 아이들이 추위와 환경 때문에 고생했고 나도 많이 힘
들었다. 그런데 어떻게 먹고 살았는지 모르겠는데 굶어죽지 않
아서 지금도 살고 있다. 내가 살고 있는 것은 어떻게 사는지 모
르지만 잘 산다. 신기하게도 할렐루야!

12월의 추위

　3층에서 방 빼고 4층으로 가건물지어 옮길 때의 일이다. 바닥
이 아무것도 없어서 그냥 올라가면 11월이니 추워서 어떻게 하
나 하고 이사를 멈추고 기도했다. "아버지! 목요일까지 기다릴
게요. 바닥에 보일러 놓게 돈 주세요!" 하고 기다리다가 늘 급한
것이 문제다. 목요일까지 기다리지 못하고 에라 모르겠다 하고
이사를 화요일부터 시작했더니 애들 아빠가 줬는지 누군가 110
만원을 줘서 방바닥 공사를 하게 되었다.

　7평 정도의 조그만 공간에 화장실 주방을 만들고 방바닥에 보
일러를 깔아야 되는 것이다. 돈을 주셨길래 사람을 불러다 공사
를 하는데 신기해서 바라봤다. 그리고 마무리한 다음에 따뜻하
게 해야 하는데 이분들이 외상으로 가스보일러를 도시가스가
들어오기 전에 해준다는 것이다. 이미 12월로 넘어가서 춥기 때
문에 그냥 가기가 어려운 것 같았다. 불쌍하게 여기고 있는 듯
했다.

　그런데 나는 가스 살 돈 2만원이 지금 없었다. 그리고 더 중요
한 것은 아버지와 약속했다. 외상을 하지 않기로. 나는 "사장님
말씀은 고맙습니다만 제가 돈이 준비되면 연락을 하겠습니다."

하고 돌려보냈다. 추위에 떨면서 20일 가량을 견딘 듯하다. 도시가스를 신청은 해 놨는데, 뭐가 어쩌고저쩌고 해서 달아주질 않는 것이다. 나의 복딸과 복둥이 아들을 데리고 밑에 불이 없는 곳에서 지내는데, 바닥에 불이 없으면 그렇게 춥다는 것을 알게 하셨다.

방 한쪽에 커튼을 쳐서 아들을 눕히고 딸하고 나는 전기장판 하나를 깔고 둘이 누웠다. 옥상 밖으로 통하는 문틈이 벌어져서 그곳에서 얼음이 주렁주렁 얼어 들어왔는데, 아들의 침대가 그쪽에 있었다. 아들이 "엄마! 추워!" 이리 내려오라고 해서 조그만 전기장판 하나에 셋이 누워 두 아이를 끌어안았다.

가슴속에서는 뜨거운 무엇인가 솟구치고 있었다.

그러나 나의 사랑하는 아이들에게 눈물을 보인다는 것은 이 두 아이를 죽이는 일이라는 것이 그냥 알아졌다.

"애들아, 우리가 언제 이런 사랑을 나누겠니. 이제까지 하나님께서 복 주셔서 우리 모두 각 방을 쓰고 살았다. 그런데 우리 하나님께서 우리에게 사랑을 충분히 나눌 수 있는 시간을 한 공간에 주신거야. 우리가 언제 이런 시간을 또 갖겠니? 자. 가까이 와라. 이후에는 우리가 엄마! 아들! 딸! 어느 방에 있어? 라고 하며 찾아다닐 것이고, 공부하러 다니고 일하러 다니느라고 만날 시간도 없을 거야. 힘내 사랑한다." 그 밤 두 아이를 꼭 끌어안고 잤다. 그 전기장판도 금방 고장 났다. 추운 방에서는 전기장판도 제 구실을 못했다.

낮에도 춥고 밤에도 춥고, 아! 그동안 나를 그렇게 따뜻하고 행복하게 살게 해주셨는데 몰랐구나. 많은 것을 경험케 하셨다.

낮에 앉아서 성경 읽는 데에도 너무 추워서 견디기가 어렵다. 우리 셋도 따뜻한 옷도 별로 없었다. 여기저기 뒤져보니 부르스타 가스가 조금 남아있어서 그것을 켜서 그 위에 물을 올려놓고 손을 펴고 불 쬐고 있으니 복딸이 하는 말 "우리엄만 맥가이버야!" 나는 내가 그런 사람인 줄 몰랐다. 원망하고 불평하고 짜증내고 신경질 부리고 소리치고 그런데 어려움이 닥치니까 자동으로 움직이면서 긍정의 말과 무엇이든지 해보고 해보려 하고 놀랍게도 적극적으로 움직이면서 살아갈 방법을 찾고 있었다.

내가 이렇게 하는 것이 아빠 없는 우리 아이들을 살릴 수 있는 길이라는 것을 누가 가르쳐 주지 않았는데도 나는 알고 있었다. 처음부터 이렇게 사람을 지으셨나? 많이 춥고 힘들었지만 많은 것을 배우고 익히는 시간이기도 했다.

12월 20일이 지나서 도시가스를 연결해 줌으로 우리는 추운 데서 해방되었다. 따뜻한 방에서 살 수 있게 해 주셨다.

벧엘에 와서도 많은 추위와 10평짜리 예배당에 있을 때도 얼어 죽을 뻔한 적도 여러 번 있었으나 이때에 추위와 싸움을 경험한 뒤 두려움 없이 대처하게 하셨다. 지금껏 얼어 죽지 않게 해주신 아버지를 찬양한다.

5장

가장 비싼 올리브유(성령)는
금식과 함께

거룩한 천국 저 높은 곳을 향하여 가는 길

금식기도원으로 부르시다

어떻게 갔는지 생각은 안 나는데 금식한다고 기도원 가서 여럿이 누운 방에 가서 누웠는데 옆에 사람이 날더러 며칠 금식하느냐고 묻는다. 3일이라고 하니까 아무 말도 않는다. 속으로 생각하기를 자기가 먼저 물어보고 아무 말도 안 하네 하고서 "며칠 금식 하세요?" 하고 물으니 열흘, 그 옆 사람 물으니 21일, 내가 하는 금식이 같잖아서 물어보지 않았던 것이다. 그 곳은 40일, 30일, 21일, 10일이 가장 적은 금식인 것 같았다. 그 곳에서 만난 딸아이 하나를 위로해 주고 사랑해주고 금식 끝나고 내려왔다.

그 곳은 보식도 신경 안 쓰기 때문에 내 마음대로였다. 집에 내려왔는데 얼마 후에 옆에 병들어 있던 딸아이가 내려와서 아버지께서 나를 금식기도원으로 오라셨다고 했다. 그래서 올라가서 금식하고 내려와서 다시 병든 전도사님이 40일 금식하는데 데리고 올라가서 뒷바라지를 했다.

그 분은 밤이 되면 아파서 손을 배에 얹고 아침까지 꼬박 앉아 있어야 했다. 혼자 앉아서 기도할 때는 몰랐는데, 손을 얹고 앉아있으려니 옆구리가 너무나 뒤틀리고 아팠다,

40여 일을 이렇게 보내고 나서부터 나는 그 곳에 청소부가 되었다. 금식 기도원이라는 곳은 별일이 많은 곳이었다.

26살 먹은 처녀가 암 걸려서 와서 죽어서 나가고, 어떤 사람도 암 걸려서 죽어 나가고, 어떤 분은 16번의 항암 치료 후에 병원에서 더 이상 치료할 수 없으니 나가라고 해서 이젠 더 이상 어떻게 할 수가 없어서 죽으려고 가다가 금식기도원의 간판을 보고 들어와서 30일 금식했는데 완쾌해서 기적이라며 기도원이 한참 떠들썩했다.

하루는 사람들이 모여서 떠들썩하길래 무슨 일인지 궁금해서 가보니, 100살 먹은 할아버지가 금식하면 오래 산다고 하니까 열흘을 끙끙 앓으면서 금식을 했다. 옆에서 지켜보는 사람들은 그 할아버지가 죽을까봐 전전긍긍하며 지켜보고 있었는데, 그렇게 열흘 동안 무사히 금식하고 자식들이 와서 업고 갔다. 그렇게 두 해 겨울을 그곳에서 지낸 듯하다.

나는 가진 돈이 없어서 밥을 제대로 사 먹을 수 없었다. 처음에는 하루에 한 끼씩 먹다가, 누군가가 식권을 주어서 두 끼 씩 먹을 때도 있었다. 겨울이 되면 너무나 추웠는데, 나는 겨울옷이 없었다. 이미 7년 전부터 심판과 소멸의 영 안에서 시달리느라 옷을 사 입을 수가 없었다.

그렇기에 초겨울에나 입는 얇은 옷으로 그 곳에서 겨울을 나게 되었다. 추웠다. 너무 추워서 버린 옷이라도 주워 입고 싶어서 쓰레기장 옆에 가서 아무리 기웃거려 봐도, 나에게는 버려진 옷 한 벌도 허락되지 않았다. 아들이 고등학교를 졸업했는데 옷

한 벌도 사 줄 수 없었다.

한 번은 아들이 아르바이트를 하러 애들 아빠 아는 집에 보냈는데, 그 집에 골덴바지 하나와 노동할 때 입는 검은색 파카를 사서 입혀 보냈다. 그런데 아들이 그 옷을 너무 싫어서 입으려고 하지 않아서 애먹었다. 그래서 얻어 입히려고 해도 없었고, 주워 입히려고 해도 없었다. 하나님께서 허락지 아니하시면 헐벗고 굶주릴 수밖에 없는 것이 인생이라는 것을 깨달았다.

기도원에 올라갈 때에 데리고 갔던 40일 금식하던 사람이 이상한 행동을 하는 바람에 나까지 이상한 사람으로 취급되었다. 다행히 나중에 하나님께서 그런 누명을 벗겨 주셔서 지극히 정상적인 사람이라는 것도 사람들이 알게 해주셨다. 그곳에서의 시간들은 참으로 춥고 배고픈 시간들이었다. 그 곳에서는 하루에 4번씩 예배를 드린다. 나는 그 예배에 참석할 수 없었다. 하나님이 가지 못하게 막으셨다. 그 시간에 나는 청소하고 빨래를 했다. 4층 빨래터에서 1층 예배당을 바라보며, '나도 예배 드리고 싶다'고 했더니, 하늘에서 소리가 들리기를 "네가 예배드릴 군번이냐?"라는 불호령이 떨어졌다. 그 때 깨달았다. 주의 종이 군사라는 것을(딤후2:4)

나는 무수리였다. 천하고 부족하고 영의 세계에 입문은 했으나, 아직 더러움이 덜 씻겨진 채로 신부의 옷을 입을 수 없는(계19:1-), 거룩하지 못한 무수리였던 것이다.

밤 11시에 기도를 나가서 5시 넘어서까지 기도를 했다.

그곳은 새벽예배가 6시에 있었다. 그때까지 버틸 수 없어서 조금 자려고 누우면 사람들이 우르르 나가고, 조금 잠들려고 하면 사람들이 우르르 들어와서 왁자지껄 떠들어댄다.

이런 훈련이 1년 내내 이어졌다. 겨울이 왔다. 아들은 군대를 가고, 딸은 집에 와 있는 채로 나는 그곳에서 하나님께 붙잡혀서 금식과 봉사를 하고 있었다. 그러던 중 열흘 금식할 때 였다. 결혼해서 아이를 낳은 후로 20년 동안 변비가 너무 심해서 7일 이상 변을 보지 못하던 때도 있었다.

이 때문에 독이 빠져나가지 못하고 있어서 없던 병도 생겨날 정도로 심각한 상태였다. 그 상태에서 10일 금식 후에 변이 나와야 하는데 도무지 나오질 않고 아이를 낳다가 걸린 것처럼 탁 걸려서 숨을 쉴 수가 없었다. 누군가를 애타게 불렀으나 아무도 대답이 없었다. 할 수 없이 내가 손으로 직접 파냈다. 그랬더니 염소 똥같이 딱딱한 것이 10여개가 나온 것을 기억하며 화장실에서 나와서 쓰러졌다. 누군가가 나를 들어서 내 이불 위로 옮겨 놓았다.

☆ 그러던 중에 꿈을 꿨다. 언덕 밑에 방이 하나 있는데 다리가 높은 상을 길게 갖다 놓고 중들 15명 정도가 서서 제사를 지내려 하고 있었다. 위로 올라가서 예수님을 불러서 예수님께 고자질했다. "예수님, 예수님, 저들 좀 보세요. 중들이 많아요!" 하니까 예수님께서는 아무 말씀도 하지 않으시고 고개를 흔들며 가라는 시늉을 하셨다. 그러자 상까지 들고 모두 사라졌다. 그리고 꿈에서 깼다.

해석이 필요 없이 자연히 알게 되었다. 항문을 붙잡고 있는 귀신이었다. 이 때문에 화장실을 가서 힘을 주면 변이 내려가다가 항문에 걸려서 아무리 힘을 주어도 그곳에 힘이 들어가질 않았다. 그 이유가 바로 귀신들이 붙잡고 있었고, 그것을 꿈으로 보여주신 것이다. 일어나서 기도했다. "아버지! 죄송합니다. 감사합니다." 그동안 나의 급한 성격 때문에 화장실을 가면 오래 앉아있지 못하고 금방 일어나 버려서 이런 귀신들에 붙잡힌 것이었다.

이제부터 인내심을 가지고 앉아서 변이 나올 때까지 기다리는 연습을 하겠으니 아버지께서도 도와주셔서 원활한 배변이 이루어지게 해달라고 기도했다. 그랬더니 그때부터 지금까지 아버지는 그 기도를 들으셨고, 나는 성경책을 갖다놓고 읽으며 급한 성격을 죽인 결과 이제는 100%해결되었다. 할렐루야!

한번은 그곳에 계신 전도사님이 예언을 잘하신다는 이야기를 듣고 누군가 나에게 한 번 가보자고 권했다. 따라가 봤더니 날더러 기도의 항아리가 찼다고 하셨다. 이런 기도는 처음 해본다 하신다. "감사합니다." 인사하고 나와서 보니 밤하늘에 별이 초롱초롱하여 정말 아름다웠다. 올려다보며 "아버지 기도의 항아리가 가득찼다고 말씀해 주셔서 감사합니다. 이제부터는 철철 넘쳐서 민족과 세계가 제 기도를 먹게 해주세요" 라고 날마다 밤 12시가 되면 기도자리로 가서 기도했다. 그것이 넘치고 넘쳐서 지금은 계속 내려간다.

민족과 세계를 향해 이런저런 일을 보고 겪고 배우면서 시간이 흘렀다.

어느 날 산에 있는 기도 집에 갔다. 무서워서 기도를 세게 하고 있는데 그 방언을 따라 통역이 내 귀에 들려오는 신기한 체험이 있었다.

하나님의 영광이 둘러 비추이고
하나님의 신이 운행하는
벧엘 벧엘의 동산
벧엘 크리스챤 동산

말세에 내 사명자들이 길리워지고
백성들을 깨우는
벧엘 벧엘에 동산아
아- 아름다운 벧엘의 동산

많은 순교자가 올려지고(제사장 신부, 육의 죽음을 죽은 자)
많은 백성이 올리워 질(거룩하게 하는 금식으로 백성이 씻겨
하나님의 아들들이 된다는 것)
벧엘! 벧엘!
하나님의 영광의 빛이 둘러 비추이는 곳

아- 아름다운 벧엘의 동산이여
하나님의 영광이 있으라 영광이 있으라
다시 오실 예수님이 증거 되며
영원한 복음을 전할 곳

사랑하는 나의 종과 이스라엘에게 맡겨
이 일을 감당케 할 나의 동산
아- 아름다운 벧엘이여

하나님의 영광의 빛이 둘러 비추이고
하나님의 신이 운행하는 곳
예비된 동산 벧엘이여!
벧엘 크리스챤 동산이여!

이것이 2000. 9. 28일 내 귀를 열어 성령님께서 내 방언을 통역하여 듣게 해주셨다. 할렐루야!

그 밑에 "주실 줄 믿습니다. 받을 그릇을 준비시켜주세요" 라고 써놓았다.

위 외에도 신비한 언어가 한 줄 있었는데 도저히 내가 들어본 글자가 아니라서 기억할 수 없어서 쓸 수 없었다.

아버지가 이미 이곳 벧엘을 이 일들을 이루기 위하여 사람을 낳으시고 훈련하시고 만들며 모세의 때와 같이 준비하고 계셨던 것이다. 참으로 신기하고 놀라운 것이 하늘의 일이었다. 나는 그곳에서 금식이 병을 낫게 하는 것임을 배우면서 지냈다. 나를 데리고 갔던 딸아이가 날더러 이제 12월 31일에 내려가라 하셨다고 했다. 그래서 마지막 금식 10일에 들어갔다.

그런데 마침 아들이 12월 말일에 보름의 휴가를 온다는 연락을 받았다. 나는 내려가서 아들의 밥이라도 해 줄 수 있겠다고 생각하며 기뻤다. 며칠 후에 다시 연락이 왔는데 아들의 휴가날짜가 변경되어서 12월 15일에 나온다고 했다. 나는 어떻게 하나 고민하고 있었는데 말씀하시기를 "네 아들을 사랑하면 내려 가고, 나를 사랑하면 있으라"고 하셨다. 그때 나는 열흘 금식 중이었다. 당연히 아버지를 사랑하니 안 간다고 말했으나 가지 말라는 말씀이 너무 서운하고 속상했다. 난 아들을 오라고 해서 한 끼 밥을 해서 먹였다.

친구와 함께 온 아들이 내가 금식 중이어서 2층까지 올라 갈 수 없던 나를 업어서 올려 주겠다고 했다. 내가 그만두라고 하니까 "엄마, 나 군대에서 쌀 80kg도 짊어졌어!"라고 하며 나를 업고 2층에다가 데려다 주었다.

난 그 당시 돈이 하나도 없었고 집에 누나가 있었으나 딸 역시 아무것도 없었다. 돌아가는 아들에게 아무것도 해 줄 수 없는 엄마의 가슴에서 피눈물이 흘렀다.

저 아들이 어디 가서 무얼 먹고 어떻게 해야 하나, 가도 뾰족한 수가 없지만 그냥 보내고 있는 내 마음속이 뭐라고 형용할 수 없는 감정들이 교차되었다. 울 힘도 없어서 망연자실하고 있었다. 그러고 나서 아들은 15일 뒤에 귀대를 했고 다시 음성이 들렸다. "이제 내려가라." 나는 이렇게 대답했다. "이제 아들도 없는데 뭐 하러 가요?" 나는 이것이 불순종의 말인 줄 몰랐다. 그러고 나서 일주일 동안 그곳에 그냥 머물렀다.

2001년 1월 7일 아침 8시쯤에 전화가 왔다. 복딸 솔이가 자살 기도하여 병원에 입원했다는 소식이었다. 아버지! 아버지! 뭐라구요! 사상 최고의 눈이 내린 날이었다. 잊을 수가 없다. 나는 그 날 이후 하나님을 대하는 태도를 바꿀 수밖에 없었다. 기도원에서 기차역까지 봉고차를 얻어 타고 내려갔다. 그 기사분이 나를 어중간한 곳에 내려놓고 갔다. 눈은 어마어마하게 오고 기차역이 어딘지 알지도 못하는 곳에서 길을 찾아 헤맸다. 가까스로 기차역을 찾았는데 기차가 오지 않았다.

기차가 막혀서 지연된다는 것이다. 청량리 병원까지 한 시간도 안 되는 거리를 10시간이 걸려서 밤 9시가 되어서야 도착했다. 그 10시간 동안 발을 동동 구르며 기도했다.

'아버지 우리 복 딸을 한 번만 살려주시면 다시는 두 번 다시는 "아니"라고 하지 않고 "예"라고만 대답할게요. 부탁이에요. 부탁해요. 우리 딸을 살려주세요!' 그리고 병원에 도착했을 때 복 딸은 살아있었다.

내가 머리 아플 때 먹으려고 사다놓은 마이신을 정신없이 전부 집어 먹었다고 했다. 친구가 전화했는데 어째 말이 이상해서 쫓아가봤더니 이런 지경이었다고 했다. 급히 병원으로 이송해서 위세척하고 아이는 괜찮아져 있었다. 나는 모르고 있었다. 내가 싫다고 하면 내 아이들이 거지가 되거나, 병원으로 가거나, 죽음으로 내쳐지는지를. 그리고 그때 결심했다. 내가 부모가 되어서 아버지께 "싫어요" 라고 해서 내 아이들을 죽이지는 말자. 거지가 되어도, 몸이 좀 시원찮아도 죽은 사자보다 산 개가 낫다고 성경에 기록되어 있지 않은가. 나는 그 후로 예쁜 딸이 되었다. 무슨 일이든지 말씀만 하시면 "예스"라고 순종하기 시작했다. 지금도 무슨 일이든 말씀만 하시면 "예스"라고 하여 나 때문에 하나님의 일을 그르치지는 않는다. 나는 사나 죽으나 주의 것이니 이렇게 살던지 저렇게 살던지 괜찮다.

이 곳 벧엘에 도착해서야 아들에게 휴가 때 어떻게 살았느냐고 물었다. 아들이 한 말, 친구네서 자고 미안하니까 늦게 일어나서 한 끼씩 얻어먹고 다녔다고 했다. 부모가 불순종하면 자식이 거지되어 사는 것이 우리 인생이 걸어갈 수밖에 없는 길이었다(호4:6).

믿음

더욱 큰 믿음을 위해서 죄를 질 수 있는가
믿음이 믿음 되지 못하는 것은
내가 죄가 없다는 것
죄인 위해 죽으신 분은
죄가 있어야 주인이 되는데

죄 지려 하지 말고
원래 죄인이었음을 감사하며
굳건한 믿음 위에 전신갑주 입고
하나! 둘! 셋! 넷! 천국 향하여
오늘도 행복하게 앞으로 전진!

신학교로

주의 종이 되려면 신학교를 가야 했다. 아버지께 어떻게 해야 하냐고 여쭈었더니, 아버지께서 작은 오빠 목사님을 떠오르게 하셨다. 오빠는 포항에 있고 나는 서울에 있었다. 포항에 있는 오빠를 왜 생각나게 하실까 하고 그냥 있다가 2001년 3월 7일 46살이 되었을 때 어떤 목사님에게 전화가 왔다.

신학교를 소개해 주십사 부탁했더니 장로회 합동개혁 총회신학을 추천했다.

나중에 알고 보니 오빠가 그 학교에서 공부하고 있었다. 아버지는 계획하신 그대로 이끄셨다. 입학식이 끝난 다음날이 3월 8일이었다. 학교를 갔는데 학비가 없었다.

당시 학비가 30만원이었는데 빈대도 낯짝이 있다고 빈손으로 가기가 너무 민망해서 5만원이라도 달라고 구했다. 그랬더니 딱 5만원을 주셨다. 그래서 5만원을 미리 내고 공부가 시작되었다. 벌써 10여년을 옷을 사입지 못했던 터라 입고 갈 옷도 없었다. 나는 흰옷과 검은 옷을 좋아하는데, 누군가 분홍색 옷을 주셔서 입고 다녔다. 학교에 가보니 모두 다 예쁜 옷에 화장하고 잘 꾸미고 다니고 공부들도 잘 했다. 그곳에서 고향 동생을 만났다.

내가 도시락을 싸다주며 열심히 공부를 하고 있었다. 하루는 그 동생이 나를 보고 누나 때문에 너무 속상하다고 했다. 이유를 물으니 남들은 다 이쁜 옷을 입고 다니는데 누나는 행색이 너무 초라해서 자기가 기도를 했다고 했다.

그랬더니 환상 중에 약 100명의 학생이 있는 교실에서 다들 허름한 옷을 입고 있는데 누나만 흰 세마포 옷에 작고 빨간 장미꽃이 수놓아진 예쁜 옷을 입고 있었다고 말해주었다. 그러면서 하나님이 보시기에는 누나가 제일 예쁘다고 하시는 것 같다고 이야기해 주었다. 감사했다. 나의 어려움과 고통의 시간들은 심판과 소멸의 영을 통하여 더러움을 씻는 샘이 열리는 기간이었다(슥13:1,2).

성령론 시간에 학장님이 오셔서 삼위일체 하나님에 대해서 설명해 주셨다. "아하! 삼위일체의 하나님이 그런 거였구나"라고 생각했다.

어느덧 시간이 5개월이 지났다. 그랬더니 느닷없이 하나님이 학교에서 나가라고 하셨다. "아버지 왜 그러세요?"라며 제 나이에 학교를 다니는 것이 얼마나 재미있는데 아버지 같으면 관두겠냐고 박박 대들면서 관두지 않겠다고 했다. 그랬더니 연거푸 꿈과 환상을 주시면서 당장에 학교를 그만두라고 하셨다. 나는 가라고 할 때는 언제고 재미있게 공부하는데 왜 그러냐고 하며 계속 다니고 있었다. 그러던 중

☆ 꿈이 하나가 생각났다. 하나도 개간되지 않은 땅인데 앞에

냇가가 있고 그 위의 논들도 모두 벼가 잘 되어 있었다. 너무 부러워서 쳐다보며 좋겠다고 했는데 하늘에서 소리가 들리기를 "네가 밟고 서 있는 그곳이야." 라고 했다. 나는 "어디요, 어디?" 그 냇가를 쭉 따라 올라가보니 물의 근원 끝에 쯤에서 곰 두 마리가 어슬렁거리고 있었다.

이 꿈을 몇 사람이 앉아서 해석하다가 그 곳이 베어스타운 아래에 있는 약 10년 전 쯤에 다녀온 기도원이 생각났다. 그러면 내가 그곳으로 가야 한단 말인가? 그 때 함께 간 목사님이 그 기도원 뒤에 있는 엘리야 바위(내가 지은 이름)에 하늘에서 하얀 돌검을 받아서 들고 서울 쪽을 뚫어져라 쳐다보는 것을 그 기도원 원장님이 환상으로 보셨다고 이야기 들었다.

그 기도원인가 하는 의구심이 들었다. 잘은 모르지만 항상 꿈에 큰 냇가와 작은 냇가, 산봉우리 2개를 보여주셨었는데, 그 곳이 베어스타운 부근이라는 것만 알아도, 내가 갈 곳이 생겼다고 생각하니 기분이 아주 좋았다.

그러는 중 어느 날 학교에 갔다. 오다가 옆집 슈퍼 아저씨 반장님을 만났다. 그냥 지나가려다가 의자에 앉아있는 반장 아저씨에게 인사를 했다. 그랬더니 솔이 엄마 어디 갔다 오느냐고 반긴다.

"학교에 다니고 있어요" 하고 이야기하다가 "저 이제 이사 가요" 하니까 어디로 가느냐고 포천에 500평 땅을 주셔서 가게 되었어요. 이때는 8월 15일 광복절에 생기 기도원에 와서 베어스를 보니 하얀 건물 두 동이 보여서 저 건물을 곰으로 보여주셔서 베어스라는 것을 알게 하셨구나 하고 예배당 안에 앉았다.

평∽화 평∽화로다 하늘 위에서 내려오네

그 사랑의 물결이 영원토록〜〜

이 노래를 하는 사이에 평화가 비둘기처럼 내려와서 내 위에 앉았다. 마음에 확신이 들었다. 이곳이구나!

이곳이 500평이라고 했기 때문에 아저씨께 그렇게 말한 것이다. 아저씨가 잘 되셨네요 하시면서 집을 어떻게 할꺼냐고 하신다. 팔리면 팔고 아니면 놔두고 가야겠지요 했더니 팔고가야지 하신다. 헤어져서 집으로 왔다.

가려면 비용이 있어야 해서 집을 처분해야 하는데 예전 집 넘어가려 할 때 팔려고 복덕방에 물어보니 1억 4천을 받아준다고 했다. 세를 빼고 나면 돈이 남질 않아서 파나 마나다.

1, 2층 세를 좀 올려 달라고 하니 모두 돈이 없단다. 그래서 3-40분씩 예수 믿으라고 실컷 전도만 하고 돌아왔다.

밤에 "아버지! 저는 예수님 때문에 세도 못 올려요. 어렵다는데 박박 우기고 세 올리면 예수 믿는 것이 어떻게 이럴 수가 있냐면서 나중에 예수 안 믿으면 어떻게 하나요? 형부한테 빌려서 갈까요? 어떻게 가요?" 하다가 잠이 들었는데

꿈에 이것도 아닙니다. 저것도 아닙니다. 그러면 어떻게 해야 해요 하고 기도하는 중에 반장님을 만난 것이다. 그런데 그 다음날 아침 아홉시에 학교에 가야하는데 통장님이 8시 30분쯤 오셨다. 아저씨 왜 오셨어요? 하니까 "집 팔고 가라고 했잖아요 그래서 집 팔아 주려고요" "네? 어쩌지요 전 지금 학교가야 하는데요. 언제 오세요?" "다섯시에요" 집 팔려면 집에 관계된 서

류를 준비해야 한단다.

학교 갔다가 다섯시에 집에 오니 바로 전화가 왔다. "아저씨 너무 더워요 조금 후에 오세요" 30분 있다 오셨다. "아저씨 왜요" "집 팔아야지요" 무슨 일인지 어안이 벙벙한데 집 서류를 본인이 떼어 오셨단다. 보시더니 다음날 아침에 또 오셨다. 이번에는 사람을 데리고 오셨다.

학교를 가야해서 돌려 보냈다. 그날 밤에 집 살 사람을 아예 데리고 와서 얼마를 받을거냐고 물었다. 아직 아무것도 정한 것이 없던 터라 금방 생각을 했다. 2억을 받으려고 했는데 1500만원을 깎아서 1억 8천 5백만원을 달라고 했더니, 500만원만 깎아 달라고 했다. 나는 이 돈을 가지고 빚도 갚고 땅도 사야해서 도저히 깎아줄 수 없다고 했다. 그랬더니 이 사람이 무릎까지 꿇고 깎아 달라고 사정했다.

하지만 단호하게 그럴 수 없다고 했다. 그러자 통장님이 됐다고 하시면서 계약서를 쓰자고 했다. 머릿속에서 200만원이 떠올랐다. 그러자 그들이 200만원만 깎아 달라고 해서 그러자고 했다. 이틀 만에 집이 팔려서 두 달 기한을 얻었다. 10월 31일까지 비워주기로 했다.

세상에 이틀 만에 집을 팔았으니 어안이 벙벙해졌는데 집 사신 집사님 이야기를 듣고 더 놀랐다. 우리 집 4층 베란다가 내기도실이었다. 기도할 곳이 없어서 어느 날 밤 울면서 학교 앞에서 고통 하는데 우리 집 베란다 반 평짜리가 떠올랐다.

그곳은 위에 아무것도 덮어져 있지 않은 보일러실인데 와서 보니 너무 좋았다. 비록 위에는 터져서 하늘이 보이지만 조용하게 혼자 앉아 있을 수 있었다. 3층까지 모두 빼서 빚을 갚고 4층 단칸방으로 애들하고 온 이후에 나만의 조용히 기도할 공간이 없어지고 말았던 것이다.

약 2년의 시간동안 이곳이 나의 천국 방이었다. 비록 추워서 견딜 수 없는 고통이 내 몸에 왔었지만 그곳이 예수님과의 은밀한 대화의 방이었던 것이다. 그곳에서 내다보면 건너편이 산이고 산을 깎아 집을 지어 놨는데 바로 집 위에 돌부처가 크게 하나 있는데 집들이 빼곡이 들어선 곳에 서 있었다.

기도할 때마다 그 돌부처에 대고 기도했다.

"예수 이름으로 돌 부쳐야 깨져라! 예수 이름으로 벼락이 떨어져라! 예수 이름으로 눈깔이 빠져라!" 별소리를 다 외쳐도 돌부처는 움직이지 않았다. 그러나 쉬지 않고 볼 때마다 외쳤다. "예수 이름으로 사라져라!" 그런데 그 돌부처 앞집이 집사님이란다. 도저히 돌부처 때문에 더 이상 살수 없어서 이사하시는데 그것을 무너뜨리려고 밤마다 씨름했던 우리 집을 산 것이다.

아버지께서 날마다 보시고 들으시고 기도가 쌓인 우리 집을 사게 하셨던 것 같았다. 기적과 같이 기도 중에 집을 주마하시고 일주일 만에 주신 집 기적의 집, 살 때도 기적이었고 망하려할 때 온갖 어려움 중에 경매 넘어가기 전 이틀 전에 잡아 주셔서 기적의 집으로 바꾸신 집.

그 집이 1층일 때도 그 집이 4층일 때도 거의 매일 금식 때나 고통이 너무 세게 닥칠 때 빼고는 늘 찬송했던 곳,

"예수님 찬양 예수님 찬양 예수님 찬양 합시다!"

세상에서 좋은 게 교회밖에 없는데 이제는 살아계신 하나님

이 나의 삶에 개입하시고 친히 나타나셔서 기적의 연속극이 진행되었던 곳. 아버지한테 코 끼어서 혼자 있다가 어떤 사람이 와서 "하나님이 어떻게 이렇게 하시겠냐?"하면 금방 하늘을 향하여 "봐요 아니래잖아요" 말만하면 1층에 있던 개가 죽는다고 끙끙거리고 나는 손발이 꼼짝 할 수 없었던 곳 두 번이나 이런 일이 있었는데 아버지! 이게 무슨 일이에요 하니까 "네가 나한테 달려드니까 귀신들이 너를 죽이려고 지금 너희 집 공중에 새카맣게 몰려왔단다. 그것을 보고 개는 끙끙댔다. 너는 움직일 수 없단다. 너는 앞으로 나에게 그렇게 말하지 말라"고 하셨다.

신기하기만 한 이 집.

이마에 도장 맞고 미친 곳.

가정 깨서 남편을 내쫓아 버린 곳.

내 자식들을 거지 만들어 굴렸던 곳.

온갖 욕을 다 얻어먹고 짐승처럼 살기도 했던 곳.

이곳을 이틀 만에 팔아치우시고 나를 어디로 보내려 하시는데 두렵기만 했다.

그런데 시간이 지나서 10월 31일 나는 이사하지 않을 수 없었다. 수 없이 기도했다.

그 기도원에서 연락오게 해 달라고 지가 하면 되는데

나는 그곳 생기기도원에서 전화오기를 기다리는 믿음이 너무나 멋진 무례한 이었다.

기다리던 이삿날이 왔다.

두렵지만 집을 비워주지 않을 수 없다.

벧엘의 신혼살림 1

이삿날 아침 아무도 도와줄 사람이 없었다. 혼자가야지요.

이삿짐센터를 불러서 이사하려는데 신학교에서 만났던 최 목사님 부부가 오셨다. 학교에서 만나서 그때부터 금식도 함께 하고 내 어려움도 간간히 해결해 주시고 옷도 주고 거지 같은 나를 돌봐주신 분이시다.

그 분들은 40일 금식해도 잘하시는데 나는 10일 해도 다 죽었다 살아난다. 한 번은 열흘 금식 때 아버지께서 그 목사님께 기도 부탁을 하라신다. 그대로 했더니 며칠 후에 기도원으로 찾아오셨다. 그리고 하시는 말씀이 기도하라고 해서 진짜로 앉아서 기도했더니

☆ 환상이다. 갑자기 하늘에서 큰 보자기가 덮여 있는 성 같은 것이 확 내려와서 뒤로 벌렁 주저앉았는데 하늘에서 소리 들리기를 "내 딸에게 줄 것이니라." 하셨단다.

"저는 그렇게 큰 일을 할 분 인줄 몰랐어요" 하신다.

"아니에요 저는 전혀 모르는 일입니다." 얼마나 한심했겠는가. 행색이나 생활이나 그것도 그 분에게 너무 무시하지 말라고

보여주신 듯 했다.

어떤 목사님은 내가 하얀 옷을 입고 서 있는데 자신을 데리고 논으로 가더니 7-8단지 정도 되는 논을 죽 보여주시더니 내 곁으로 오셔서 자신한테 준다고 말씀하실 줄 알았는데 "내 딸에게 줄거야!" 이러시더라는 거죠. 왜 자신은 안 주고 나에게만 준다고 하시는지 화가 나있었다.

난 몰랐다. 왜 나에게 주시려하시는지 그들에게 주시면 돈도 있고 능력도 있고 배움도 있어서 더 잘하실 텐데 택함이라고 생각이 든다.

일찍 오신 두 분의 도움을 받아 1.5톤 트럭 3대를 불러 짐을 싣고 기장대 마을로 향했다. 그리고 지금 십자가 세워진 내리 232번지에 차를 세워놓고 기도원으로 가서 대뜸 한다는 말이 "10년을 훈련시키셔서 이곳에 보내셨으니 이 기도원 달라고" 세상에! 그 곳 식구들이 얼마나 놀랐겠어요.

이런 미친x이 어디서 왔느냐고 밀어내니까 내가 방이라도 하나 달라고 하니 너 같은 미친x에게는 줄 방이 없다고 한다. 내가 얼마나 막무가내였는지 동네 장로님을 데려다 밀어냈다는데 난 정신이 없었는지 생각이 안 나는데 나중에 사람들에게 들었다. 조그만 동네에 금방 소문이 자자하다.

나는 할 수 없이 쫓겨나서 차 있는 데로 왔는데 앞이 캄캄하다. 이게 무슨 일인지도 모르고 있다. 돈이 3400만원 남아서 가방 속에는 2천만 원이 있다. 사람들이 묻는다. 왜 방을 얻지 않고 왔느냐고. 그러니까요. 무섭기도 하고 저 기도원으로 가야하는 줄 알고 왔는데 기도원에서 전화오기를 기다리다가 그냥 왔었지요.

내 참, 이제 차를 보내야 하고 짐이라도 맡길 곳을 찾아야 했다. 최 목사님 부부와 헤어져서 마을을 뒤져서 창고라도 얻어야겠다고 생각하고 이리저리 뛰며 물었지만 없단다. 그런데 최 목사님이 어떤 남자를 만났는데 창고가 있단다. 그런데 주인이 서울에 있어서 와야 한단다. 나는 사정해서 주인이 오기 전에 열쇠를 부수고 짐을 내릴 수 있었다.

그리고 밤이 되었다. 40여평 되는 창고에 짐을 죽 늘어놓고 있으니 주인 이면우씨가 왔다. 돈을 얼마 지불하고 잠시 쓰기로 했다. 잠도 여관에서 자란다. "아니에요 전 여관에서 잠 못자요" 그전에 한 번 여관에서 잤는데 그 집 복도에 소복 입은 귀신이 막 달려 다니고 있었다.

그래서 큰 박스가 있길래 이거 깔고 창고에서 자겠다고 했더니 안 된다고 한다. 나도 못 간다고 하니까 창고 방이 옆에 있었는데 온갖 짐이 가득 쌓여 있다. 그곳을 치워주면서 그럼 여기서 자라고 한다. 그 곳에 놀러 다닐 때 까는 은박을 깔고 자게 되었고 주인은 돌아갔다.

너무 졸려서 그만 잠이 들었다가 깨어보니 밤 2시 반이 되었다. 밖에서는 비 내리는 소리가 들린다. 창고를 한 바퀴 돌아보니 짐은 잘 있다. 다시 방으로 들어가 기도를 시작했는데 서울 답십리에서 떠나올 때에 나는 "땅 안 사주시면 일 안해요" 그리고 "사글세 하라고 해도 안 합니다." 했고 이곳에 와서 있을 곳이 없으면 아무데나 텐트 치고 살거라고 했는데, 부슬부슬 비

오는 밤 진짜 산에다 텐트 쳤더라면 얼마나 무서웠겠는가? "아버지, 창고 속에 텐트 쳐 주셔서 감사드려요" 하고 기도 시작했는데 아침 일곱 시쯤 되었든가 아직 날이 환하게 밝지 않았다. 누군가 밖에서 문을 쾅쾅 두드린다. 이른 아침에 누군가 싶어서 "누구세요?" 하니까 주인이란다. 그런데 목소리가 살갑지가 않다. 문을 열고 무슨일이시냐고 했더니 "어휴 괜찮네!" 하면서 내가 창고에서 자는 바람에 자신이 잠을 한잠도 못 잤단다. 무슨일이시냐고 했더니 여자가 혼자 창고에서 자고 있으니 걱정이 되어서 그랬단다. "네!. 일어나 보니까 귀신들이 모두 도망가고 없던데", 사실 이 창고에서 잘 수 있게 수없이 밖으로 내몰아서 산에서 차에서 여관에서 아무데서나 자는 훈련을 이미 7년을 시키셨다. 참 우리 하나님 아버지는 대단하시다.

자신의 뜻을 이루시기 위해서 그 한가지의 뜻을 이루시려고 한 사람의 일생을 사용하신다. 날 사용해 주신 것에 대해서 내 아버지 예수님 성령님을 찬양한다.

주인이 누가 보내서 여기 오게 되었느냐고 다그쳐 묻는다. "우리 아버지가" "누구 친청 아버지 시아버지?" 손을 하늘로 올리고 "하늘 아버지" 하니까 "하나님?" 네! 이마를 탁 치면서 "아이구 미치겠네" 한다. 이제 내가 무사한 것을 확인하고 돌아가려고 하는데 내가 "면우씨 근데 무슨 근심 있으세요? 죽음의 그림자가 얼굴에 확 드리워져 있네요" 하니까 한 번 쳐다본다. "말해보세요? 무슨 일인지. 나는 아무런 힘이 없지만 내 뒤에 계신 이는 힘에 세고 모르는 것이 없는 분이시랍니다. 제가 여쭤봐서 알려 드릴게요" 했더니 시무룩한 얼굴로 돌아간다.

나는 이 날부터 분주하다. 어디다 땅을 구입해서 일을 해야 하는가 그 생각뿐이다. 다시 밤이 와서 기도하고 아침이 되니까 주인이 또 찾아왔다. "왜요? 말하려구요. 말해보세요. 해결책을 찾아 드릴께요"

주인은 아버지가 일찍 돌아가셨는데 그 해가 아버지가 돌아가신 해인데 이 분에게도 좋지 않은 일이 생긴 것이다.

말을 시작했다.

이 동네 부잣집 아들인 것이다. 사람 잘못 만나 빚지고 아내가 한 달 전에 뇌경색을 맞아서 병원에 있단다. 그러냐고 무슨 이유인지 하나님께 여쭤봐야겠다고 하고 면우씨를 위해서 3일 금식에 들어갔다.

☆ 꿈에 하수구가 꽉 막혀서 파내는데 시커먼 모래가 잔뜩 나왔는데도 다 파내지 못하고 깼다.

해석인즉 돈줄이 꽉 막혔다는 것이다. 주인을 만나 말하고 다음날 바로 서울 병원에 있는 그의 아내를 찾아 기도해주러 갔다. 세 번 갔는데 한 번은 내 온몸이 빨려 들어가는 것 같은 고통과 아픔을 겪었다.

그리고 남은 시간은 그의 어머니를 도와 밭에 가고 집에 따라다니면서 일을 도와주고 있던 이곳에 도착한지 9일만의 일이다. 주인이 밤에 날 찾아왔다. 외진 창고라서 남자가 찾아오는 것이 걱정이다. 어떻게 해야 하나 생각하다가 들어오라고 하고 중간에 상을 놓고 앉았다. 한동안 무슨 생각을 하는지 말을 하지 않는다.

"면우씨! 말해보세요"하니까 자신이 이 앞에 땅이 있단다. "땅이요? 그래서요?" 그 땅에다가 뭘 지어서 뭘 하란다. "저한테 땅 주시려구요?" 그렇단다.

"아니에요 주지 마세요. 저 돈 없어요" 그런데 왜 땅을 주려느냐고 물으니 내가 보기에 당신은 다른 사람하고 조금 다르단다. 뭐가 다르냐고 했더니,

뭔지는 모르지만 뭐가 좀 다르다. 500만원 주고 들어가서 뭐 지어서 뭘 하랜다. 집 지어서 뭘 하라는 것 같았다. 그러면 사글세는 얼마 받을 건가 했더니 안 받을 거란다.

"왜요? 복 받으려고" "네에? 저한테 땅 주면 복 받나요? 나한테 땅 줘도 복 받을 수 없어요. 제가 복주는 사람이 아니니까요" 해도 소용없다.

그러면 돈을 받을 거냐고 하니까. 받을 거라고 한다. 나 돈 없는데 그러면 언제 줄 수 있냐고 한다. 하나님이 주시면 줄 수 있다. 그런데 "그것이 2년, 5년, 10년 언제인지 알 수가 없는데?" 했는데도 그렇게 하란다. 알았다고 하고 선 새벽에 일찍이 처음 차를 댔던 곳으로 가 보았다.

땅이 상당히 넓은데 왼쪽 담 밑에는 철장 속에 큰 개들이 죽 들어있고 중앙에는 창고가 있고 밭 중앙에도 개집이 있고 또 오른쪽에도 개집이 완전 개판이었다. 그리고 죽 들어가 보니까 직사각형의 공구리가 죽 쳐져 있었다.

"어! 꿈에 본 것이 왜 여기 있지" 두 번의 꿈에 이 길쭉한 공구리 쳐 놓은 곳을 보여 주셨었다.

☆ 한 번은 목사님하고 성도들하고 함께 어딜 놀러갔었는데 장로님 댁 식구들하고 웃고 떠들고 밥해서 먹고 있는데 내가 목사님 쪽으로 몇 발자국 내딛자 갑자기 높은 두 산이 움직이면서 나를 삼켜 버리려한다. 한쪽 산의 나무를 붙잡고 죽지 않으려고 죽을 힘을 다해 계속 올라간다.

중간쯤 올라갔는데 이젠 도저히 올라 갈 수도 내려 갈 수도 없이 딱 죽게 생겼다. 할 수 없이 하늘을 쳐다보고 "아버지 살려주세요" 하고 큰 소리를 치니 하늘에서 호랑이 포효하는 소리가 들린다. "사명 감당하라" 뭔 소린지는 모르겠으나 살고 봐야겠길래 "사명 감당할게요. 살려주세요" 하며 나도 소리치면서 산 꼭대기를 쳐다보니 하얀 옷을 입은 여자 분이 서 계시다가 두 손을 나 있는 쪽으로 쭉 뻗어서 위로 올리니 내가 딸려 올라갔다. 가서 보니 산이 'ㄱ'자로 꺾여 있었다. 'ㄱ'자 꺾인 부분에 굴이 하나 있는데 하얀 옷 입은 그분이 그곳에 계셔서 감사하다고 인사하려고 그 쪽으로 가니 금빛을 내면서 싹 사라지고 꺾인 부분에 굴이 보였다. ㄱ자 중에 손잡이 부분에 공구리가 길게 쳐져 있고 양철지붕으로 비 맞지 않게 덮어놨다.

그곳을 바라보면서 사명 감당하라고 하셨는데 어떻게 해야 하나, 신학을 해야 하나, 혼자 중얼댔는데 카트가 바뀌면서 다시 땅으로 내려와서 권사님에게 "권사님 무슨 소리 못 들었어요?""아니" 하시더니 "아니야 들었어. 어떤 여자가 해산하려고 고통하는 소리를 들었어" 하고 꿈에서 깨어났다.

☆ 나는 평범하고 무식하고 성질만 더러운 사람인데 하나님

께서 쓰시고자 훈련에 들어가니 더러움을 씻는 기간. 새로운 길을 또 어떤 목사님을 통해서 보고 걷게 하시는 무섭고도 더럽고도 마음대로 되지 않는 인생의 기간이 나를 새로 태어나게 하신 해산의 아픔의 기간이었다는 것을 말씀 해주신 꿈이다. 그 산꼭대기에서 직사각형 공구리를 보았다. 그곳이 이곳이라니 놀라지 않을 수 없었다.

나는 생기 기도원인 줄 알고 그곳에 가서 무례하게 한 바람에 그분들에게 15년이라는 긴 시간동안 고초를 당했다. 아무리 사랑스럽게 해드려도 그분들은 받아주지 않았다. 너는 미친x이라고 몇 번의 사람이 바뀌었지만 선지식을 가진 그분들은 나를 받아주지 않고 훈련에 훈련을 거듭시켜 능력의 종으로 기어이 만들어내고 말았다.

"아, 이곳이었구나!" 하고 창고로 돌아와서 이제 어떻게 할 것인가를 기도했다. 다음날 가지고 온 돈 3400만원 중에 3000만원을 주인의 통장으로 넘겨줬다.

창고 세 주려고 받은 통장으로 보냈다. 2-3일 있으니까 전화가 왔다. 나한테 돈 부쳤냐고 그랬다고 무슨 돈이냐고 "땅 줘서 집 지으라고 해서 부쳤다"고 했다. "아니 계약서도 안 썼는데?" "면우씨는 저하고 비슷하던데요. 말이 법인 사람" 아니 어떻게 날 믿고 이런 돈을 줬느냐고 한다. 500만원은 가지시고 나머지는 집 지어달라고 했다. 처음에 2년만 살고 나오라고 했다.

나는 그 곳에 들어가면 죽어서도 나오지 않고 예수님이 오시면 날 데려가실 거라고…… 둘 중 하나지 나오는 일은 없다고 했다. 그리고 주인을 만났는데 얼마면 집을 지을 수 있냐고 나한

테 묻는다. 내가 어찌 안담 머리에 지나가는 금액이 있다. 1500
만원 하니까 계산하더니 1600만원이면 짓는단다. 성령의 놀라
우신 생각나게 하심은 적중했다. 집은 무허가로 짓기 때문에 가
장 추울 때 지어야 한단다.

12월 14일-30일까지 그것도 나는 언니 아들 결혼식에 갔다
오니까 집의 지붕을 덮었다. 얼마나 놀라운 일이 벌어졌는지 나
는 질질 끌려 다니느라고 뭐가 뭔지 몰랐다.
　한 겨울에 집 짓는 뒷바라지를 하는데 불을 펴서 물을 덥혀줘
야지 그렇지 않으면 방바닥에 호수가 얼어서 깨져 버린다. 그
런데 바람이 너무 불어서 불이 날린다. 주인이 불나면 큰일 난
다고 소리쳐서 불을 돌면서 "아버지 불나면 안 된데요. 바람을
잠잠케 해주세요" 하고 한 바퀴 도니까 바람이 바로 잠잠해지
니까 집 짓던 주인이 깜짝 놀라면서 "무슨 일 했느냐?" "기도했
다." 기도하면 그렇게 되느냐고 "하나님이 살아계시기 때문에
들으시고 이렇게 해 주신다."
　눈을 동그렇게 뜨고 겨울에 애써서 집 지어준 우리 이면우 집
사님, 내가 오기 한 달 전에 아내와 함께 천주교 예언자한테 갔
는데 귀한 분 어서 오시라고 하더니 앉혀놓고 "당신은 하나님
을 위해서 큰 일을 한 번 할 것이다."라고 예언했다고 한다. 지
금 이 분은 하나님의 집의 기초 숙소를 자기 손으로 짓고 땅도
자기 손으로 줬다.

☆ 꿈에 보니까 하나님이 무척 사랑하는 깡패 두목 아들이었

다. 집을 짓는 사이 창고에 불이 없어 춥다고 자꾸 자신의 집에 와서 자라고 한다. 부인은 병원에 있는데 불 없는 방에서 자는 나를 불쌍히 여겨서 하는 말이다. 나는 밤에 잠을 자지 않고 기도하기 때문에 추위하고는 별 상관이 없었다. 그러나 그 분의 호의를 받아들여 밤 10시 쯤 집에 갔더니 그 분의 어머니(현 최성경 권사님)가 거실에서 주무시려고 누워계셨다.

그 거실에는 기둥이 하나 있어서 등을 기대고 기도하려고 앉으니 어머니가 자꾸 자라고 한다. 먼저 주무시라고 해도 안 주무시고 말을 거시길래 나의 직업의식이 발동되었다.

내 직업은 만나는 모든 자를 전도해서 함께 천국가는 것이다. "어머니 뭐 믿으시는거 있으셔요?" 절에 다니신단다.

그러시군요. 지금부터 제가 신에 대해서 설명할 테니 잘 들어보시라고 했더니 그러시겠다고 하신다.

제일 밑에 신부터 쭉 설명 귀신, 마귀, 사탄, 제일 대장 신 하나님이라고 가르쳐 드리며 어머니는 어떤 신을 믿으면 좋겠느냐고 했더니 욕심이 많으신 어머니는 대뜸 대장 신이신 하나님을 믿겠다고 하신다. 그러면 그 분을 믿으려면 먼저 예수님을 내 주인으로 모시면 하나님이 내 아버지가 되신다고 설명해 드리고 그 자리에서 그 분의 주인을 예수님으로 바꾸어 드렸다.

12월 31일 이사하고 영팔씨가(이면우 집사님과 항상 함께하며 지금도 돌봐주고 있는 분) 살던 방 5평을 접수하여 예배당을 삼고 방은 44평, 예배당은 5평 좀 균형이 안 맞긴 하지만 집사 주제에 그것도 감지덕지지요 술 먹고 담배피우고 했던방. 얼마나 담배를 피웠는지 찌든 냄새가 가득했는데 예배당 만든다고 내가 들어가니 신기하게도 그곳도 바로 향내 나는 예배당으로 바뀌었다.

이면우 집사님이 보고 너무 신기하단다. 12월 31일 이사하고 지쳐서 잠이 들었다가 2시쯤 일어나보니 1월 1일 2시인 것이다. 하얀 눈이 얼마나 쌓였는지 거의 무릎까지 왔다. 문을 열고 나와서 하늘을 보고 소리쳤다.

"아버지! 저의 옛 것은 저 눈 속에 다 묻어 버리시고 이제부터 저 흰 눈처럼 거룩하게 살게 해주세요" 하고선 나의 벧엘의 삶이 시작되었다.

벧엘의 신혼살림, 2

30대에 가정의 아픔과 슬픔 중에 밤 12시 기도를 많이 하던 중, 집 주마하시고 일주일 만에 주신 집, 기적의 방법으로 시 아버지의 유산 2000만원을 받아 사게 하셨다.

그 집 작은 방에서 이마에 도장 맞고 그 다음해에 미친 사람 되어서 7년 동안 세상을 돌아다녔던 곳, 작은 집을 헐고 3층으로 지었더니 거지되었던 곳, 4층에 판넬로 7평짜리 방을 만들어 들어가서 쫓겨남을 면하고 훈련받을 때에 도장 맞았던 그 자리가 강대상 자리였다. 그곳에서 얼마나 많은 기적을 보았던가? 또 기적같이 팔아주셔서 빚 갚고 남은 돈 3400, 이 돈을 아버지의 집에 씨앗으로 드린 곳이 이곳 벧엘이다.

그 작은 돈이 씨앗이 되어 50여명의 식구가 훈련받고 아이들 가르치고 전국에 사랑하는 종들과 백성들이 오셔서 금식하고 기도하여 형통의 삶을 가지는 곳 영서학교가 세워져서 종들을 기르고 목사님들이 오셔서 금식을 하고 배우며 꿈. 환상을 배우는 곳이 만들어지게 되었다. 그것뿐인가 아모스 예배당을 짓기 위한 준비도 끝이 났다.

아모스 3;7절, "주 여호와께서는 자기의 비밀을 그 종 선지자들에게 보이지 아니하시고는 결코 행하심이 없으시리라"

하늘의 비밀을 알려주시는 곳이라는 뜻이다.

자동차에 주유하는 성령 충만을 주시는 곳 라마라욧이 되었다. 씨는 심기만 하면 30배, 60배, 백배의 열매가 맺힌다. 그뿐인가 깨는 5500개 정도가 열린다.

그래서 우리는 하늘에 돈도 몸도 재능도 은사도 심어야 한다. 거저 받았으니 거저 주며 하늘의 열매를 사모해야 한다.

돈 심으면 돈 나오고 봉사 심으면 건강 나온다. 어려운 사람을 불쌍히 여겨 도와주면 나도 불쌍히 여겨 주신다.

많이 심으면 많이 나오고 적게 심으면 적게 나오는 것이 하늘의 법칙이다.

신혼살림이 시작된 어느 날

예수님께서 꿈에 팔짱을 끼고 서계시는데 나를 지켜보고 계시고, 나는 파란 저고리에 빨간 치마 입고 일을 하는데 하늘에서 닭들이 떨어지고 있었다. 팔 없고 다리 없고 눈이 찌그러지고 성한 데가 없는 애들이 계속 떨어진다.

동네에서 탁자하나 주워다가 강대상으로 사용했다. 집짓고 완전히 알거지가 되어 돈이 한 푼도 없었다. 어떤 집사님이 와서 자기 교회에 얘기하면 선교헌금을 보내 주겠다고 했다.

단호히 거절했다. 하나님이 살아계시니 나를 먹여 살리실 테니 걱정하지 말라고 했다. 다시는 우리 집에 오지 말라고 했다.

원래 거지가 되면 자존심만 강해지고 뭔가 준다는 것도 거부하게 되는 듯 했다.

"아버지! 저는 선교헌금을 받지 않겠습니다. 그냥 저를 먹여 살리세요" 했고 어떤 분이 와서 자신은 사람이 없는데도 예배를 혼자 드리는데 환상에 많은 사람들이 모이는 것이 보여서 재미있게 드린다고 했다. 나는 이해가 안 되었다.

"아버지! 저는 사람 없으면 예배 안 드리고 밭에 가서 놀거예요" 했더니 그 이후로 지금까지 선교헌금 보내게 했고 사람이 떨어져 본 적이 없었다.

나를 먹여 살리시려면 사람이 와서 헌금을 해야 했던 것이다. 나는 별 뜻 없이 한 말이었는데……

시골이고 외로울 수 있는 환경이었지만 사람이 그리워 속상해 본 적은 없으나 금식기도원이라고 정이 들라하면 가버려서 마음이 아팠으나 그것도 지금은 숙달되어서 행복해졌다.

한 분 전도해서 모시고 온 땅주인이셨던 최성경 어머니와 예배를 드리는데 찬송은 재미있는데 설교 때문에 두려웠다.

미국 어떤 목사님의 설교집이 있길래 그것을 배꼈는데 설교 두 번 하려면 5시간을 써야 했다. 얼마나 부지런히 썼는지 낮에는 농사짓고 밤에는 썼다. 2-3일씩 미리 써놓고 읽어 내려갔다. 그런데 말하는 나도 재미가 없고 듣는 어머니도 재미가 없어 보였다. 며칠 하다가 그냥 버려버렸다.

그리고 성경 한 권을 가지고 말씀을 열장 정해서 열 번 읽고 그 성경을 읽으면서 해석했다. 그런데 가다가 어느 말씀에 감동

받아 그 말씀 가지고 얘기했다. 한 30분씩 하는데 제법 재미가 있다. 앞에 있는 어머니도 재미있어 하신다. 이렇게 말씀과 설교를 배우기 시작했다. 그 조그만 예배당에서 하루 두 번 예배하고 농사짓고 밥해주고 하루하루의 시간이 지나고 있었다. 농사짓는 것은 재미있는데 밥하는 것을 잘 몰라서 오시는 분들이 불편하시겠으나 어쩔 수 없었다.

하루는 샤워 실을 청소하다가 혼자 투덜댔다.

"왜 이렇게 더럽게 쓰는 거야?" 소리가 들린다.

"투덜대면 뭐가 달라지니? 그 사람들이 깨끗하게 쓰면 네가 할 일이 뭐냐? 네가 이곳에서 할 일이 청소하고 밥하고 깨끗이 하는 것인데!" "네 알았어요"

앞 마당에 여러 가지 울타리며 개집이며 이런 것들을 치우고 사람 사는 집을 만들기 위해 1월부터 계속 준비했는데 두 달쯤 하다 보니 지쳐서 더 이상 할 수 없었다.

이미 개척 날짜는 3월 5일로 잡혔다. 지쳐서 더 이상 못하겠다고 하니까 아버지께서 오셔서 날 달래고 계셨다.

"얘야 힘을 내라. 네가 길도 예쁘게 만들고 이곳저곳을 아름답게 만들어 놓으면 사람들이 와서 보고 사람들을 보내줄 거야" 아침이 되면 손이 퉁퉁 부어서 도저히 아무것도 할 수 없는데 쥐었다 폈다 2-3번 하면 손이 정상으로 돌아와서 다시 일을 할 수 있었다. 추운데도 추운지 몰랐다. 나에게 보여주신 직사각형 공구리 쳐놓았던 곳에다 집을 지어 살게 해주신 아버지와 그것을 지어준 이면우 집사님에게 감사할 뿐이었다.

날이 가서 3월 5일이 되어 형제들 불러 언니 목사님 설교, 오빠 목사님 사회 또 어떤 분 기도해서 개척 예배를 몇 명이서 드렸다. 돈이 없는데 함께 있던 사모님이 빌려 주셨다.

우리 엄마도 오셨으나 아버지께서 엄마를 이곳에 모시면 안 된다고 하셔서 하룻밤이라도 주무시고 가셨으면 해서 오셨다. 그런데 그 날 아침 꿈에 예수님이 오셔서 내 손을 잡으시더니 0691이라고 써 주셨다. 이 글씨가 뭔지 몰라 고개를 갸우뚱 하면서 0691, 0691하니까 "영육구원"이라는 것을 알게 되었다.

영육구원이 뭐지? 알 수 없었으나 나중에 배우게 되었다. 영육이 다 잘되어야 한다는 말씀이셨다. 개척 예배드리고 나니 돈을 몇 백 주셨다.

그것으로 브니엘 숙소 거실이 없어서, 센 바람이 문을 탕탕 내리쳤는데 안전한 거실을 만들었다. 이제 숙소가 평안해졌다. 아버지께서 오셔서 나에게 부탁하셨다.

"싸우지만 마라". "네!" 했다. 나에게 그런 부탁을 하신 것은 내가 쌈닭이기 때문이었다. 5평짜리 예배당에 있던 영팔씨가 갈 데 없어 숙소하나 줬는데 맨날 화투치고 밤늦게 오는 사람을 가만 놔둘리 없었다. 문 잠그고 일찍 오라고 소리치고 야단법석이었다. 하루는 땅 주인과 동네 남자 분들이 오셔서 대접하는데 그 분들의 말소리가 내 귀를 박박 긁는다. 그 중에 영팔씨의 목소리였다. 큰 대자 우산을 들고 가서 칠 것처럼 서서 "덤벼!" 하니 영팔씨가 일어서더니 퍽 주저앉는다. 그걸 가지고 때리려고 달려드니 동네 남자 분들을 다시는 못 봤다. 왜 나에게 그렇게 어려운 주문을 하시는지 싸움밖에 할 줄 모르는데 그것을 하지 말라니 이렇게 배우게 하셨다.

강원도 쪽에서 딸아이 하나가 시어머니를 보내면서 부흥이 시작되었다. 한 분이 50만원을 헌금해서 5평에서 10평으로 늘렸다. 이 일은 누가 해줘야 할까? 우리 이면우 집사님이다. "오라버니! 이리 와서 오라버니 값좀 하세요" 했더니 뚝딱 지어주고 가서 10평이 되었다.

예전 집사 때에 돈이 하나도 없어서 옆에 기도하는 원장님한테 가서 어떻게 하면 돈이 생기느냐고 물었다. 고개를 끄덕이며 기도하더니 "뭐가 걱정이야? 네 뒤에는 집이 줄줄이 있는데" 한다. "원장님 그런 것 말구요". "집이 하나만 있으면 되지 뭐 그리 많이 필요해요? 돈이 어떻게 생기냐구요?" "너는 걱정 말고 예수 이름으로 냉수 한 그릇이라도 대접하라"고 하셨는데, 그 때는 참 별일 다 보겠네 했는데 그것이 현실로 변했다.

100만원만 생기면 집을 짓는 사람이 되어 있었다. 이곳은 오시는 분들이 주무시고 가야하기 때문이었다. 그런 것은 어떻게 아는지 신통방통이다. 그 10평의 한쪽 구석에는 주방을 만들고 커튼을 쳐놓고 예배드리고 커튼을 걷어서 밥을 해 먹으니 얼마나 더럽겠는가? 사방에 개들이 많아 파리가 얼마나 많은지 더러워서 볼 수가 없었다.

그런데 어떤 분의 소개로 한 분이 금식 오셨는데 딸이 정신이 좀 이상해졌다. 열흘의 금식을 하는 도중 그 분은 파출부 일을 하는 분이란다. 얼마나 깔끔했겠는가? 너무 더러운 파리 개 때

문에 정신이 없었는가 본데 그 더러운 예배당에 가 보니까 예수
님이 두 팔을 벌리고 "어서 오너라" 하셨다는 것이다.

자신은 건물이 좋은 기도원을 여기저기 다니다 왔다는 것이
다. 모두 정신병원에 가지 왜 그러고 다니느냐고 나무랬는데 이
렇게 더러운 곳에 예수님이 계신다고 대성통곡하고 금식 열흘
마치고 가시고 딸이 한 번 와서 하고는 딸이 취직되었다는 소식
을 들었다.

그러는 중 겨울에 기름이 떨어져 새벽 예배 후에 기름보일러
가 서 버렸다. 식구들은 10명 안쪽으로 항상 있다. 추워서 모두
방으로 들어가 버렸다. 나는 들어갈 수 없었다. 돈도 없고 기름
도 없다. 방은 바닥이 얼어 터지면 큰일 난다. 돈이 들어가기 때
문이다. "아버지! 어떻게 해요. 예수님 도와주세요!" 했더니 숙소
에서 떼어 놓은 기름 통 생각이 났다. 가보니까 기름이 조금 있
는데 어떻게 빼는지 알 수가 없었다. 살펴보니 조그만 노즐이 하
나 있길래 그곳에 바가지를 대보니 쫄쫄쫄. 30분을 받았더니 손
바닥 만한 바가지에 8부 정도 받아졌다. 가져다 보일러에 부으
니 부응하고 돌아간다. "와 살았다" 하고 다시 바가지를 그 곳에
대놓고 30분 뒤에 와야지 하는데 가장 추운 새벽이라 얼마나 얼
었는지 잠시 벽에 등을 기대고 앉았는데 금방 잠이 들었다.

☆ 꿈에. 내 위에 어떤 남자가 옷을 홀랑 벗고 누워있다.

내가 이불을 끌어다 싹 덮어드렸더니 하시는 말씀이 "따뜻하
게 해줘서 고맙다." 하시면서 사라지신다. 깜짝 놀라 일어나 보

160

니 예수님이셨다. 난 너무 놀랐다. 방이 터지면 돈이 없어서 어떻게 할지 몰라서 나는 덜덜 떨면서 새벽에 이러고 다니는데 이 방이 예수님의 몸이었다니 파리 떼가 우글거리고 하수구 냄새에 음식 냄새에 더러워서 그곳에서 기도하기도 너무 어려운데 이곳이 예수님의 몸이란 말인가? 대성통곡을 하고 울었다. "예수님! 마구간보다 더 더러운데 모실 수밖에 없는 저를 용서해주세요. 죄송해요" "사랑한다". 예수님도 우시고 나도 울었다.

다시 주방을 밖으로 빼내고 너무나 추운 예배당 주변에 방을 드리고 연탄을 때면 덜 추울까하여 그렇게 해보려고 기도를 하니 돈을 100만원 주셨다. 나는 백만 원 가지면 짓고도 남는 줄 알았다. 그런데 남는 것이 아니라 많이 부족했다. 판넬을 맞춰 놓고 가져왔다. 그런데 누가 지어야할지 모른다. 어떤 집사님이 생각나길래 그 집사님께 전화 좀 해보자고 했다. 함께 있던 조 전도사가 전화하더니 안 온다고 한단다.

서운한 마음이 들었다. 걱정스런 마음도, 그럼 누가 짓지? 밤 12시 기도 시간에 "아버지 그 집사님은 안 된 다네요. 다른 사람 보내주세요" 하고 3시경에 잠이 들었는데 자다가 보니까 남자 두 명이 예배당으로 들어온다.

잠결에 웬 귀신들이 이 밤중에 들어오나 했더니 이 사람들이 하는 말이 "형님! 괜찮으쇼?" 한다. 어라? 귀신들이 형 동생이 왔나보네 하고선 일어나서 가까이 가보니까 낮에 집지어 달라고 전화했던 집사님이다. "집사님 웬일이세요?" 집짓는 곳에서 일하던 분들끼리 밤에 싸움이 벌어져서 난리가 났다고 한다. 한 사람의 귀에 피가 보인다. 나는 말했다.

"맞고 할래 그냥 할래" 했더니 그게 무슨 말이냐고 한다. 낮에 전화 했지요 집 지어달라고 그런 일이었냐고 하면서 다시 가서 휴가를 내 가지고 와서 지어 주겠다고 가서 5일 휴가를 내서 칸을 막아주고 갔다.

그래서 깨달았다. "아버지가 원하시는 일을 맡겼는데 안 하면 피나게 맞는구나!"

속에 보일러 놓는 것은 전도사님들과 내가 했다. 엉망진창이다. 방바닥이 올라가고 내려가고 분명히 연탄보일러를 놨는데 따뜻하지가 않다. 그곳에서 2-3번의 얼어 죽을뻔한 위기가 있었다.

그러는 중 언니와 통화하고 마음이 상했다. 오빠가 나를 욕하고 어쩌고 했단다. 사역이 뭔지도 모르고 하니 얼마나 많은 사람들과 엮이고 얽히고 설키겠는가? 어려움 당한 사람 못 고치는 병자 그런 사람들만 오니까, 한 번은 뇌 암에 걸린 권사님이 오셔서 21일 금식하고 집에 갔다가 자꾸 또 오고 싶다고 하니까 모셔왔는데 밤에 보니까 이 분이 돌아가셨다.

"아버지! 이 분이 죽었어요" 하니까 아니란다. 안 죽었으니까 지키라고 해서 밤새 시체 옆에서 지켰다. 함께 계시던 최 목사님에게 아침에 좀 지키시라고 하고 한 잠 자고 나오니 진짜 살아있었다.

나의 인격도 대처를 못하는데다가 집사가 이곳에 와서 사역이라고 하니 언제 뭘 봤어야 잘하지 어처구니없는 싸움과 비인격적인 행동이 날마다 일어나는 것이 당연하다.

언니 오빠가 금식하러 오고가며 보니 얼마나 안 좋았겠는가 흉봤다고 전해 줬는데 지 잘못은 지가 모르니까 화가 났다. "아버지! 형제들 때문에 너무 힘들어요. 금식할래요" 하고 3일 금식을 시작했는데 형제들이 나를 놓고 흉보고 손가락질 하는 것이 보이니까 화가 나가지고 20-40일까지 금식을 허락해달라고 했다.

예수님이 오셔서 콩나물 2개 1개를 엇갈려 들고 먹으라고 하니까 내가 손을 치워버리고 내가 집어먹었다. 빙긋이 웃으신다. 21일 금식에 들어갔다. 초창기 때는 예배를 새벽 한 번, 저녁 한 번 드리니 이사람 저사람 설교시켜 놓고 금식했는데 21일 끝나고 배추심어 놓은 것이 어는 바람에 하루 보식하고 700포기 김장을 시작했다. 4-5명이서 이틀 지나고 나니까 어째 옷이 안 올라가고 몸이 이상해서 보니까 너무 부어서 살이 터지고 머리도 얼굴도 너무 커져서 괴물처럼 되어 있었다.

"이제 죽었구나!" 생각하고 그래도 죽을 거면 김장해서 애들이 먹어야 한다고 생각하고 그 이후도 2-3일을 한 것 같다. 다 끝나고 나니 아버지 하시는 말씀이 "이제부터 보식을 시작하라"고 하셨다. 몸을 보니까 죽는 것이 아니라 부기가 빠져있었다. 20여일의 보식이 끝나갈 무렵

☆ 꿈을 꾸니까 산을 올라가는데 3분의 2쯤에 큰 수렁이 있어 도저히 올라갈 수 없었다. 그런데 언니 오빠가 나를 밀어버렸다. 그러니까 구름이 와서 그 수렁을 가리더니 넘어가서 산을 올라갈 수 있었다. 그리고 보식 마지막 날

☆ 꾼 꿈은 손가락 두 개보다 더 큰 바퀴벌레가 앉아있는데 한 눈은 감고 한 눈은 뜨고 있는데 만화처럼 동그랗고 예쁜 눈이다. 반대쪽에 그의 아버지가 계시는데 아주 멋쟁이고 위엄 있는 분이 계시고 나는 중간에 있었다. 이 아버지가 바퀴벌레를 얼마나 사랑하는지 샘이 날 지경이었다. 하시는 말씀, "이 바퀴벌레가 날마다 나를 위해서 이렇게 애쓴다."면서 손가락을 꼽으시는데 12-15개 정도를 꼽으신다. 그 분에게서 전기가 나와서 바퀴벌레에게 흘러가는데 엄청 쎈 전기가 흐르고 있었다. 중간에서 그것을 보면서 놀라서 깼다. 그리고 그 바퀴벌레가 사랑받는 것이 너무 부러워서 그것이 나였으면 좋겠다고 하니까, "너야" 하는 순간에 엄청난 전기가 내 몸에 들어왔고 나는 그때 펜을 들어 쓰기 시작했다.

* 성령 충만 받는 비결
  1. 말씀을 가지고 기도한다.
  2. 금식한다.
  3. 인정한다.

토하면서 계속 쓰는데 너무 힘들어서 "아버지! 이제 그만요. 제가 다음에 계속 쓸게요" 하며 애원했더니 그만 멈추게 되니 그때 "기적의 성령 충만"의 기초를 받게 되었다. 기적적인 순간이었다. 무슨 일인지도 모르고 받아 적어놓고 나의 일상으로 돌아와 농사짓기 위해 풀 메고 설교하고 상담하고 성경 읽었다. 건강은 또다시 기적같이 회복시켜 주셔서 말처럼 뛰어다니면서 일을 해도 아픈 곳이 없었다.

그때에 장인경 전도사가 가정에 어려움이 있어서 벧엘에 오게 되었고 함께 일하고 생활했다. 인경이가 주방을 맡아줘서 약 1년 반 정도 지나서 주방에서 해방되었다. 잘 할 줄 몰라서 먹는 사람들이 곤욕이기 때문에 빨리 벗겨주신 것 같다.

부족한 연료비를 충당할 수 없어서 브니엘 숙소에 화목보일러를 놨는데 25톤짜리 차로 여섯대의 나무가 겨울에 필요하다. 나무도 좋은 것이 아니고 공사장에서 나온 것을 싸게 사서 쓰다 보니 얼마나 일이 많은 지 남자 분들이 금식하러 오시면 나무 뒷손질 해주느라고 금식하기가 어려웠다.

산더미 같이 쌓이는 나무에 눈이 쌓이면 아무도 그곳을 올라갈 수 없어 내가 올라가서 발로 차서 내리면 밑에서 받아 정리해주는데 그 때는 남자 목사님이 한 사람뿐이라서 정말 어렵고 그 분도 고생이 많았다. 왜 내가 이렇게 해야 되느냐는 것이다. 그러니까 나도 이유를 모른다. 내가 왜 이런 일을 해야 하며 이런 고생 속에 있어야 하는지를. 그들이 나에게 물으면 나는 누구에게 물어야 하는지를 모른다. 살기 위해 하는 것인지 먹기 위해 사는 것인지 훈련하는 그들은 나에게 불평하고 원망하고 눈을 흘기지만 나는 그 대상자가 누군지 몰라 가슴 아팠다.

예수님은 나의 삶의 원망의 대상은 아닌 것 같고 나의 구세주인 것은 알겠는데 나는 누구에게 뭐라 해야 되는지, 밤에 불을 때던 사람들이 병이 나기도 하고 내가 쓰러진 다음 그들이 맡았는데 내가 눈으로 봐도 너무 가슴 아팠다.

우리 집은 힘든 것뿐이 아니고 아주 모두 거지 중에 왕 거지들이 되었다. 밤에도 잠 못 자고 불을 때야 하고 그 연기와 먼지는 우리를 뒤 덮었다. 엄청나게 많은 양의 불을 때야하기 때문이다. 44평을 덥히는 것이 이렇게 어려운 일인지 몰랐다.

아들이 군대에서 재대해서 집에 있으니 아무리 안 돕고 못한다고 해도 안 할 수가 없었다. 근데 그 아이는 그 무서운 기계로 나무를 자르는데 슬리퍼 신고 한다. 아무리 말해도 안 듣는다. 기본이 엄마가 하는 것을 반대로 한다. 이유는 딱 한가지다. 왜 엄마는 내가 원하는 것을 반대로 하냐는 것이다.

그런데 기계로 나무를 자르던 아이가 엄마하고 왔는데, 내 눈 앞에 내미는 발에 못이 박혀있고 막창 나 있었다. 이것저것 생각할 겨를 없이 눈을 꽉 감고 그 못을 순식간에 빼 버렸다. 그리고 기도했다. "파상풍 외에 어떤 것이 있다 할지라도 예수 이름으로 사라질지어다!" 가던 아들이 다시 돌아왔다.

녹슨 못에 찔렸던 그 자리가 피도 나지 않고 그대로 막혔다.

발을 내밀고 "엄마 이것 봐. 왜 막혔어?" "기도했잖아. 막히라고" 아무소리 없이 간다.

우리 아버지는 자신의 아들의 손과 발에 못 박아 놓고 빼지 않으셨다. 그리고 죽이셨다.

나는 내 아들의 발에 속히 못을 빼서 그를 살렸다.

이것은 우리 예수님이 못 박혀 주셨기 때문에 내 아들을 빼 줄 수 있었던 것이다.

그 이후에도 아들은 늘 건강하게 멋진 목사가 되어서 내 옆에 있다. 이제 나무를 살 곳도 없어서 산으로 하러 갔다. 그때 어려움 당한 집사님 부부가 들어왔다. 그의 차로 여러 번을 해다 때고 또 때도 여전히 때야 했다. 끝이 없는 아득한 전쟁처럼 느껴졌다.

처음에 화목보일러 놓을 때 3년 쓰라고 하셨기 때문에 3년 봄에 뜯어 버렸다. 그리고 심야 보일러를 놓기 위해서 돈을 구하고 모으기를 계속 하고 있었다. 700만원이 소요되는데 500만원만 손에 있고 200만원이 부족한 채로 계속 구했다. 어떤 사업하시는 분이 우리 굴뚝이 꺾인 채로 철거하지 못하고 있었는데 그것이 아주 눈에 좋게 보이질 않는단다. 왜 철거하지 않느냐고 한다. 연유를 설명했더니 200만원 부족해서 못하고 있어서 이렇게 어정쩡하게 되어있노라고 했더니 그분이 200만원 주셔서 심야 보일러를 완성했다. 우리 벧엘은 거지의 왕국에서 멋진 벧엘로 다시 돌아왔다. 깨끗하고 너무나 힘든 일이 모두 없어진 것이다. 할렐루야! 약속을 지키신 내 아버지 감사 천배입니다.

하나님 아버지의 슬픈 눈물

벧엘에 오기 전에 학교를 다 마치지 못하고 왔기 때문에 목사 안수를 받으려면 공부를 해야 했다. 온라인 공부를 위해서 등록을 마치고 돈 냈으니까 공부를 해야겠다고 농사짓는 사람이 대낮에 컴퓨터에 앉아서 교수님들의 강의를 하루 듣고 재미있다고 생각이 드니 다음날 또 앉았다.

어떤 목사님이 나오셔서 설교를 50-60편 만들어 놓으면 5-6년은 설교 걱정이 없다는 강의를 하고 계신다. 나는 고개를 끄덕끄덕하면서 "저런 방법도 있구나." 하면서 컴퓨터에 열중하고 있는데 갑자기 하늘에서 소리가 들리기를

"저 나쁜 놈들! 내 새끼들 맡겨 놓으니까 모두 광우병 걸려서 죽게 만든다."면서 화를 버럭버럭 내신다.

"누구여" 하니까 "내다" 아버지의 음성이었다.

"왜 그러세요?" 원래 소는 삼 계절은 푸른 꼴, 한 계절은 죽은 꼴을 먹어야 한다는 것이다. 그런데 설교를 이렇게 만들어놓고 먹이는 것은 사계절을 죽은 꼴을 먹이기 때문에 성도들과 종의 가정들에 문제가 생기고 있는 것을 광우병이라고 설명하고 계신다.

나는 무서워서 빨리 컴퓨터를 닫고 밭으로 도망가서 소리가 들리지 않게 호미질을 쎄게 했다. 그리고 한낮을 도망 다녔다. 그러나 밤이 되면 다시 기도의 자리가 나를 기다리고 있었다. 밤 12시가 되니 습관에 따라 강대상 뒤에 가서 앉았다. 기다리셨다는 듯이 또 소리를 버럭버럭 지르시면서 화를 내시고 계시는데 화가 너무 심해서 내가 갑자기 몸이 너무 뜨거워지더니 기절하고 말았다.

얼마나 잠이 들었을까? 또 습관에 따라 새벽이 되니 자동으로 일어났다. 배가 아파 화장실에 갔더니 설사가 줄줄 나온다. 지난밤의 그 열 때문에 몸이 몹시 고통을 당했던 것이다.

다시 강대상 뒤에 앉았는데 나도 화가 났다. 소리를 버럭버럭 질렀다. 아버지가 하신 데로 나도 그대로 따라했다.

"왜 그러시냐구요? 제가 그러지 않았잖아요. 뭣 때문에 나를 쫓아다니시면서 이러시느냐구요?" 했더니

갑자기 보이진 않는데 아버지의 목소리가 너무나 슬프고 눈물이 가득담긴 소리로 "못 알아들어서" "못 알아들어요?" "응" 하신다. 내가 내 밥 먹이고 내 옷 입히고 내가 공부시켰고 내가 목회시켜줬는데 다 자기 맘대로 한다고 하신다. "그래요" 하니까 "네가 알아들어서" 내가 알아들어서 나한테 말씀하신다는 것이다.

너무나 가엾은 아버지의 음성 때문에 나도 마음이 너무나 아팠다. "아버지! 그러세요. 그러면 저에게 말씀해보세요 무엇이 마음이 아프고 무엇이 그렇게 고통스러우신지 그러면 제가 아버지의 아들 종들에게(목사) 가르쳐 줄게요" 하고 대화는 끝났다.

나는 많은 생각에 잠겼다. 아버지는 능력이 있으시고 부와 존귀와 능력을 예수님께 주셨으니 못하시고 안 되시는 것이 없는 줄 알았는데 말 알아듣지 못하는 자식들 때문에 이처럼 고통당하고 계시는 줄 몰랐다.

나도 아버지의 음성과 아버지의 뜻을 따라하고 있는 줄 알았더니 탕자는 매마찬가지라는 것을 알았다. 어떻게 하면 좋을까? 어떻게 하면 아버지의 마음을 아프지 않게 해드릴까?

얼마나 아프고 얼마나 고통스러우셨으면 자신의 아들을 십자가에 내어주시기까지 하시면서 우리를 사랑하시길 원하시지만 우리는 각기 딴 길로 가면서도 알지 못하고 있다.

목사가 되기만 하고 성경 가지고 말만 잘하여 많은 사람을 모으기를 잘하고 어떤 회에 장만 되면 잘하는 줄 알았더니 그것이 아니라는 것이었다. 나는 그때부터 왜 우리가 아버지의 대화에 오류가 나고 있는가에 대해서 성령께서 인도하시기 시작하셨다. 우리의 응답의 방법에 문제가 있다는 것을.... 그래서 나온 책이

"기적의 성령 충만"(총론) "성경으로 해석하는 꿈과 환상"(예언과 기타 삶의 분별 방법) "옛 구습을 버리고 새사람을 입으라"(행위를 고치지 아니하면 성령 충만에 이를 수가 없다) 가 나왔다.

우리의 응답이 너무나 육신적이고 자기적이며 자신만이 최고이고, 얼굴이 다르듯이 은사가 다르고 말이 달라야함에도 똑같은 원문을 만들어서 설교를 달달 외우듯이 하고, 자신과 다

른 은사적인 말씀을 이해하지 못하여 지 성전을 차려서, 사람을 세우지 않고 영상 예배드리게 하고 영의 어린아이들의 입을 막아버리는 일을 서슴치 않고 했다. 성령의 일을 모독하고 성령을 무시하고 성령시대가 지나갔다고 말하는 무서운 말을 서슴치 않고 해대는 파렴치한 자들이 되었다.

성경만을 너무나 중요하게 생각하여 성령께서 쓰시고 성령께서 해석해야 하는 성경을 서슴치 않고 자신의 육신의 생각대로 해석하여 가르치는 바람에, 그곳에서 배운 많은 목사님들은 성경의 지식은 가졌으나 성령의 지혜가 없어서 막대기를 날마다 그들의 입에 넣어주는 것과 같아서 그 말씀을 먹고 사는 종들과 백성들의 삶이 저주에 가까워지고(히6:8) 모든 것을 잃어버리는 사건이 생긴다.

하나님의 일을 하면서 그의 영이신 거룩하신 성령을 거역하고 거스리는 차원을 떠나서 이제는 그가 없다고 한다.

하나님의 일을 하면서 그의 영이 없다면 그 일을 해야 될 이유가 무엇인가? 성령이 아니 계시고 이제 시대가 지나가 버렸다면 우리 모두는 저주에 버려졌다는 것은 왜 생각하지 못 하는가? 그것은 너무나 많은 지식의 시대에 살면서 자기가 알고 있는 지식이 마치 성령이요 그 지식이 땅에서 밥은 먹여주고 있으나 그 지식이 영육천국에 나를 인도할 수 있다고 생각 하는가?

성령은 영생으로 나를 인도하시는 나를 돕는 어머니 같으신 분이시라(갈4:26) 나를 지도하시고 나를 이끄셔서 아버지의 뜻대로 살게 하시는데 성령을 있다고 말하는 사람이나 성령이 없다고 말하는 사람이나 똑같이 교만하고 거만하고 유덕하지 못하는 것은 성령의 은혜가 이미 아니라는 것을 깨달을 때가 아닌가 싶다.

- 성령은 기름이요(마25:1-)
- 성령은 물이요(요3:1-5)

그렇다면 이 두 가지는 그릇대로 들어가서 세모에 들어가면 세모가 되고 네모에 들어가면 네모가 되며 동그라미에 들어가면 동그라미가 되어서 그를 인정할 수 있어야 하는데 지금은 자기하고 다른 것을 하나만 말해도 이단이라고 정죄하고 단죄하고 예수님을 죽여 없애는 이상한 시대이다.

"아버지 왜 이렇게 이단이 많아요?"

"응, 지금은 은사 이단시대다. 너희들이 그렇게 만들었지" 성령께서는 그릇의 모양대로 물과 기름이 들어가서 역사하듯이 너희들의 인격과 모양 따라 나타나고 있는데, 어떤 단체들을 조직하여 빵떡을 찍어 내듯이 하여 자신을 과시하고 자기의 똑똑한 것을 나타내려하고, 푯대가 예수라야 하는데 말씀이 육신 되어 왔다는 말씀하나로(요1:1) 말씀을 쓰신 분이 옆에서 울고 계심에도 그 잘난 머리로 연구하고 연구하고 또 연구하여 자신을 따라오라고 하는 종들의 머리를 깨버리고 싶어 하시는 것이 아버지이시다.

어째서 나를 버리고 저희들끼리

- 내가 준 돈도 자기 맘대로

- 내가 준 은사도 자기들 마음대로
- 내가 세운 교회도 자기 마음대로 운영하니 그 슬픔의 눈물을 어찌한단 말인가? 그 뒤가 어찌 되었는가?
- 모든 곳에 구원이 있고(wcc)
- 동성애가 고쳐야 되는 것이 아니라 그렇게 하도록 불쌍하니까 밀어줘야 하고
- 성 문제가 너무나 문란하여 이 나라가 재앙의 나라가 되어서
- 교회는 교회가 아니요
- 가정도 가정이 아니요 자녀들을 무서워서 밖에 내놓을 수 없는 그런 나라로 변해버리고 말았다.
- 대통령이 잘못하니까 쫓아내야 한다고 하니 이런 공산당 놈들이 판을 치게 되었으니 동방예의지국이라고 자신만만한 이 나라가 언제 이렇게 변하여 아버지께서 원치 않는 일은 정당한 일이 되고 아버지께서 싫어하는 일은 좋은 일이 되고 말았는가?

훈련받고 가서 의정부에서 공부하고 있는 딸아이가 의정부 교회에서 근무하고 그 교회를 섬겼는데 아이를 낳아서 백일 쯤 되었다. 왔다가면서 하는 말이 너무나 어처구니가 없어서 이곳에 실어보려 한다.

5천여 명이 모이는 교회가 몇십 년이 되었는데 어떤 목사님이 오시더니 땅을 산다고 빚을 졌단다. 그런데 그 땅을 보니 강가운데 있는 것을 사서 아무 쓸모없는 땅을 샀단다.

그런데 이 목사님을 장로님들이 내보내려고 아무리 해도 안 나가니 법으로 해서 나가게 되었는데 10억을 주면 나가겠다고 해서 주었더니 옆에다 개척을 해서 성도들이 많이 그리로 갔단다. 그런데 원 교회는 빚을 감당 못해서 결국은 팔았는데 요즈음은 이단들이 교회들을 모두 산단다. 그래서 이단한테 팔리지 않았으면 좋겠다고 했는데 이단한테는 안 팔렸는데 교회가 아주 없어져버린 집짓는 사람들에게 팔렸다는 것이다. 다행이긴 한데 아주 교회가 없어져 버려서 이 모든 성도들은 또 어디로 흩어져서 가야 하는가를 고통하며 말하고 있었다. 아이가 다녀간 다음 가슴이 멍해지는 것을 느꼈다.

누구의 잘못인가?

만약에 땅을 잘못 샀다 할지라도 싸움을 걸지 않고 잘못을 용서하는 십자가의 사랑을 장로님들이 실천하였더라면 그 목사님이 그대로 회개하고 그 교회를 지킬 수 있었지 않았을까 생각해본다. 아버지 입장에서 보면 몇십 년 교회 대신 그 옆에 또 개척해서 그 성도들 다 데려다가 그곳에 교회 세우면 그것이 그것일까?

아버지여! 어찌하오리이까? 지금의 이 시대를 용서해주시기를 원합니다.

왜 이렇게 빚지고 교회 짓고 빚지고 살고 빚지지 않으면 일이 안 될까요 무슨 이유일까요?

기도자리에 앉은 나는 아버지의 슬픈 얼굴이 또 떠나질 않는다.

로마서 8:12,13 "그러므로 형제들아 우리가 빚진 자로되 육신대로 살면 반드시 죽을 것이로되 육신에게 져서 육신대로 살 것이 아니니라 너희가 육신대로 살면 반드시 죽을 것이로되 영으로써 몸의 행실을 죽이면 살리니"

빚진 자, 우리가 무슨 빚을 졌길래 빚에서 벗어날 수 없는가?

첫째, 예수님의 피의 빚진 자이다.

"자녀이면 곧 상속자 곧 하나님이 상속자요 그리스도와 함께 한 상속자니 우리가 그와 함께 영광을 받기 위하여 고난도 함께 받아야 할 것이니라"(롬8:17)

예수님의 빚은 고난으로 갚는다.

우리가 하고 싶은데 못하는 것은 저주의 고난이요 할 수 있는데 안하는 것은 십자가의 고난이다.

형제를 사랑하고 핍박하는 자를 받아주는 것, 나의 삶의 고통과 고난 속에서도 좌절하지 않고 소망을 가지고 주를 따라가야 하는 것은 고난을 감당하므로 십자가의 빚을 갚는 것이다.

두 번째, 조상들의 우상 숭배한 죄의 빚을 지고 있다.

예수님께서 십자가를 지심으로 원죄의 저주에서 우리를 속량해주셨다. (히9:15)

그러나 우리에게는 자범죄가 남아 있다. 조상들의 우상 숭배한 죄는 자범죄에 속한다. 우리가 해결해야 하는 것이다.

금식하므로 회개하고 용서하며 하늘의 빚을 갚아나간다(사58:3-4). 회개하고 용서해야 하는 인격을 꾸준하게 고침으로 성경의 사람이 되면 하늘의 빚이 끝이 난다.

이렇게 십자가의 빚과 조상들의 우상 숭배한 빚을 꾸준히 갚아나가면 때가 되면 이 땅에서 빚지고 사는 나의 삶을 벗을 수 있다.

여기저기 교회들이 싸움 때문에 깨지는 교회가 많다는 소식을 들었다. 싸움대장인 사단의 부추김을 벗어나지 못하고 십자가의 고난을 감당하지 못한 싸움을 육신으로 살아 반드시 죽을 일을 만들어내고 있는 우리의 행위이다.

싸움을 멈추는 일을 해야 한다. 예수님의 고난의 구원을 왜 우리는 싸움으로 망하려하는가? 참고 인내하고 목사님들도 잘못한 것에 대해서 참아 내줘야 하는 것이 장로님들이시다.

왜 목사님들을 하나님을 만들려고 하시는가? 하나님은 죄가 없으나 이 땅에서 대행자 노릇하고 있는 목사님들은 모두 부족한 사람이라는 것을 왜 인식하지 못하고 그렇게 싸우기만 하려하는가? 고난의 십자가, 고난의 삶은 참아야 하고 인내해야 하고 용서해야 하는 것인데 왜 유독 목사님들은 용서하지 않으려하는가? 그 또한 부족한 사람이라는 것을 깨닫게 되길 바라며 이 땅의 교회들이 싸움을 멈추길 기도하며 기도한다.

우리가 이런 지도자의 질서를 잃었더니 백성들도 대통령을 쫓아낸다고 싸우고 있지 않는가? 우리는 회개해야 한다. 울며 통곡하며 가슴을 찢으며 금식하며 통회 자복해야 한다. 모두 먼저 믿고 있는 우리의 잘못이다.

이것은 성령께서 우리를 지도하시는 그 지도를 받지 못함인 것이다.

응답을 받는데 음성을 마음으로 들어서 자기 마음대로 한다.

혼이 (살전5:23, 목숨, 요12:24)) 죄에 연달되었으니 어떻게 그 혼이 바른 응답을 받을 수 있겠는가?

화인 맞은 양심, 마음이다. 세상에 찌들어서 조상들로부터 배운 성경이 아닌 것들이 새겨진 마음 즉 혼이 무엇을 우리에게 줄 수 있는가?

예수님의 은혜로 받은 풍요를 우리는 모두 다른 종교에도 구원이 있다고 그들 앞에 갔다 바치고 그들 앞에 절하는 무서운 일을 만들어낸 것이 바로 우리가 믿고 있는 혼 마음에서 나온 것이다. "모든 지킬만한 것 중에 더욱 네 마음을 지키라 생명의 근원이 이에서 남이니라"(4:23)

성경에 수없이 나오고 잠언서만 해도 400회 이상이 나와서 마음이 이렇게 중요한데 이것이 혼인 것에 대해서 아는 사람은 별로 없다. 혼은 우리의 삶 전체를 닮고 있어서 꿈에 옛날을 비유해서 말씀하실 수 있는 것도 혼에 새겨져 있기 때문이다. 우리는 너무나 멋진 옷 입고 거룩한 척 해도 혼이 너무나 더러운 것들이 새겨져 있어서 그 뒤는 언제나 제 2의 사망을 맞을 수밖에 없다.

"죽어라. 열매 맺어줄게"(요12:24) 무엇이 죽어야 하는가? 혼이 죽어야 한다. 내가 하던 것을 십자가에 못 박아 이제는 성경의 사람으로 돌아가야 하는데 돌아갈 수 있는 방법을 모르고 있는 것이다. 내가 망하고 죽게 되었는데도

성경이 나를 정죄하고

성경이 나를 욕하고 있음에도

나는 성경을 버린 줄 모르고

성경대로 살고 있는 줄 안다

머리에는 있으나

가슴으로 내려와 마음에 새겨지지 않아서

그가 원하는 대로

성령이 이끄시는 대로 살 수 없다

그러기 때문에 때가 되면

나의 인생이 우스워지는 것이다

성령께서는 머리에 있는 성경으로 인도할 수 없다

금식으로 마음을 갈고 닦아서 옥토를 만들고

그 옥토에 말씀이 뿌려지고 새겨져 있는 사람을 성령이 말씀으로 인도하여 "천국에서 크다 일컬음을 받으리라"(마5:19)

이 땅에서 큰 사람이 되어서 영광 드러낸다는 것이다.

행위가 있지 않는 한 성경은 무효하다.

성경을 연구하고 성경을 가지고 밥 먹고 잘나게 사는 사람들의 모습에는 전혀 겸손이 없다.

전혀 하나님의 사람이라고 생각할 수 없는 모습을 보게 된다.

성령의 열매는 기본이 "사랑, 희락, 화평"이다(갈5:22)

이 나라 어디에 화평이 있으며

가정들 어디에 평화가 있는가?

예수님께서 무덤에서 살아나셔서 제자들에게 하신 말씀

"평안하라!" 만나는 제자들에게 제일 먼저 한 인사이다.

그러나 이 민족과 사람들에게 어디에 평안과 평화가 있으며

그 누가 화목제물이 있는가?

모두 예수님 이름으로 자신의 영달과 자신의 사람을 챙기고

내가 몇 명이 있고

몇 명의 지도자이며

이런 것 챙기기에 바쁘지 않는지 한 번 생각해봐야 하지 않겠는가?

우리는 이제 화목제물 되신 예수님의 본을 받아 화목하게 살게 하시는 성령님을 위하여 내 몸을 하나님 기뻐하시는 금식에 (사58:6) 내어 놓아야 하며 화목제물이 되기 위해서 응답을 아버지의 뜻대로 받아 아버지와 먼저 화목을 찾아 지옥에 자리 마련해 놓은 우리의 영혼을 천국으로 돌려야 되지 않겠는가?

왜 죽을 때 죽어라고 암 걸리고

죽어라고 병 걸려서 회개하다 죽으려 하는가?

우리의 잘못을 회개 시키지 않으면 지옥으로 떨어지니까

몇 년씩 아파서 버림받고, 고통하면서 회개의 시간을 가지게 하려는 하나님을 생각해야 한다.

우리의 선배들이 하는 일들이 남의 일처럼 보이는가?

아니다. 그것이 바로 내 일이다.

나를 불쌍히 여기시는 아버지께서

우리에게 베푸시는

이 땅의 지옥이 병이며

돈이 사라져 거지가 되는 것이며

내 자식이 내 앞에서 고통과 아픔과 죄에 빠져서 허우적대며

내 남편과 내 아내가 나를 사랑해주지 않고 저주하고 손가락질 하고 욥의 아내처럼 하는 것은 나를 불쌍히 여겨 회개하여

가까이 있는 천국을 가지라고(마3:2) 아버지의 고통하며 호소하는 우리의 삶이다.

우리의 천국은 무엇이 완성시키는가?

회개할 수 있게 나의 삶을 망가뜨리라고 보낸 사자에게 있다.

그것이 아니라면 우리가 회개하겠는가?

그것이 이 민족에게 내린 재앙이 아니고 무엇인가?

우리는 이제 새롭게 금식부터 시작하여 내 마음 밭을 기경하고 울며 회개하며 나와 이 민족을 위해서 새로운 방법을 강구해야 할 때이다.

아버지의 눈물을 보라!

"못 알아 들어"

너무나 가슴 아파서 내 아버지의 마음을 어떻게 하면 시원하게 하고 웃게 해드릴 수 있을까 하며 15년 동안 천여 명의 목사님들과 3000여 명의 성도들에게 두들겨 맞으면서 배웠다.

금식과 성경으로 해석하는 꿈 · 환상을

내 의지대로 되지 않는 꿈 · 환상

비유로 되어 있는 꿈 · 환상(마13:10-)

바로 정확한 응답의 방법이며 분별의 키라는 것을

생각나게 하심도 예언도 모두 분별할 수 있는 방법이라는 것을 지금도 많은 분들이 여기에 대해서 반신반의한다.

그러나 내 민족을 사랑하고 계시며 자신의 아들을 내어주기까지 하신 아버지께서 꼭 알아듣게 하셔서 자신의 대변자로 만들어 놓으셨으니 거룩하게 하고 나를 새롭게 하는 금식과 98% 를 알아들을 수 있는 꿈·환상을 이 땅에 편만하게 전파하게 하실 것을 믿어 의심치 않는다.

우리가 금식하여 새롭게 되면 그것을 새 땅이 되었다 하시고

새 하늘이 나에게 와서(계21:1-) 신부를 위하여 단장된 성을 주시는데 그것이 교회이며 우리의 삶의 피난처인 것이다.

왜 큰 성을 받으신 목사님들이 변질되어 이렇게 구원이 모든 종교에 있다고 해버렸는가?

그것은 모두 처음에는 금식하고 기도하고 애써서 예수님의 신부처럼 에스더처럼 이 민족을 구원하는데 일조했다. 그러나 잘된 뒤 하나님 기뻐하는 금식을 하지 않으므로 영혼이 더러워지니까 어떻게 하셨는가? 모든 종교에 구원이 있다고 마귀들의 앞잡이가 되고 말았다. 성도들을 데려다가 더러운 자리에 버려버린 것은 자신들의 영혼이 금식으로 씻지 않으니 몸이 더러워져 귀신들의 성전이 되어버려서 자신도 모르는 사이에 이런 사건들이 생기고 있는 것이다.

- 하나님의 영광을 위해서 산다고 가르치고 말해놓고
- 사람들 잘되게 하려고 자신이 있는 것처럼 착각하고 있는 것이다

우리는 하나님의 영광을 위해서 있는 존재인데 나중에는 사람 잘되라고 있는 사람이 되어 버린 것이다.

- 더러워진 영혼의 센서가 망가진 것이다.

우리는 다시 새롭게 할 수 있다. 와스디가 폐위된 것도 말 안 들어서이다. 그러나 에스더는 이방의 사람으로서 왕비가 되어 자신의 민족을 구원하지 않았는가?

그것은 에스더와 그 민족의 "삼일 금식이다."

우리도 이제는 금식으로 하나님을 다시 섬겨야 하며 이제까지 하던 금식을 다시 제정비하여 아무데서나 금식하여 하나님의 성전인 내 몸을 망가뜨리는 일을 그만해야 한다.

- 내 몸은 내 것이 아니라 아버지의 성전이다(고전3:16).
- 예수님께서 십자가에 달리시고 살아나셔서 일으키신 성전은 몸이지 건물이 아닌 것이다.

우리 모두가 폐위되었다 할지라도 다시 금식하고 회개하고 용서하며 울며 내 마음을 찢으면 은혜가 풍성하신 내 아버지께서는 찢어진 내 영혼도 소생시키시고 버려진 내 육체도 새롭게 하여 건강케 해주신다. 이런 거룩한 종들을 통하여 이 나라를 다시 일으키실 것이다. 권세를 주셔서 계시록 21장의 성을 우리에게 주셔서 예수님이 우리의 삶에 평안으로 오시면 이 악한 일들은 모두 사라지고 전쟁은 평화통일로 이루어져 이 나라에 아버지의 뜻이 이루어지게 될 것이다.

이 모든 것은 꿈. 환상으로 보여주신 것이다.

성령의 탄식의 시

(2014년 동성애자들의 모임을 취소시켜주세요. 이들을 위한
악법이 통과 되지 않게 해주세요. 벧엘의 온 식구가 금식하며
기도한 날)

한탄스럽도다. 하나님을 모르는 이 백성이
아! 심히 개탄스럽도다
이 땅에 큰 종들이 성경을 버리고
그 마음에서 십자가를 버린 것이

그 죄의 댓가가 얼마나 무서운가
영계의 강이 핏물로 바뀌고
그 십자가에 매달려서 구원을 외쳤던 종과 백성들이
그 핏물 속에 빠져 허우적대며 아우성치는 이 사건을

그 다리 밑에 버려 버리고 닫아 버린 성경이
벌려지며 우리를 정죄하고 심판하니
아이들 삼백 명이 바다에 빠져서 살려 달라 소리쳐도

그 누구하나 손을 쓸 수 없고 건져낼 수 없었으니

하늘이 내리는 무서운 벌을 그 누가 막을 수 있단 말인가
"하나님이 보우하사 우리나라 만세!"
하나님이 보호하시고 그분이 창조하신 이 나라 대한민국
제사장의 나라 대한민국!
어찌하여 그 십자가를 버리고
어찌하여 그분 자체이신 성경을 닫아 버렸단 말이요

무엇을 위해서 닫으셨나요

돈을 위해서인가요
자식을 위해서인가요
병이 나서 병원 가느라 닫으셨나요
맛있는 것 사먹고 외국 여행 다니며 회의 하느라고
그러셨나요

심방 다니시느라고 그러셨나요
돈이 너무 많아 쓸데 연구하지 않고
쌓아놓는 방법 연구하느라고 그러셨나요

너희가 살아 있을 때 나를 버렸으므로
나도 너희를 돌아보지 아니하시겠다는 내 아버지!
그 인자하신 분이

자신의 아들을 죽여서 사신 우리를 버리실 때는
얼마나 아프시고 얼마나 괴로우셨으면
우리를 외면 하실까요

돈이 없어 거지가 되어 세상을 떠돌아 다녀도
내 부모 내 자식이 죽어간다고 소리 질러도
죽을 때까지 돌아보지 아니하시고
내 남편이 술 먹는다고 날마다 고래고래 소리 질러 기도해도
내 아내가 바람피우니 벼락 맞아 죽게 해달라고 해도

분명히 만드신 분은 들으시고 보시고 계실 텐데
왜 묵묵부답 돌아보지 아니 하시나이까

병이 들어 다리가 썩고
눈이 보이지 않고 몸에 힘이 빠지고
암에 걸려 암덩이가 퍼져가니
아버지여! 예수님 이름으로 나을지어다
왜 성경은 되었는데 나는 안 통하나요
울부짖고 부르짖고 몸부림을 쳐도
장례식장에 붙은 영정 사진
왜 이리 젊노 저 아이의 엄마란 말인가
초등생 같아 보이는 두 아이의 엄마
맙소사 아버지 해도 너무하셔요

너희 마음에서 십자가를 빼냈고
너희 행위에서 성경이 떠났다

다윗 왕은 밧세바의 남편을 죽이고 그 아내를 취한 뒤
금식하며 회개하니
살려는 주겠으나 보응이 따르리라 하시더니
그의 아들 압살롬이 그를 대적하여
건물 꼭대기에 텐트 쳐 놓고
백주 대낮에 그 아버지의 첩들을 강간하였는데
얼마나 처참한 보응이었는가

우리의 마음에서 십자가 빼내고
세상 것 생각하고 세상 방법대로 하고
성경을 버리고
신학에서 배운 대로 선배에게 배운 대로
육신 아버지에게 배운 대로 그 할아버지에게 배운 대로
미치고 환장하고 죽겠고 지랄하고
이 땅에 예수님 오시고도 산 세월이 얼마인가

백주 대낮에 동성애자들이 거리에서
못할 일을 하고 안 해야 할 일을 한다니
압살롬은 텐트나 쳐놓고 했다는데
이들은 그냥 드러내 놓고 한다니

아 하늘이시여
아버지! 예수님! 성령님!
저희들을 용서해 주세요
저희 조상들의 죄와 저의 죄와
저의 후손들의 죄까지도 용서해 주시기를 원하나이다

다시 그 십자가 제 마음에 넣고
밥 먹으러 다니고
목욕탕 다니고
축구 족구 골프 치러 다니고
외국으로 회의하러 다니고
잘못 살았던 것 용서해주시고

성경으로 돌아가 유덕하게 형제를 사랑하며
내 입으로 악한 말을 그치며
오른 뺨 때리면 왼 뺨 열대 때렸던 것
이제는 왼 뺨 내놓고
속옷 달라하면 그 사람 겉옷까지 뺏었던 것
이제는 겉옷까지 주고
오리 가자하면 10리를 거꾸로 갔던 것
십리를 함께 가고 더 가자고 하면 이 십리라도 가주고
구하는 자에게 거절치 말라고 했는데
저는 구할 까봐 미리 죽는 소리 했는데
이제는 있는 만큼 주고

꾸고자 하는 자에게 거절하지 말라고 했는데
꾸어줄 것조차 준비하지 못했던 죄를 버리고

성경으로 돌아가겠나이다
다시 십자가를 내 가슴에 품는
하나님이 기뻐하는 금식 하겠나이다
아버지여! 용서하시고
저희와 이 나라를 돌아보시고 하감하사

병원에 우굴 거리는 환자들
모두 와서 금식하여 건강하게 살게 해주시고
자식 두고 남편 아내 두고 먼저 가는 저주를
거두어 주셔서 행복한 가정들을 꾸리게 해주시고
자식들이 정신 잃어
우울증에 정신병에 피부병에 암에
컴퓨터에 마약에 IS에 감옥에
그 부모 금식하여
저주의 구덩이에서 자식 건져내게 해주시고

나라가 위기에 있고 아픔이 있을 때는
대통령이나 정치인들에게 손가락질 욕 벼라 별
험담 하지 않게 하시고
내가 먼저 금식하고 회개하고 용서하여
하늘에 복 내가 받아 나라의 공로자 되게 하시고

저희 벧엘 가족처럼 마음과 뜻을 합하여
금식하고 기도하게 하여 주소서

벧엘의 사랑하는 종들을 보시고
노여움을 거두시고 돌아봐 주셔서
나라에 악법은 통과 되지 않게 하시고
성경의 법으로 모든 법이 통일되게 하시고
청와대부터 모든 유치원 초중고대 대학원까지
성경을 가르쳐 아름다운 성경의 인격의 소유자 되게 하셔서

날마다 이 나라와 저희 때문에
아버지 예수님 성령님께서
춤추시고 기뻐하셔서
복 비와 복 바람 복 눈만 오게 하시고
자연이 함께 춤춰
복된 나라 성경의 나라 제사장 나라
평화통일 이룬 나라
우리 하나님만 섬기는 구원의 나라
하나님이 보우하사 우리나라 만세!
사랑합니다 아버지 예수님 성령님

드디어 지은 예배당

건축 통장에 1억, 생활비 통장에 천만 원이 모이면 예배당을 지으라고 하신다. 생활비 통장은 천만 원이 넘치는데 건축통장이 9700만원에서 움직이질 않는다.

"아버지 더 이상 안 올라가요" 하니까 누가 십일조 떼어먹었단다. 전화하니까 깜짝 놀라며 준다. 어떻게 알았냐고 아버지가 모르시는 것이 어디 있겠어요. 우리 집은 이미 기적이 아닌 것이 기적이었다. 하나님께서 어디서 듣고 계시는지 모르겠는데 모두 들으시고 일하시니까 예배 때 그 얘기 하고 웃으니까 어떤 분이 100만원을 채워주셨다. 드디어 1억이 되었다.

☆ 동시에 꿈도 주셨다.

산이 모두 깎여 있다. 뾰족하긴 하지만 나를 가끔 데리고 가시는 너무나 무서운 산은 아니다. 나무나 돌이 하나도 없고 민둥산으로 깎아 놨다. 나처럼 생긴 여자 분이 엄청 능력 있게 생기셨다. 아무것도 타지 않았는데 수행원들을 데리고 쑥~올라오신다. 고개를 까닥하시니까 그곳은 박물관 하니까 제일 산꼭대기에 수염이 죽 늘어진 엄청 위엄 있는 노인이 자리를 잡고, 이

쪽은 또 뭐 저쪽은 뭐 이렇게 세 번을 머리를 까닥거려서 지시하신다.

☆ 깎여 있는 산, 나를 이렇게 깎아서 이제는 세상 것에서 멀어지게 하셨다는 것, 이때쯤에 또 꿈에 혼을 보여주시고 하루 24시간에 반을 아버지와 발을 하나로 겹쳐서 손을 똑 같이 움직이며 동행하고 있었다. 이것을 육신의 생각이 깎여서 영의 생각으로 반을 살게 되었다고 하고 에스더서에서 보면 몰약을 써서 죽였고 향품을 부치지 못한 상태를 보이시고 계셨다.

나처럼 생긴 여자분, 나의 성령님이시다. 나를 기르시고 나를 가르치시고 먹이시고 돌보시는 어머니 같으신 분이시다.

이분이 월남치마 입고 촌스럽고 절뚝발이인 나를 가르치고 만드셔서 천왕 같으신 여호와 하나님 아버지 앞에 가셔서 "폐하, 나의 딸이 이런 신약을 개발했나이다. 판매를 윤허하여 주소서" 하니까 검토하신 후 판매를 허가해 주셨는데 사람 만한 도장을 "꽝" 찍어주더라고 훈련받다 나간 분이 꿈을 꿔주고 나간 것이 2010년의 불 시험 때이다.

그 꿈을 듣고 제가 "아버지! 큰 도장을 찍어주시는 것이 뭐예요." 하니까 신명기 28:10절 말씀, 이마에 도장 찍어놓은 말씀대로 세계 만민이 너를 두려워하게 된다. "꽝" 찍으면 하늘이 울리면서 땅도 울려서 그 말씀대로 된다고 하신다. 아~멘

☆ 신약개발, 금식과 꿈·환상이 성령 충만 받는 비결이라는 것을 실험하고 그것이 사람들의 삶속에서 어떻게 역사하게 되

는지를 연구하고 결과를 발표하여, 아버지께서 이 세상에 두 가지 방법을 내놓으실 때에 세상이 놀라게 된다는 것을 여러 가지의 꿈을 통해서 말씀하시고 또 말씀하셨다.

왜 이렇게 여러 번에 걸쳐서 말씀하셨을까? 그만큼 어렵고 힘든 일이었다. 하늘에서 말씀하신 것이 무슨 뜻인지 알아들을 수가 없어서이다.

이제 이 일을 세상에 내놓아서 우리 민족과 세계를 금식과 꿈·환상으로 이끌고자 하시오니 아버지의 뜻대로 이루어지기를 원한다. 그리고 영광 받으시고 민족과 세계를 향하여 웃으시며 복 비와 복 바람을 주시기를 간절히 바라고 바라는 바이다.

* 수행원들은 천사이며 이곳에 세 가지의 일을 도와서 이루실 천사들이다.
* 박물관은 벧엘 영·서 학교이며, 가장 꼭대기에 앉으셨다는 것은 가장 높은 단계의 말씀을 주실 곳이며, 수염이 긴 분이 자리하셨다는 것은 오랫동안 가르치려 하셨으나 못 가르치신 것을 가르치시겠다는 각오이셨다. 결국은 멋지게 가르쳐 내셨으며 또 더 높은 곳을 향하여 가고 계신다.
* 하나는 아모스 예배당, 금식을 하게 하는 곳
* 하나는 복지를 말씀하고 계신다.

복지를 통하여 어려운 노인뿐만이 아니라 학생과 그 외에 도움이 필요한 여러 가지를 돌봐가면서 이 일을 수행하기를 원하셨다.

☆ 2010년 불 시험 때에 아이들의 학비 내고 나서 보니까 세 개의 어마어마한 기둥이 하늘에 닿아있었다.

아브라함도 복을 주겠다고 하시고도 아들을 제물로 바치라는 시험까지 세 번을 통과하고 믿음의 조상이 되었듯이 우리도 시시때때로 시험하시되 중요한 시험을 세 번 완전하게 치루어 합격해야 하늘의 물권을 받아 내릴 수 있는 권세자가 된다. 자신의 택정 자들에게 시험을 치루시고 합격하게 해주신다. 하고자 하는 자에게……

그 뒤 현 예배당을 지어주시고 계속 기도하게 하신 뒤에 여기까지 오게 되었다.

성령님은 말을 하지 않고 고개만 까닥여도 모두 알아듣고 제자리를 잡았다.

여호와 하나님도 예수님도 만나 뵐 때는 말씀을 하지 않으셔도 나도 그도 모두 그냥 알아들어진다.

우리 이면우 집사님을 설득하고 어려운 일을 허락해 주었다. 미안해서 도저히 그대로 지을 수 없어서 5천만 원을 주었더니 6천만 원밖에 안 남았다. 이것 가지고는 재료대도 안 되는 것을 나도 알겠다. 하지만 하라고 하셨으니 해야 한다. 판넬을 잔뜩 사다가 마당에 쌓아놓고 일이 보통 번거롭고 바쁜 것이 아니다. 밥은 송한나 목사 그때는 권사, 건축은 유만복 장로님. 모두 준비해 놓으셨고 이제 기술자 불러다가 시작해서 판넬 2장 붙이는 사이 우리가 너무 바쁘니까 두시예배 한 번 빼먹자고 말하고 났는데 바로 면사무소에서 쫓아왔다. 누군가 신고를 한 것이다. 그때 난 결심했다. "내 평생 예배시간을 가장 중요하게 생각하리라!". 어떻게 그렇게 정확하게 말하고 몇 분 안 되서 법에서 불법자를 처벌하러 온 것이다.

그 시간에 예배당은 중단되고 말았다. 시청으로 면사무소로 아무리 사정하고 알아봐도 길이 없었다. 브니엘 숙소도 부셔야 하고 이 건물도 축소시켜야 된다는 것이다. 우리로서는 할 수 없는 조건이다. 그래서 면사무소에 들려서 철거해 버리겠다고 말하러 갔는데 고추나 널어 쓰라고 말한다.

그래서 감사하다고 와서 그곳에 고추 널기 위해 포장을 쳤더니 6월 30일에 헌당예배 드리라신다. 사람들을 불러다가 헌당예배 드렸다. 철골 1500만원, 포장 120만원 도합 1620만원 짜리 헌당예배를 드린 것이다. 그때 우리의 모습은 파란 괴물 슈렉 같았다.

이미 10평짜리 예배당을 부셔버렸기 때문에 예배장소가 따로 없었다. 바닥이 이미 공구리가 되어 있어서 괜찮았다. 그곳에서 밤 기도하고 자고 있는데 내가 이불 뒤집어쓴 머리 위로 뭔가가 확 내리친다. 깜짝 놀라서 보니 밤새 비가 와서 포장에 세군데 비가 받아져서 웅덩이가 만들어져 있었고, 강대상 가까운 곳에 있던 물웅덩이가 터져서 나한테 쳐부쳐졌다. 놀라서 일어나 보니 포장 예배당 안이 아비규환이다. 놀라서 입구에 받아진 물 위로 어떻게 올라갔는지 모르게 올라가 있었다. 자던 전도사님들이 나와서 수습하는 것을 보니 나는 지붕 꼭대기에 올라가 있었다. 전도사님들의 도움을 받아 내려오니 전도사님 한분이 부억에 있는 물을 퍼내러 갔다가 미끄러져 뒤로 뺑 자빠져서 파래 져버렸다. "끌어안고 아버지 불쌍히 여겨주세요" 기도하고 방에 들어가라고 눕혀놓고 예배당 입구에 섰다. 바로 하늘의 소리가 들린다. "죽든지 짓든지 하라" "뭐 다른 것은 없나요?" "다른 것 뭐? 나가는 건 없다". "알았어요" 죽어야 한다면 짓고 죽어야지요. 그래야 누가 하든지 하지요. 이것이 한 두 번인가 땅값을 갚기로 했는데 못주는 심정도 괴롭지만 받고자 하는 사람들은 얼마나 속이 상할 것인가? 참 중간에서 이것이 보통일이 아니었다.

☆ 꿈에 이면우 집사님이 산꼭대기에서 나를 쫓아온다. 그러면 뒤돌아서서 변명하지 않고 산으로 날라 버린다. 그리고 컷이 바뀌면 산 밑에 떨어져 있고 손바닥 만한 성경들이 주위에 놓여 있는데 그것을 주으면 성경이 열린다.

☆ 처음에도 예수님이 두 계단 밑에 계신다. 많은 사람들이 예수님을 만나 뭔가를 사려고 돈을 보따리로 가지고 서 있다. 나는 제일 앞에 있긴 한데 돈이 없으니 딴전 피우고 먼 산 바라보고 있는데 예수님이 날 부르신다. "나 돈 없어요" 해도 소용없이 데리고 들어가서 옛날 책처럼 옆에가 묶여있는 A4사이즈 보다 조금 큰 책자 얇은 것을 일곱 권 정도를 주시면서 공부 열심히 하라고 하신다. "예수님 나 돈 없는데" "괜찮아 열심히 해" "네" 하고 깼다.

⋯⋗ 아버지의 은혜가 돈 없는 나에게 늘 내리고 있었다.

☆ 한번은 기름 두 병을 가지고 오셔서 하나는 국산 참기름, 하나는 미국에서 가장 비싼 올리브유란다.

"어떤 것 가질래?" 어차피 돈 없는데 비싼 것 가져야지 하고 올리브유를 택했다. 돈은 없었으나 심령을 가난하게 하는 금식은 엄청 많이 시키셨다. 거룩한 천국 저 높은 곳을 향하는 군사는 심령이 가난하지 못하면 못 올라간다(마5:3).

☆ 하나님의 은혜는 돈을 가진 사람에게도 내리겠으나 돈이 없어 늘 쩔쩔매며 하나님 기뻐하는 금식하며 하늘만 바라보는 병아리 같은 나에게도 늘 값없이 내리고 있었다.

* 올리브유, 성경의 감람유(계6:6)

시대적으로 종들에게 주시는 최고의 성령의 은혜, 처음에 우리나라에 어떤 큰 목사님에게 주셨단다. 그 목사님은 금식하지 않고 자신을 돌아보지 못하므로 지금은 하늘나라에 큰 누를 끼치는 일을 하시고 하늘에서 별 다섯 개 달아서 일을 하시는 권세자이셨으나 지금은 하늘에서 별을 떼고 평민으로 돌아가게 하신 채 회개의 때를 기다리고 계신다.

그런데 감사하게도 나중에 그분이 회개하는 것을 보았다.

얼마나 감사한 일인가? 베드로가 예수님을 버렸으나 다시 찾으셨듯이 이 나라에 하늘을 배신한 목사님들을 회개케 하시는 것을 보았다. 사랑의 하나님은 자신의 아들의 핏값들을 결코 포기하지 않으시는 은혜의 아버지시다. 그 올리브유를 지금은 이곳 벧엘에 주셔서 사랑하는 목사님들에게 은혜의 금식을 전파하게 되었다.

성령 충만 위하여 자신들의 권세를 위하여 에스더와 같은 신부들이 되게 하시려고 베푸신 놀라우신 은혜이시다.

☆ 꿈, UFO를 기다리는데 많은 사람들이 공부를 줄서서 하는데 나는 맨 앞에서 그들을 보면서 "꼭 공부 못하는 놈들은 이럴 때 공부하더라고" 빈정대면서 기다렸다.

이것은 기적을 바라는 사람들의 부류이다. 공부 못하고 제일 앞에 섰던 나는 일을 시작했다. 공부만하고 성령의 충만에 이르지 못한 분들은 사글세를 했다. 뭔지 모르지만 생각과 행동이 다른 것을 계속 체크하셨다. 뒤돌아서지 않고 그 자리에서 늘 죽음을 선택케 하셨다. 한두 번 겪은 일이 아니라서 쉽게 죽음을 선택했다. "내가 책임질 테니 지어버려" 죽기를 각오하면 못할 일이 없다. 아버지의 일이 쉬울 거라고 생각하는 사람은 늘 넘어진다. 그러나 내가 오늘 죽었다고 생각하고 한다면 못할 일이 없다. 약 200평을 죽 늘어뜨려서 화장실, 숙소, 예배당, 주방, 식당 이렇게 짓는데 참으로 두렵고 안타깝다. 누군가 금방 쳐들어와서 부숴버릴 것 같다. 신고 들어간 상태에서 지어야 한다. 그리고 그 신고한 분을 찾아가서 짓기 전에 무릎 꿇었다. 용서해주시면 좋은 이웃이 되겠다고 약 40분을 설득했다. 다시 신고가 들어가면 바로 출동한다고 했기 때문에 최소한의 일을 해야 했다.

예배당은 하루가 다르게 유만복 장로님, 기술자를 보내서 지어져 나갔다. 그런데 설계도가 내 머릿속에 있어서 3-4파트로 나뉘어서 일을 하고 있는데 그 곳은 계속 돌아다녀야 했다. 가만히 있으면 금방 잘못해버린다.

기술자는 별로 없고 생통이 봉사자였기 때문이다. 어디에 천사가 있다가 그렇게 왔는지 유만복 장로님 부부, 송한나, 김 영순 자녀와 동생 등 모두 복 받아 천대의 복이 그들의 자녀들에게 까지 임하기를 생각날 때마다 기도한다.

다리가 판넬에 찢긴다. 그런 것은 나에게 아픔꺼리도 될 수 없었다. 예배당이 지어지고 있는 것 자체가 재미있었다. 그런데 문제가 생겼다. 다리가 움직이지 않는 것이다. 하루 일과가 끝난 어느 날 설교하러 저녁에 강대상에 섰는데 왼쪽다리가 움직이지 않는다. 겨우 설교 끝내고 내려왔는데 얼마나 아픈지 디딜 수도 걸을 수도 없이 아프다.

☆ 누군가 꿈을 꾸니 리어카에 실려서 내가 나가더라고 한다. 처음에는 "내일 병원에 가 봐야지 했다.". 그런데 이렇게 기적의 현장에 책임자가 없다면 이것이 어찌 될 것인가 생각하니 앞이 아득했다. 생명을 담보하고 짓는다. 그 다음에 내가 어떻게 될 것인지는 하나님만 아신다.

나는 병원에 가지 않겠다고 다짐하고 "아버지! 고쳐주세요. 저는 병원에 갈 수 없습니다. 이 밤에 고쳐주셔서 내일 아침 기적의 현장에 있게 해주세요!" 기도 한 후 발목과 다리가 너무 아파 잠이 오질 않는다. 계속 끙끙대다가 잠이 들었다가 새벽 예배 때 일어났다.

예배당 짓는 6월에서 마무리 9월까지 성경 2독 읽었고 한 번도 강대상을 비워 본 적이 없었는데, 이 날은 방에서 잠든 날이었다. 재빨리 발을 들어보니 다리가 들렸다. 할렐루야! 영광의 날이었다. 그런데 이 다리가 겨울이 되니 시큰거리고 엉덩이 쪽이 아파서 툭툭치고 다니며 "예수 이름으로 나을 지어다." 명령했다. 궁금해서 "아버지, 왜 이렇게 아플까요?" 했더니

☆ 꿈에 내 다리 껍데기를 벗겨서 어깨에 걸쳐놓고 무엇인가를 떼어서 던져버린다. 뭐냐고 했더니 갑자기 고쳐내라고 하니까 이렇게 할 수 밖에 없어서 다시 아프다는 것이다.

그때 깨달았다. 이때는 급해서 어쩔 수 없었지만 병이 나면 천천히 고치는 것이 최고의 방법이라는 것을......

예배당도 뚜껑을 씌워 사람들이 들어가서 예배할 수 있게 되기까지 약 1개월이 걸렸다. 기적중의 기적이었다. 그리고 면사무소에서 쫓아왔고 나는 나라에 고소당했다. 그 해가 이명박 대통령께서 당선되던 해였다. 많은 분들이 애쓰셨고 많은 분들이 기도했다. 경찰에서 조사한다고 오라고 한다.

나는 자동차 딱지 뗄 때 경찰하고 만났고 경찰 친구도 있었고, 사고 났을 때도 만났다. 그런데 이렇게 만난다는 것은 형용할 수 없는 두려움과 안타까움이 교차했다.

경찰서 입구에 도착했는데 어떤 분이 전화하셔서 위로하셨는데 예수님께서 날 위로하시는 목소리로 들렸다. 눈물이 뺨을 타고 죽 흐른다. 그러나 사람이라고는 아무도 도와줄 이가 없었다. 경찰관 앞에 앉아서 취조를 받는데 나는 아무 할 말이 없어

서 미안합니다. 죄송합니다만 연발했다.

취조 중 어떤 분이 전화를 했는데 그 경찰관이 나를 보고 빙긋이 웃는다. 나를 잘 봐달라고 한 것이란다. 저는 아무도 아는 사람이 없답니다. 취조 중 그분은 천사처럼 묻고 대답하며 부드럽게 대해주었다. 사건은 검찰로 넘어가서 검사 앞으로 갔다. 변호사를 사라고 했다. "아닙니다. 저는 목사이기 때문에 예수님을 닮아서 제 변호는 제가 할 수 있습니다."

여러 가지 서류를 준비하고 뭔가를 써오란다. 내가 써가지고 갔는데 잘못 썼다고 두 번을 퇴짜 맞고 검사님이 "어휴 참 답답해라" 하시고 "받아쓰세요!" 한다. 바로 천사로 바뀌어서 불러주고 나는 받아썼다. 모든 서류가 준비되었는데 "검사님! 저 할 말 있어요" "뭔데요?" "벌금이 많이 나온다면서요" "그렇겠지요" "저는 돈이 없습니다. 저 예배당도 성도들이 돈을 내서 어려운 사람들하고 살라고 지어주셨답니다. 그러니 한 번에 끝낼 수 있는 방법으로 해주세요. 벌금을 낼 형편이 못되서요" 했더니 서류 꼭대기에다 뭐라고 쓰고선 가라고 한다. 구류를 4개월 살아야 한단다.

나는 생각했다. 내가 감옥에 가야 사도 바울이 되려나? 그런데 사도 바울은 되고 싶은데 감옥에는 가기 싫다. 죄를 졌으면 가야하는데 죄 값은 치르기가 싫다. 기도하고 기도하는데 책을 쓰라고 하셨는데 도저히 자신이 없어 미루고 있었다. 책 시작하면 감옥에는 컴퓨터가 없으니 감옥에 안 보내실 것 같았다.

6장

독수리 강 훈련, 물속과 불 속으로(사43:1-5) 공중나는 방법

너는 이제부터 사람을 지도해야 한다.

예배당 짓고 병이 나서 회복의 기간을 잠시 갖고 난 뒤 목사안수를 받으라고 하셨다. 받으려고 강도사 인준하고 준비하는 과정 때에 정신환자 5명이 들어왔다. 그 중에 한 아이가 날 보자고 해서 무슨 일인가 했더니 탁자 놓고 앉았는데, 얼굴을 가까이 보자고 해서 가까이 대니 머리를 잡아당긴다. 놓으라고 하니 한참 있다 놓는다. 왜 그러느냐고 했더니 자신의 엄마가 그렇게 했기 때문에 나한테 그렇게 한단다. "그래 앞으로는 잡아당기지 말고 말로 해라" 네 한다. 그 아이는 정신을 잃은 것뿐이 아니라 사람을 때린다. 목사안수 준비하는 과정에 맞고 또 받으러 가기 전날도 날 때렸다. 그때는 방으로 분명히 들어갔는데 몸이 사시나무 떨리듯 떨리면서 정신을 차릴 수 없었다. 그러나 아무도 도와줄 사람이 없었다. 사람은 내 방 말고 다른 방에 많이 있는데 멀리 있는데다가 내 핸드폰을 찾아 도움을 청할 수 없었다. 어떻게 했는지 기억이 나질 않는다. 그런데 죽지 않고 지금까지 살아있다.

다음날 안수하러 가는 날이다. 가는 중에 아버지께서 나한테 물으신다.

"그래도 할거니?" "뭘요?" "목사" "그걸 말이라고 하세요 어서 가십시다."하고 가서 목사안수 받고 목사가 되었다.

예배당을 지어주시고 65명이라는 식구를 함께 살라고 보내주셨다. 정신을 차리기가 어려웠다. 교회는 밖에서 70, 80넘으신 장로님 두 분, 권사님들은 몇 분 보내주셨다. 어른들은 섬겨보지 못한 나는 어찌할 바를 몰라 "장로님 저와 함께 신앙생활하려면 저를 딸같이 봐주셔야 해요" 밤새 기도하고 주일 아침 9시까지 자고 다른 사람하고 다르게 살고 있기 때문에 이해해 주셔야 한다는 것이었다. 잘 이해해주셨다.

한 지붕 및 65명의 가족이란, 세끼를 함께 먹고 살아야 하며 공부도 거의 가르쳐야 한다. 거의 24시간 원장님, 원장님, 쌀 주세요, 기름사주세요, 돈 주세요, 옷이 없어요, 학비가 없어요, 아파요 등등. oh! my GOD!(오 마이 갓)

나의 하나님 제가 어떻게 살아야 합니까?

한 번은 "왜 그래, 날더러 어떻게 하라고!" 소리를 질렀는데 밤 12시 기도자리에 와서 앉으니 "애! 네가 어떻게 하냐고 하면 어떻게 하니?" "그러면 제가 어떻게 해요" "네가 내 대신 정리해 줘야지" "꼭 해야 되요" "네가 내 대신 해야지" "나를 위해 십자가 지셔서 피 흘리시고 저를 사셨으니 제가 해야지요" 예수님 때문에 예수님 때문에 나는 꼼짝도 못해 기운도 안 세고, 보이지도 않으신 분이 왜 이렇게도 나를 꼼짝 못하게 하시는지 참으로 신기하신 분이시지요.

☆ 예배당 지을 때 꿈에 보니 지금 예배당 절반 만한 약 50평 정도 되는 돌우물이 있었다. 그 우물이 돌인데 돌이 달나라에 홈파이듯이 파여 있다. 왜 이렇게 생겼느냐고 물으니, 내 눈물이 떨어져서 파인 것이란다. 내 눈물만이었겠는가? 못 알아듣는 나 때문에 예수님은 얼마나 눈물을 흘리셨겠는가? "다투는 여인은 이어 떨어지는 물방울이니라"(잠19:13)

못 알아들어서 자꾸 딴 짓 하고 달려드는 바람에 이렇게 모진 고난의 시간이 나에게 있었던 것이다.

☆ 또 한 번은 꿈에 내가 산 중앙을 거꾸로 발로 파면서 올라간다. 발을 까딱까딱하면 흙이 파져서 자꾸 올라가는데 발이 밖으로 나가서 이제 더 이상 닿질 않으니 죽었구나 생각했는데 누가 내 발을 잡아 일으켜 세워줘서 보니까 산 꼭대기에 예수님께서 계시다가 내 발을 잡아 당겨주셔서 선 것이다.

예수님께서 웃고 계셨다. 그렇게 파서 지은 것이 지금 예배당이다.

나는 어차피 거지니까 아무런 생각 없이 땅 바닥을 기며 살았는데 아버지께서 보시는 나는 이와 같다는 것이었다.

나는 감각 없는 인생이 이미 되어 있었다. 이런 훈련 속에서 6년을 왔음에도 이 많은 식구들의 지도는 쉬운 것이 아니었다. 내 인생이 아닌 다른 사람의 인생을 만들어가게 된 것이다. 이제는 사납다 못해 장군 중에 왕 장군이 되어간다.

숙소도 완전하지 않아 주로 아이들을 데리고 들어온 사람들이 못 버티고 나간다. 어떤 집사님은 딸 하나를 데리고 왔는데

아이들을 키우기에는 너무나 열악한 상황이라 나가면서

☆ 꿈을 꿨는데, "아버지 집 주세요. 돈 주세요 했더니, 하늘에 심겨진 어마어마한 나무 하나가 있는데 그의 가지가 땅으로 내려와서 무성해 있는데 나무 원줄기에서 두 개를 잘라 주더라고 한다.

☆ 그분이 구했던 돈과 집은 너의 원장이 준비되면 준다는 것이다.

어린아이 때는 홍해도 갈라서 우리를 살려주시지만 장성하여 단단한 음식을 먹을 때가 되면 당연히 홀로서게 해야 하는 것이 부모가 할 도리이다. 이것을 육신에서도 못해내는 부모는 평생 자식을 위해서 운다. 왜, 교육을 잘못시켰기 때문이다.

개도 자신이 낳은 새끼가 젖을 떼어야 하는데 안 떨어지고 계속 먹으려 하면 물어버린다. 이것이 자연의 법칙이며 아버지의 성경이다. 하나님께서 예수님을 우리에게 보내시고 우리를 훈련시켜 능력 있는 종으로 만들고자 하시는 것이 하늘의 뜻이다. 충성되고 늠름한 개가 되어야지 비루죽 먹은 개처럼 되는 것은 하나님의 영광거리가 되지 못하기 때문이다.

그러면 나를 왜 이렇게 무섭게 기르셨을까?
큰 사람은 무섭게 훈련시켜야 되기 때문에 교관부터 무섭게 다루고 계시는 것뿐이다. 나는 그것에 대해서 지극히 잘하시고 계신다고 생각한다. 용광로를 통과해 본 사람은 용광로를 통과시킨다. 그러나 그것을 해보지 못한 사람은 하나님은 사랑이기 때문에 그런 것은 할 필요 없다고 하여 그를 쪼무래기로 만들고 만다. 벧엘의 종들은 무조건 원장보다 백배가 나은 종이 되는 것이 모토다.

우리 모두는 예수님을 따라가는 예수님의 종이요

아버지의 아들이다.

나라와 세계를 거룩하게 구원하길 원하시는 아버지의 뜻을 따라 우리 모두는 지구를 구원한다.

성령님의 지도를 따라 금식과 꿈•환상으로 공기 없는 지구에 공기 있게 하고, 거룩하게 신부 단장시켜서 예수님께서 재림하시는 오늘에 가장 많이 예수님 품에 안겨드리며, 그전에는 만나는 모든 사람을 나와 함께 천국으로 입성시킨다. 할렐루야! 성령님께서 보이신 꿈 환상의 생명의 길을 따라(행2:28)

☆ "신부" 책과 "십자가의 사랑"의 저자 김다니엘 목사가 보니까 바위에 터널을 뚫었더라고 증언했다.

얼마나 무섭게 훈련을 시키시는지 눈물겹다.

그러나 우리는 울지 않는다.

예수님도 안 우셨으니까!

☆ 다니엘 목사 : 무섭게 훈련 받고 하늘의 뜻을 음성과 꿈•환상으로 증거하고 있는 47세의 젊은 여자 목사,

아버지는 못하실 일이 없으신 것이 이렇게 하늘을 많이 보고

깊이 보는 사람이 없다는 것이다. 아름답고 능력 있게 사용하셔서 이 민족과 세계를 함께 거룩하게 구원할 계획의 일원자이다. 하늘의 음성과 예수님을 만난 이야기 십자가의 사랑을 책으로 엮었고 이번엔 "신부" 책을 썼다.

그 책을 기대한다.

다른 곳에서 똑 같이 훈련시키셨다. 다니엘 목사도 참으로 신기하고 놀라운 일이다. 모세를 미디안 광야에서 훈련시켰다가 아버지의 때가 되므로 애굽의 바로에게 보내어 이스라엘 백성을 구원해 내었듯이 때가 되어 우리를 3층의 제사장 신부학교에서 만나게 하셨다. 이 백성의 거룩한 재구원의 역사를 위하여 아버지, 예수님, 성령님은 과연 못하시는 일이 없으시다.

훈련 받다 중도에 나간 사람들은 이렇게 꿈을 꿔주고 가면 나는 그 꿈이 소망이 되어 살게 되었다.

많은 근심과 육신의 부족이 있으나 주면 주시는 대로 먹고 추우면 추운 대로 견뎌야 하며 더워서 땀이 많이 나도 장로님이 사 주신 에어컨은 한 여름에 2-3번 이상 못 틀었다. 전기세 때문에, 먹고 사는 것은 그럭저럭 농사짓고 소처럼 풀을 먹으며 산다지만 애들 학교가 문제다. 내가 낳은 아들을 비롯해서 종들의 자녀들을 가르쳐내야 하는 것이다.

밖으로 침신대, 성서대, 총신대 등 그들이 원하는 곳을 보내어 길러야 했다. 꼭 누가 책임을 준 것은 아니지만 배우고 싶은 대로 마음껏 배우지 못한 나는 젊은이는 꼭 가르쳐야 하고, 먹는 것 사달라고 하면 소리 질러도 학비 달라고 하면 당연하게 생각하는 이상하리 만치 관대해진다.

여기 가족뿐만 아니라 왔다 갔다 하는 금식자 중에서도 순종 못한 사람은 돈을 대줘가면서 순종시킨다. 나하고 무슨 상관이 있다고…. 이것이 아버지께서 기뻐하시는 일이라고 생각되기 때문이다. 내가 생각해도 신기하다. 10여년을 이렇게 했는데 어려움도 많지만 다 가르치게 하셨다.

제일 처음 내 아들이었다.

이 살림에 무슨 돈이 통장에 있을 리 없다. 내일이 등록금 날짜인데 20만원 밖에 없다. 오늘 어떤 목사님이 헐레벌떡 들어오신다. 목사님 오랜만이시라고 웬일이시냐고 했더니 자신이 오늘 안 오면 큰일 날 것 같아서 왔노라고 200만원을 주고 간다.

21일 금식하실 때 아버지께서 200만원을 헌금하라고 꿈에 말씀 하셨단다. 그런데 200만원 정도를 내셨는데 자신이 21일 보식한 비용이고 다음에 또 가져다 드리겠다면서 가신 분이 약 2년 후 아들 학비를 들고 나타난 것이다. 학비 또한 빚내서 주질 않는다. 먹는 것을 그렇게 먹듯이,

고 목사 가정의 아이들 두 명이 대학에 동시에 들어가게 되었다. 세상에서 손 털고 왔다. 하루는 고 목사가 얼굴이 하얘져서 찾아왔다. "원장님, 오늘이 마지막 날입니다." "뭐가?" "학비 융자 빼는 것이요" "그래 마음대로 하세요. 계속 빚쟁이로 살든가 아니면 내 방법대로 하든가. 본인이 선택 하세요" 힘없이 나간다. 다음날 또 왔다. 왜? "융자 안 냈습니다" 여전히 얼굴은 창백하다. 자신이 대학 공부할 때 아버지께서 돌아가신 바람에 공부

를 계속하지 못한 사람이 자신의 아이들이 공부할 때 되니 망해버린 것이다. "잘했어. 아버지가 자기 자식 가르치려면 돈 주실 거야. 기다려봐"

4명의 학비가 무려 1600만원이다. 우리 집 살림살이로 보면 엄청 큰 돈이다. 그리고 항상 만 원짜리 몇 개가 있고, 지갑이 텅텅 비어있을 때도 많기 때문에 늘 부족하다. 학생은 4명, 학비 내는 주가 5일 남았는데도 아무 소식이 없어서 다시 기도했다. "아버지, 금요일까지 내야하니까 목요일까지 주세요. 안 그러시면 보내지 말라는 것으로 생각하고 보내지 않을게요" 월요일이 되었다. 강원도에 사는 목사님이 금식하러 오셨다. 다음 날 날 보자고 하더니 내 손을 잡아끌고 자꾸 방으로 간다. 목사님 왜? "이리와 보세요" 소파에 앉더니 봉투 하나를 내놓는다. 목사님의 교회 권사님의 딸이 이곳에 와서 금식하고 소망을 얻어 공부하여 유치원 선생님이 되었다. 그 엄마 권사님이 고맙다고 십일조 500만원을 벧엘에 드려달라고 했단다. 남의 성도 십일조는 안 받는데 어떻게 하나 생각하는데 번뜩 지혜를 주셨다. "목사님! 기도하셔서 십일조 받으시고 저에게 장학금으로 주세요". 했더니 그 자리에서 기도 후 바꾸어서 장학금 전달식이 있었다.

다음 날 권사님 한 분이 전화했다. 몇 개월 전에 머리 수술해야 하는데 수술하지 않겠다고 금식하고 고쳐주시면 돈을 아버지께 드리겠다고 하시더니 고쳐졌으니 그 돈을 내겠단다. 신기하지요! 왜 지금 낼까요? 감사백배. 수요일, 목요일이 되니 모두 완성. 1800만원이 왔다. 1600만원 얘들 입학금과 학비 주고

200만원은 식구들이 기도하느라 애썼다며 맛있는 것을 모두 사다줬다.

우리 아버지 최고! 고 목사가 목사되기 전에 첫 번째 살아계신 하나님을 삶에서 만났다. 이렇게 학생들을 가르치는데 기적 같이 돈을 주신다. 예배당 짓고 2,000만원 빚진 것 2007년 12월까지 2개월 만에 모두 갚아주시고 1월이 되었는데 1월은 학비를 준비해서 내줘야 할 때이다.

기도 중에 너의 자녀들 치아를 먼저 하라고 하신다. 돈 계산을 맡고 있는 딸에게 말하니 운다. "왜 그러니?" "학비를 줘야 하는데 어떻게 치아 치료를 먼저 하느냐?"고 한다.

"애야. 아버지께서 하신다고 하실 때는 이유가 있으니까 그러시지 않겠니? 시키는 대로 해라" 눈물을 훔치는 아이를 달래서 치과로 보내서 견적을 받아오게 했다. 그러고 나니 신기하게도 치과치료도 다 해주시고, 아이들 학비도 모두 다 챙겨 주셨다. 복 딸 솔이의 믿음이 커진다. 시키는 대로 하면 된다는 것을 깨달았다. 그 후에 복 딸은 큰 믿음의 소유자로 자라고 있다. 예배당 짓고 10여 명의 목사님들이 오셔서 함께 금식하고 기도하며 예수님의 형제로 어떻게 살아야 하나님이 기뻐하는 삶을 살 수 있을까에 대해 연구하고 실천하기를 2년 가까이 하고 있었다.

불같은 시험은 큰 사람 만드는 하나님의 방법

그러던 중에 30-40억이라는 돈과 관계된 어떤 사람에 대해 기도를 하게 되었다. 내가 생각할 때는 이것은 될 수 없는 일 같다. 그러나 아버지께서는 꿈을 계속 주신다. 그때는 내가 가고자 하는 방향으로 가기 때문에 꿈을 온전히 알아보기 어렵다는 것을 깨닫기 전이었다. 그래서 꿈이 이것 같기도 하고 저것 같기도 해서 너무 헷갈리고 해석하기가 어려웠다.

그러던 어느 날 도저히 안 되겠다고 생각을 해서 기도를 했다. "예수님! 이것은 아닌 것 같아요. 저 이제 기도 그만 할래요. 그리고 사람들에게 이 일은 아니라고 말 할래요."라고 했더니,

☆ 다시 꿈을 주셨다. 방 안에 나와 예수님이 아이들과 함께 있다. "예수님! 저는 왼쪽 문으로 나갈래요."라고 말씀드렸더니 예수님께서 고개를 저으셨다. 그리고 오른쪽 문으로 가자고 하셨다. 그 오른쪽 문이 열려있었다. 내가 안을 들여다 보니, 살인 빛이 그 방에 있었다. 난 너무 무서웠다. "싫어요. 안 갈래요."라고 말했다. 그러나 어느새 예수님이 그 방문 앞에 서 계셨다. 예수님의 머리와 허리가 말처럼 길게 늘어서서 휘청거리고 계셨

다. 그 모습을 보고 "예수님이 가신 길을 나도 따라갈 거야"라고 소리치며 그 방으로 예수님의 등을 밀고 들어가 버렸다.

☆ 다시 꿈을 꾸니 내가 알몸으로 부끄럽게 서 있었다. 나는 어찌할 바를 모르고 있는데, 하늘에서 무지갯빛 치마가 내려와서 내 부끄러운 몸을 고이 감싸 주었다. 도대체 이게 무슨 꿈일까? 곧 알게 되었다.

2010년도 9-10월경에 이 30-40억에 관련된 일이 거짓이라는 것이 밝혀졌다. 그러고 나서 이곳은 쑥대밭이 되었다. 그 사건이 터졌을 때에 30-40여명의 목사님들과 성도들이 금식을 하고 있었다. 난 용서를 빌었다. 그랬더니 그들은 모두 이해해주었고 그대로 금식을 진행하고 있었다. 그런데 밤 기도 시간에 아버지께서 나 다운 회개를 하라고 명령하셨다.

나 다운 회개가 뭘까? 하고 여쭈었더니, 그 당시에 그곳에서 금식하고 있던 사람들 외에 이곳과 관련되어 있는 모든 사람들에게 알리고 회개하라는 것이었다. 그래서 말씀하신대로 핸드폰 메시지를 작성해서 약 7-800명에게 보냈다.

그러고 나니 이상한 기운이 감돌았다. 밖에서 전화가 걸려오기 시작하고 술렁이기 시작했다. 그런 거짓이 어디 있느냐는 등의 수많은 말들이 쏟아졌고, 금식하던 목사님들이 들고 일어나서 유운상 목사님과 여기서 훈련받고 있던 종들에게 다그치더니 모두 짐을 싸서 가버리셨다.

지금 생각해보면, 그렇게 까지 하신 것은 나에게 불 시험을 주시고 그것을 통과할 수 있는 기회를 주셨다는 것을 깨달았다.

그러나 그것은 말 그대로 불 시험이었다. 이 분들이 금식하시면서 내신 헌금으로 그분들도 섬기고 함께 먹고 살았는데 헌금 할 사람들이 모두 가버린 것이다. 또다시 버려진 알거지 신세가 되었다. 하늘에서 소리가 들렸다.

"뒤돌아보지 마! 앞으로 전진!"

난 소리 지를 힘도 남아 있지 않았다.

하늘의 목소리는 여전이 힘이 있고 우렁차다.

"알았어요. 가면 되잖아요"

한 달 동안 정신을 차리지 못했다. 일주일 내내 사무실에 나와서 오늘이 주일이냐고 물었다. 여기서 함께 훈련받던 종들도 눈치를 보다가 하나 둘씩 빠져나가기 시작했다.

가장 어려운 시기였다. 남아 있는 사람들이 33명이었다.

난 그들에게 물었다. "너희들은 안 가니?" 그러자, "왜 가요?"라고 오히려 반문을 했다. 아버지께서 혹하나 떼면 아무 일도 아니라고 가자고 하셨단다. 이곳을 떠난 목사님들이 여기서 훈련받는 종들에게 이곳은 이단이니 빨리 나오라고 하는 전화가 빗발쳤다. 뿐만 아니라 전화와 문자로 갖은 험담과 비방을 해댔다.

☆ 꿈에 깨진 유리조각을 마구 던지는 것이 보인다.

남아 있는 종들은 그것을 묵묵히 받아내고 있었다. 참으로 대단한 믿음의 사람들이었다. 새삼 꿈과 환상의 위력을 실감할 수 있었다. 각자 자신의 어머니이신 성령님께서 꿈을 주시니 꼼짝하지도, 꼼짝 할 수도 없었다. 외부에서 다니시던 유 목사님께 가지 않은 이유를 물었더니 "그냥 끝까지 한번 가봐야죠." 그의 부인인 배 목사님이 꿈을 많이 꾸시고 대화가 활발하시기 때문에 그대로 따라 하고 계셨다. 남아 있는 모두가 그렇게 살아계신 하나님을 만나고 있었다.

정신이 더 아롱거린 이유는 아버지께서 우리에게 말씀을 가르치셨다.

- 일을 놀이같이 놀이를 일같이 공의와 정의를 지키라
- 형제가 어려움 당하면 도와주고 형제가 잘못하면 용서하되 하나님께서 예수 그리스도 안에서 너희를 용서하심 같이 용서하라고 하신 에베소서 4장 32절 말씀을 실천하라고 날마다 입이 마르고 달게 가르치셨고 우리를 때리고 훈계하셨다.

2년을 그렇게 배웠는데 형제가 어려움을 당하니까 그대로 발로 차고 때리고 이단이라고 하고 할 말 안 할 말을 계속하는데 배운 것은 무용지물이 되고 말았다.

"아버지! 안 되잖아요 제가 이 일을 꼭 해야 합니까?"

이 민족의 저주가 인격에 있다고 말씀하시고 인격을 성경으로 고치면 저주가 끊어진다고 가르치셨는데 "안 고쳐지잖아요" 제가 잘못이 생기니까 진실이 아닌 말까지 하면서 이렇게 저를 죽이고 있잖아요. 아버지는 정책적으로 나를 죽이고 계시는데 모르는 나는 이러면 안 되잖아요 안 되잖아요 하면서 사역에 힘을 잃고 일어나지 못하고 한 달을 헤맨 것이다.

그때에 밖에서 전도사로 훈련받고 있던 오목사가 왔길래

"설교 좀 하세요" 시켜놓고 뒤에서 듣고 있었고 중국에 선교사님 중에 요섭 목사님의 간증을 누가 보냈는데 문둥병 환자랑 함께 살면서 그들의 고름을 빨아내고 다니면서 깡패들을 데리고 교회를 세우고 그들이 말을 안 들으면 문둥병 환자들 있는데 데려다 놓고 고름을 빨면 그들이 형님하고 엎드린다는 것이다. 그것이 얼마나 웃음이 나는지 웃다가 보니까 설교하는 해윤이가 원래 말하다가 잘 못해가지고 버벅 대는데 그날은 설교를 너무 잘한다. 간증 때문에 웃고 오목사가 설교 잘하는 것 때문에 동시적인 일이 벌어져서 그만 웃다가 성령 충만 받아 벌떡 일어나서 다시 시작하게 되었다.

우리 모두를 불 시험 가운데로 몰아넣으시더니 그것을 통과하게 하고 계셨다. 다니엘의 세 친구도 불 속에서 예수님 때문에 살아나왔는데 우리도 예수님께서 그 불구덩이에 함께 하셔서 모두 살아나게 해주셨다. 꿈에서 보시듯이 그 시험의 살인 빛 속으로 예수님께서 먼저 들어 가셨었다.

모든 것은 연출자이신 아버지의 작품이시다. 우리의 실수를 훈련으로 사용하시고 복 주신다. 모두 작은 그릇들이라 큰 상을 받을 크고 단단한 그릇을 만드는 작업을 하고 계셨다.

자신이 택한 그릇이 너무 무르면 불에도 넣고 물에도 집어넣고 쳐서 철을 단련하듯이 자신이 원하시는 단단한 그릇을 만들고 계신 것이었다. 그때부터 나는 정신이 바짝 들었다.

아롱아롱하고 명확하지 않던 꿈과 환상이 또렷해지고 해석을 정립할 수 있게 되었다. 이것을 토대로 '성경으로 해석하는 꿈과 환상'을 짧은 시간에 정립하여 쓸 수 있게 해주셨다.

또한 '성령 충만 받으라'의 반대편 책을 쓰라고 하셨다.

이 책이 무엇인지 알 수 없어서 여쭤봤더니 깨닫게 해주셨다. 이제까지는 우리는 말과 행동을 고치느라고 애를 쓰고 있었다. 이것이 바로 성령 충만 받는 비결이라는 것이다. 우리가 옛 구습을 버리고 말씀이 육신이 되어 예수님 닮은 새사람이 되어야 한다. 새 땅이 되어야 나에게 새로운 하늘이 열린다는 것이다.(계21:1-2) 마찬가지로, 새 포도주를 넣으려면 새 가죽부대가 되어야 하는 것이다.

순식간에 성령 충만의 반대편 책 "옛 구습을 버리고 새사람을 입으라"가 나오면서 성령 충만 받으라를 "기적의 성령 충만"으로 제목을 바꾸어서 재출판해서 세권의 책이 완성되었다. 머릿속에 세상에서 배운 것이 금강석 철필로 새겨져 있었다. 내 머리에도 마음판에도(렘17:1) 불 시험을 통해서 조상들의 우상숭배한 철장이 제거되고(계2:27, 12:5, 19:15) 나니 하늘이 또렷이 보이고 하나님께서 나에게 뭐라 말씀하시는지 확연히 알 수 있었다. 할렐루야!

나는 불 시험을 허락하시고 통과케 하시고 거기에 쓰임 받은 아들, 딸들을 지금도 사랑하며 내 아버지 예수님 성령님을 찬양한다. 나를 어차피 하늘의 비밀을 알리려는 곳에 쓰시려 하신다면 알아야 하는데 알 수 있는 길을 하늘에서 터주셨던 것이다. 할렐루야!

시험이 시작되자마자 문제가 애들 학비였다. 겨울 방학이 다 되어 가는데도 못 내고 있었다. 막막하기만 한데 기도하는 중

나에게 이천만원의 돈이 있다는 것을 알게 되었다. 건축 헌금이다. "아버지 어쩔 수 없네요. 사람 건축부터 하십시다." 하고 허락해 주시기를 구했더니 바로 음성이 들린다. 날카로운 목소리로 "너에게 해가 돼!" 나도 지지 않았다.

"해는 제가 받겠습니다. 생각해보세요. 학비 못내 학교 짤렸어요. 아이들이 아버지 앞에 언제 돌아올까요. 저는 일해 봤자 16년이구요. 이 아이들은 50년, 40년, 30년 모두 이제 20살 조금 넘은 아이들이에요. 아버지 해는 제가 받을 테니 50년짜리 받으세요" 하고 다음날 바로 돈을 찾아서 아이들 학비를 내버렸다. 또 뭐라고 호령하실지 모르기 때문에 서둘렀다.

알아듣는 것은 행복한 것이다. 고로 내 맘대로 못하고 영의 생각으로 살 수밖에 없다. 그래서 반드시 살 길이 열린다(롬 8:12,13)

☆ 꿈에 하늘에 어마어마한 세 기둥이 박혀 있고 어떤 머리가 차랑차랑한 아가씨가 이사 왔다.

아! 나는 이제 이곳에서 나가야 되는구나! 그러면 어디로 가야 하며 아이들은 어찌해야 할까? 생각하고 있는데 주일이 되었다. 불 시험 때문에 떠났던 장로님이 오셨길래 "가신 줄 알았더니 웬일이실까?" 하고 모두 예배당으로 들어갔는데 나를 보자고 하시더니 까운 가지러 오셨단다. 까운 드리고 안녕히 가시라고 인사하면서 생각하니 웃음이 나왔다. 나이가 들면은 저렇게 어린아이 같아지나 보다 다른 날도 많은데 나가신 분이 하필이면 주일에 오셔서 까운을 가져가신다니 피식 웃으며 예배당 앞에 이르니 "오늘 울지 않고 말씀 전하면 아까 그 기둥 앞에 이사 온 사람이 너다"고 하신다. 왜 울지 말라고 하실까? 아! 장로님이 하시는 일이 하도 애기 같아서 웃고 들어왔는데 주일 설교 직전 장로님의 행동이 울 일이었나 보다 하고 강대상에 올라가서 그 얘기 하면서 재미있게 말씀 전하고 내려왔다. 그래서 처녀아이가 나인 것이 중요한 것은 내가 쫓겨나지 않았기 때문이다.

야곱의 어머니가 야곱을 복 받게 하느라고 해를 자처했다(창 27:13). 그리스도께서 우리를 위하여 저주받은바 되사 우리를 위하여 해를 받으셨다(갈3:13). 아버지께서는 해를 자처해 가면서도 애들 학비를 내고자 하는 나에게 큰 상을 내려주셨다. 이 좁은 곳에서 50여명의 식구들을 데리고 너무나 비좁게 살았는데 학교 세우는 일이 나에게 가당치도 않은 일인데도 순종했더니 수련원 땅을 제공해주셔서 숨을 쉬게 해 주셨고 큰 봉사를 시작케 해 주셨다.

우리 이면우 집사님에 이어 우리 수련원 장로님께서도 벧엘 하나님의 공로자가 되셨다. 수련원만 가면 가슴이 확 트이고 숨이 시원하게 쉬어진다. 감사하신 하나님~ 에벤에셀 하나님~ "아버지, 사랑하시는 장로님 가정에 자여손 천대의 복으로 이어가게 하실 줄 믿습니다."

부족한 돈 무서운 이웃들, 날마다 마음 편할 날이 없고 나를 깍고 밀고 땡겨 하늘이 나를 콩 볶듯이 볶고 사람들의 멸시와 천대 소리들이 빗발친다.

출애굽기 14장의 이야기이다. 애굽왕 바로가 장자의 재앙으로 말미암아 이스라엘 백성들을 광야로 내보내었으나 여호와께서 바로의 마음을 완악하게 하셨으므로(8) 바로가 이스라엘 백성들을 추격하니 이스라엘 백성들이 보고 여호와께 부르짖었고 모세를 원망하기도 했다. 그때 모세가 오늘 너희를 위하여 행하시는 구원을 보라 너희가 오늘 본 애굽 사람을 영원히 다시 보지 아니하리라(13) 여호와께서 너희를 위하여 싸우시리니 너희는 가만히 있을 지니라(14)

이스라엘 백성들을 추격하게 하고 부르짖게 하신 아버지께서는 그날 홍해를 갈라 백성들을 건너게 하시고 애굽의 왕과 병거들은 홍해바다에 수장해 버렸다. 놀라우신 역사하심을 위해서는 역사할 수밖에 없는 기도가 필요하신 것이다.

우리 민족도 금식하며 부르짖을 수밖에 없는 사연을 주신 것을 부르짖고 금식하고 부르짖고 계속하라는 것이다. 그러면 내가 너희를 구원해주시겠다는 성경이 오늘 인용한 출애굽한 이스라엘 백성들과 우리를 비교해 봐도 틀린 것이 하나도 없다.

우리에게도 동일하게 역사하셨다. 우리로 하여금 눈물 흘리며 기도할 수밖에 없는 사연들을 계속 만들어 주셔서 기도하고 만나기를 거듭하며 아버지의 뜻을 이루어드릴 만한 능력과 유덕과 말씀을 가질 수 있게 하시고

"너희가 부르짖으면 내가 크고 비밀한 일을 보이리라"(렘 33:3) "너희가 부르짖으면 내가 여기 있다 하리라"(사58:9)

기도하며 부르짖는 것하고 금식하며 부르짖는 것은 전혀 달랐다. 내가 하나님과 예수님 성령님을 많이 만난 것은 성경이었

다. 금식할 때 부르짖으면 "아가야! 나 여기 있다" 하고 나타나셨다.

우리 외손자 솔몬이가 뱃속에서 악한 것이 침투하여 아이를 없애야 한다고 병원하고 엄마하고 싸움이 나고 갑자기 집안이 멍멍해졌다. 막달 찬 아이를 지우라니 말도 안 되는 소리를 병원에서 하는데 어떻게 해야 할지 앞이 막막했다. 12시 기도시간이다.

"아버지! 이게 무슨 말씀이신지요. 제가 아무리 부족해도 아버지의 은혜아래 날마다 예수님하고 함께 산다고 소문이 다 나있는데 제 외손자가 언청이가 태어났다고 생각해 보세요. 이 기도원을 과연 운영할 수 있을까요? 저는 못합니다. 세상에 사람의 말이 신빙성이 있어야지 거짓말을 해서는 안 되는 것이지요."

사 58:12절 "네게서 날 자들이 오래 황폐된 곳들을 다시 세울 것이며""이 말씀을 저에게 너의 후손들이 지도자가 되고 훌륭하게 되어서 아버지께 영광 돌린다고 가르치셨는데 지금에 와서 제 외손자가 태어나는데 잘못된 아이가 났다고 생각해 보세요. 제가 이 일을 그만둬야 하는 것이지요. 어떻게 하시겠어요. 고쳐주세요?"

말이 떨어지기가 무섭게 환상이 나타나면서 예수님께서 오셨다. 이마에 땀방울이 방울방울 맺혀 있다. 씩 웃으시면서 "힘들었어 다 고쳐났어"하신다 "세상에 감사드려요. 감사드려요." 얼마나 꽃미남이 태어났는지 모른다. 우리 친손자 다윗은 장군이요. 우리 외손자 솔몬이는 꽃미남이다. 얼마나 예쁘고 사랑스러운지 그것은 나만 아는 것이 아니라 우리 벧엘의 모든 식구들이 다 안다.

울며 애통하고 부르짖고 때로는 졸고 자고 꼬구라지고 이곳의 15년의 생활은 어떻게 지나가는지도 모른다. 얼마나 바쁘고 얼마나 행복한지 힘들고 어렵지만 아버지께서 살아계셔서 이렇게 만나주시는데 어떻게 행복하지 않을 수 있단 말인가? 기도만 하는 만남하고 금식하는 만남이 다른 것이다.

불같은 시험도 불같은 삶도 우리로 하여금 기도하면 하늘에서 들으시고 역사하시겠다는 싸인인 것이다.

정신병원 보고 가만히 안 있듯이 거지들을 보고도 가만히 안 있는다. 그런데 거지를 거지라고 진실을 말하는데 거지는 속이 상한다.

그것은 우리를 갈고 닦게 하는 기도의 훈련

책망을 받는 훈련

책망하고 나무라는 자를 사랑하는 훈련

나를 때리는 데도 그를 그 앞에서 사랑하는 훈련으로 때리는 그를 뒤에서도 사랑하는 훈련

계속 갈고 닦으며 하늘을 향하여 부르짖고 울며

이 민족과 우리를 구원해주시기를 기도하고 기도하고 금식하며 기도했다.

그랬더니 하늘이 때가 차매 우리를 불속에서 꺼내주시고

이제는 사랑하는 아버지의 손길이 복 바람과 복 비로 사랑하

는 자들을 보내주셔서 그것이 선물인 것을 감사하며 가게 하시는 놀라운 사건이 생긴다.

나라가 이제는 우리의 금식과 기도로 거룩해지면 모든 문제 해결 된다. 이곳 벧엘이 라마라욧과(삼상19:23) 같이 구별된 성령 충만을 채우는 곳이 있게 되었기 때문이다.

성령의 물로 보면 너무나 거룩하고 깨끗한 수정같이 맑은 물이 있는 곳이요(요3:1-5, 계22:1-2)

성령을 기름으로 보면(마25:1-12)

한 달에 한 번씩 금식하여 기름을 예비하는 곳이요

기름을 채우는 주유소와 같은 곳으로

세계에서 하나 있는 귀한 금식기도원으로 세워 주셨다.

이곳의 사랑하는 50여 명의 종들은 하나같이 순종하고 꿈. 환상으로 말씀하시면 즉각 순종하는 아름다운 사람들이 살아가는 곳이 되었다. 아버지 보시기에 눈에 넣어도 아프지 않는 아버지의 눈동자가 머무는 곳이 되었다.

불 같은 시험과 우리의 가난과 환난이 우리로 하여금 금식하게 하시고 금식기도원 벧엘을 세우는 원동력이 되게 하셔서 영광 받으신다. 할렐루야!

"여호와께서 그가 보려고 돌이켜 오는 것을 보신지라 하나님이 떨기나무 가운데서 그를 불러 이르시되 모세야 모세야 하시매 그가 이르되 내가 여기 있나이다 하나님이 이르시되 이리로 가까이 오지 말라 네가 선 곳은 거룩한 땅이니 네 발에서 신을 벗으라"(출3:4-5)

거룩한 곳으로 부르셔서 모세와 대화 하셨듯이

벧엘을 거룩하게 만들어서 하나님과 사람이 대화하는 곳을 만드시려고, 모세에게 거룩한 땅이니 네 신을 벗으라신 아버지께서 우리는 못 벗으니까 벗기는 방법이 금식이요 꿈. 환상이요 불이요 아픔이었다.

"고난당한 것이 내게 유익이라 내가 주의 율례를 배우게 되었나이다"(시119:75)

고난당하고 아픔당하며 주의 율례를 배워 거룩한 사람이 되어 아버지 앞에 사명을 감당하게 되었다.

훈련. 이웃 사랑하는 법, 마5:38-42

오른뺨 때리면 왼뺨을 내 놓아라. 왜 그렇게 해야 해요?
성경이 하라니까!

겉옷 달라고 하면 속옷까지 주라. 나 입고 살기도 어려운데 왜
줘야 하냐니까 성경이 주라고 하니까!

오리 가자고 하면 십리를 가주라. 왜 그래야 해요? 바쁜 세상
에 미쳤나? 성경이 하라니까!

달라고 하는 자에게 거절하지 말라. 뺏어 먹어도 시원찮은 판
국에 뭘 줍니까. 콩도 반쪽 나누어 먹고 콩 하나 다 달라고 하면
주라. 참내 성경은 왜 이리 이상한 걸 가르치는지? 왜 내 옷(행
위)을 줘야 해요? 내 행위가 잘못되었다고 말하면 싸우고 화내
야지. 왜 내 속옷까지 다 뒤져서 고치라고 하시니 이게 뭡니까?

그런데 하나님은 얼마나 고집이 쎄신지! 그렇지 않으면 복 안
주신다네요. 될 때까지 안 주신다네요. 10평짜리 예배당에 있을
때에 그 강대상 4년 만에 사주신 것. 그 앞을 떠나면 죽는 줄 알
고 낮에는 눈코 뜰 새 없이 바쁘고 넘어지지 않게 눈 잘 뜨고 다
니고, 밤이 되면 그곳을 못 떠나서 밤새 꺼덕거리고 앉아서 기
도하다 새벽예배 끝나면 추우나 더우나 그 자리를 못 비운다.

아침에도 그곳에서 잠시 눈을 부친다. 감기가 365일 떨어지질 않는다.

하루는 기도 중, 방에 들어가서 자거라. 옆에 붙은 1.5평짜리 방이 있는데 너무 추워서 이곳이나 저곳이나 뭐가 다를까마는 이불을 들고 오지 말고 그곳에 깔아놓고 기도하고 아침에 가서 누우라는 것이다. 추워도 나는 강대상 뒤가 내 방이고 공부방이고 기도자리인데 가기 싫어 2-3일 못가고 있다가 그래도 순종해야지 하고 가서 누우니 밖에서 돌을 굴리는 소리가 난다. 시끄럽지 하고 들어가라는 귀신들의 장난이다.

나도 대응한다. "시끄럽다. 예수님이 여기서 자라면 잘거야" 하고 누우니 내 얼굴 위에서 활짝 웃는 예수님의 얼굴. "예수님!" "봐, 네가 가는 곳, 네가 있는 곳에 내가 있잖아" 방긋 웃으시며 멘트 던지고 가시면 성경이 줄줄줄 열려서 재미있다. 훈련된 대로 살게 놔두지 않고 새롭게 훈련하라고 하신다.

어려운 사람들하고 사는 훈련이 어렵고 힘들다. 사람은 어려운 사람이나 병든 사람이나 모두 같다. 자기한테 잘하면 좋은 것이고 잘못하면 사람이 사라진다. 만만한 사람은 더하다.

나는 그동안 어렵고 힘든 사람들하고 살면서 제멋대로 하고 살았다. 말하고 싶은 대로 말을 했다. 어차피 잃어버릴 것이 없는 사람들이기 때문에 꿈을 꾸고 나타나신 아버지 예수님 성령님의 웃는 모습, 화내는 모습, 사랑해주시는 모습을 뵈면서 나도 그대로 따라서 흉내를 내보면서 위로 받고 사랑받아가면서 주께서 주시는 소망을 가지고 재미있게 살 수 있다. 그러다보니 평안해지고 사람을 대처하며 누가 뭐라고 해도 그것이 내 잘못이라고 인정만 하면 행복해지는 오늘을 살 수 있다. 이 진리가 사람을 얼마나 복되게 하고 평안케 하는지…….

웃음의 훈련을 계속하여 웃는 얼굴에 침 못 뱉게 바리게이트를 치면 재미있어진다.

그냥 아무것도 없는 거지가 죄 부자에서 심령이 가난해지면 땅에 부자로 바뀐다 하시니 그때까지 바보처럼 희죽 웃으면 되었다.

그런데 나에게 뭔가 주고 나에게 돈도 좀 갖다 줘서 삶을 부요케 할 수 있는 분들을 섬기는 것은 전혀 달랐다. 마음속을 몰랐으면 좋겠는데 어떤지 보이고 자존심 상해 미리 그를 쳐버리고 싶던지 만나기 싫다고 만나지 말던지 해버리고 싶은 마음이 앞서기 때문에 주의 종이 부자에게 다가가기 어렵고 많이 배우고 삶에 자유하는 분들과 사귀기가 쉽지 않다는 것을 알게 됐다. 그래서 그런 분들도 역으로 이용해서 섬겨 보게 하셨고 사랑스럽게 살 수 있는 길을 열어주셨다.

훈련이란?

내가 해보지 않는 것. 잘못하고 욕 얻어먹었던 일들을 성경에 맞추어 유덕하게 말하고 행동하는 것을 연습하여 이런 사람 저런 사람들을 행복하게 섬겨 그와 함께 천국에 가는 것, 땅에서도 천국 같은 생활을 하게 하는 것이 주의 종의 훈련이며 목적이 되어야 한다는 것이다.

깨달으며 4권에 책에 나왔듯이 금식하여 나의 육을 죽이고 하나님의 성경에 맞춰 위로 하나님 사랑 아래로 이웃사랑을 실천

해야 하는 방법을 터득하고 그것을 가르치며 살아야 한다.

예수님은 자신에게 오는 사람을 백성이나 제자나 그의 환경에 맞추어 때로는 살려주고 치료해주며 제자들을 가르치셔서 자신의 일을 대행케 하셨다.

세 제자는 따로 변화산에 데리고 가셔서 더욱더 깊은 하늘나라를 보여주시기도 하셨다.

나도 종으로서 그가 사랑하시는 그들을 그렇게 해야 하고 그렇게 배워야 하는 것이다. 예수님처럼.......

율법주의자 : 율법을 가지고 판단 정죄하는 것이요

복음주의자 : 율법을 가지고 보니 잘못했으나 허물을 덮는다. 그리고 기도하고 훈계 책망하여 바르게 고쳐주는 것이다.

가장 가까운 이웃 남편과 아내 사랑

미련한 남자는 자기 집안 세운다고 아내를 가르친다.

지혜로운 남편은 자기 집안 세우느라고 아내를 사랑한다.

사랑 : 그의 말을 귀히 여겨 들어주고 참고하며 위로한다.

미련한 아내는 소리만 크고(잠19:13, 21:9, 25;24, 27:25)

지혜로운 아내는 유덕하다(잠11:16).

7장

깊은 물과 높은 산은
금식, 꿈·환상과 함께 오른다

깊은 물과 높은 산은
금식과 꿈 · 환상과 함께 오른다

영 · 서 학교,
영혼을 거룩하게 씻는 금식 학교

(레26:2, 벧전1:16)

(영적인 문제를 서책 즉 성경에 의해서 배우고 가르치는 삼층
천의 제사장 신부 학교)

3층(고후12:1) 제사장(롬15:16, 벧전2:9)

예수님 앞에 정결한 처녀로 중매쟁이 학교.(고후11:2)

2011년 불 같은 시험 다음해부터 자꾸 학교를 시작하라신다.
학교? 내가 못 배워서 가르치기를 좋아하긴 하지만 대학 문턱
구경도 못한 사람한테 신학대학을 세우라니 마음이 무겁고 착
잡해서 도저히 뭐라 말할 수도 없는 지경이다.

그런데 불순종하거나 쓸데없는 말을 하면 나만 손해라서 "아
버지! 그럼 저를 천천히 이끌어 주세요" "그래, 내가 끄는 데로
따라 오거라!" 꿈에 박사들이 입는 검고 번쩍한 옷을 입고 빨간
꾸구리를 달았는데 내 것은 세상에서 보기 드문 것이었다. 박사
였다.

학교를 세우는데 교수가 누구인가 바로 나였다. 앞이 캄캄했
다. 원래 무식하면 용감하다. 이제 교수 지원서를 함께 있는 몇
분에게 받았는데 모두 유학에 성악 교수, 목회학 박사, 히브리

헬라어 박사다. 그런데 나도 쓰라고 부원장 정민 목사가 가져왔는데 원망스러운 눈초리로 바라보면서 "꼭 나도 써야 돼? 내가 원장인데" "원장님도 쓰셔야 되요". "알았어". 남의 것을 보니 기가 죽어서 쓸래야 쓸 것도 없지만 40일 금식자하고 3일 금식자의 허전한 차이라고 할까? 3일 금식도 엄청 힘든데 옆에서 40일을 하고 있으니 나는 나름대로 사느라고 허우적대며 사는데 박사들 틈에서 뛰어봤자 노동판이지. 이름 쓰고 아무것도 쓸 것이 없어서

"하나님으로서는 다 하시느니라"(눅18:27) 성경을 써냈다. 하나님이 아니면 아무것도 할 수 없는 고백이다.

그러나 하나님만 계시면 못할 일이 없다. 이제까지도 그랬고 앞으로도 나와 내 자손이 이 말씀을 가지고 행복하게 살 것이다. 밖에 학교 다니고 있는 학생들을 모아서 20-30명쯤 되게 공부를 시작했는데 무엇을 가르칠지 몰라서 내가 아는 성경과 꿈·환상 해석을 가르치기 시작했다. 처음에는 신학생과 목사님들과 함께 공부했는데 약 2년쯤 지나서

- 월요반은 새로운 학생들
- 목요반은 전도사. 목사. 사모반으로 분리했다.

기도원에서 처음 시작했으나 아버지의 놀라우신 은혜로 수련원 장로님 가정을 통하여 수련원 건물을 학교로 사용 허락해 주셨다. 순종하면 못할 것이 없으신 하나님. 오늘 구하고 오늘 어렵다. 그러나 오늘 행복한 날이 온다. 하도 바삐 뛰어다니고 있

는 나를 보고 사람들은 얼마나 힘드냐고 묻는다.

그러나 얼마나 행복하냐고 물으셔야 한다.

불순종의 때에는 가난하고 병들고 가정이 깨지고 내 자녀들은 순종하지 않았다. 부모가 부모답지 못했기 때문이다. 그런데 순종했더니 없던 것이 나타났다. 땅이 나타났고 집도 나타났다. 돈도 나타났고 건강도 나타났다. 그리고 제일 신나는 것은 하나님 예수님 성령님이 나를 보호하시고 사랑해 주시는 것이 나타난다.

자연도 내 말을 엄청 잘 들어준다. 윗 땅 사장님이 이곳은 다른 곳에 비가 한 번 안 와도 흩뿌리듯이 뿌리고 지나가는 비가 잦았단다. 작년 봄 가뭄에도 나만 아는 줄 알았더니 사람들도 안다. 그거 다 나 때문이라고 하니까 우리 박사장님은 나도 원장님하고 같이 살아야겠다고 한다.

눈이 밤새 많이 온다고 뉴스가 나와도 눈 오는 양을 보고 있다가 이 정도면 해갈이 되었겠다 싶으면 "아버지 이제 됐어요. 더 이상 오면 판넬 집 위험합니다." 하면 조금 후에 바로 진눈개비 내리고 끝난다. 우리 식구들이 다 안다.

"아버지, 저희는 일이 많아서 낮에 비가 오면 어려우니 밤에 오든가 예배 시간에 오게 해주세요" 했더니 90% 그렇게 하신다. 하나님의 사랑이 삶의 기적으로 나타나 우리 모두를 놀라게 한다. 가르치신 대로 그대로 따라했더니 물이 포도주 되는 기적이라(요2:1-11). 하나님의 사랑이 눈에 보인다.

하늘에서 소리가 들린다. "야! 이 개새끼야!" "누구야?" "나다". "왜 또 그러세요?". 조금 전에 저 위에 얄미운 목사네 개한테 개새끼라고 소리치는 내 목소리를 들으시고 나무라고 계시는 것이다. "내가 왜 개새끼예요. 쟤가 개새끼지". "네가 그를 보고 개새끼라고 말만 하면 무조건 네가 개새끼야" "왜 그러세요?" 소리쳐도 소용없다.

내 말을 고치려고 하시는 말씀이라는 것을 안다.

"알았어요. 안 하면 되잖아요". 그래야 조용해지신다.

신학을 5개월 공부하다 왔다. 하루는 어떤 교수님이 꿈을 써오라고 해서 그림으로 그려다주었다. 그곳에다 몇 백평짜리 몇 개, 연못 뭐 이런 것을 그려가지고 평당 *250해서 얼마 얼마 얼마 2-3개 써왔더니 이분이 글씨로 A4에다 써온 사람 것은 읽어보고 아무 소리 안 하시더니 금액 적고 내년부터 10년에 이룬다. 이렇게 그려놓은 것을 보더니 "여러분! 꿈은 안 이뤄지는 것 아시지요?" 한다. "오 마이 갓!" 이제 나가라 하신다.

학장님께서 성령론 하실 때 삼위일체를 가르쳐 주셨는데 한 번도 알아듣지 못한 것이 알아졌었다. 아마 가르칠 것을 다 가르쳤다고 생각하셨는지 달달 볶이다가 결국은 한 달 만에 나올 수밖에 없었다.

하루는 하나님 아버지께서 "이제 너하고 안 논다". "왜 그러세요?".

"못 알아들어서" 뭔가 가르치는데 못 알아듣는 나.

"맘대로 하세요! 이제 부끄러워 세상 가서 벌어먹을 수도 빌어먹을 수도 없으니 그만 데려 가세요" 하고 강대상 뒤에 벌떡 누우니 갑자기 옆에서 소리가 난다.

"얼른 일어나 앉아!" 깜짝 놀라 일어나 앉으니 내가 말하는 건지 내 속에 성령께서 하셨는지 나는 알 수 없었다.

"그러면 계약을 다시 하십시다. 아버지가 가르쳐 주시는 것은 무조건 순종. 못 가르쳐 주신 것은 아버지 탓이에요". "좋아". 그리고 못 알아듣는다고 2010년의 불 시험이 생긴 것이다. 이유는 나는 대도시로 가고 싶은데 너는 왜 중소도시로 가려고 하냐는 것이 이유였다. 그것이 무슨 말씀인가 했더니 "나는 큰 예배당 짓고 싶은데 너는 왜 작은 것 지으려고 하냐?"는 것이다. 생각해보세요. 내 주제를 알아야지 어떻게 큰 것을 생각할 수 있단 말인가요. 어처구니가 없어서 "그러면 어떻게 하라구요." 자세히 말씀해 보시라고 했더니 고 목사가 꿈을 꿨는데 앉아있는 이 자리의 4배란다. 세상에, 여러분이라면 이해가 되세요? 뒤로 넘어지는 줄 알았어요.

예전에 어떤 분이 3천명 들어가는 예배당 꿈꿔서 3천명 들어가는 줄 알았지 이것을 어떻게 큰 예배당으로 알아듣겠어요. 계약은 했는데 나 죽을 재계약이 이루어졌던 것이다.

얼마나 못 알아들었으면 불 같은 시험을 만들어서 통과케 하셨겠는가. 육신의 생각은 사망이요. 영의 생각은 생명과 평안이니라(롬6:6).

육신의 생각이 사망인줄 알지만 그것이 육신의 생각인지 어떻게 알 수 있나요. 이렇게 나타나 주셨답니다.

순종이 이렇게 복 받는 것이랍니다. 순종이 제사보다 낫고 숫양의 기름보다 낫다고 하지 않았는가? 얼마나 행복한지!

우리가 주의 종을 어떻게 합니까? 그 상태로는 못하지요.

그러니까 교육을 받아야지요. 제가 교육 받아서 학교 세우니 밖에서 들어와서 우리 집 교수가 될 수가 없어요.

바로 하늘에서 받아서 날마다 가르치니 말이에요. 얼마나 신나는지요. 하늘의 음성과 하늘의 만나, 아침에 일어나면 들리는 소리. 하늘나라 백배 백배,

예배당에서 "천국은 마치 밭에 감추인 보화"라고 노래하면 "천국은 망치 때려 부시는 망치"라고 하시면서 망치(말씀)로 이 민족에 내리는 저주의 인격을 때려 부시라고 망치 하나 큰 것 하늘에서 내려주셨다. 그래서 우리는 고친다.

"할렐루야 주의 나라가 눈먼 자는 눈을 뜨며 저는 자는 걷게 되리~ 나는 선포하리 만왕의 왕 예수 주의 나라(여기!) 임하셨네" 이 노래가 얼마나 좋은지. 설교 전에 부르고 또 부르고 지금도 계속 부르고 앞으로도 계속 부를 것 같다. 그랬더니 하늘에서 "여기!"하며 가슴에 손을 대란다. 복이 누구의 것이라고 내 것. 이렇게 하라고 가르치신다.

중요한 말씀들은 아침에 일어날 때 주로 하신다.

"군대로 모집해!" 애들 아버지 데려 올 때에 얼마나 얼마나 많은 음성과 우레 소리와 호랑이 포효 소리를 들었는가?

순종은 하늘의 소리와 함께 이 땅에서 행복하게 사는 길이다. 세상에서 왕비가 되고 왕이 된다 할지라도 나는 밭 메고 풀 메

며 아버지의 나라 머슴으로 살 거예요. 높은 자, 낮은 자, 건강한 자, 병든 자, 선지자와 선지자 제자와 제자 우리끼리도 잘하고 (마10:43-) 어려운 이웃에게도 잘하고 불신자도 구원해 가면서 하늘나라를 확장하여 아버지께서 사랑하시는 예수님께서 그리고 나의 어머니 성령께서 이 땅에서도 왕이 되고 마음껏 활보하시고 우리를 통치하시며 지배하셔서 전쟁을 없이 해주시고 우리의 눈물을 닦아 주시며 나는 그의 딸이 되고 그는 나의 하나님 아버지가 되셔서 이 땅에서도 행복한 웃음을 웃고 내 생명 다하는 그날 천국에 가는 이 행복, 생각만 해도 가슴이 시큰거리며 웃음이 나오는 "천국" 나는 그곳에 간다. 내 민족과 내 아는 모든 자들과 함께 할렐루야!

영혼을 거룩하게 씻는 금식학교

월 1회 1일–3일의 금식을 하는 것

금식은 다윗의 손에 들린 물매돌과 같다. 다섯 개 중에 한 개 사용 그 물매 돌로 골리앗을 잡았듯이 하나님 기뻐하는 금식은 (사58:6) 흉악의 결박자 골리앗 같은 사마귀 잡는 것, 모두 해결 된다.

돈, 건강, 자녀, 가정의 문제들이(레26:1-12) 하늘의 자동문을 여는 열쇠가 금식인 것이다.

기도 : 부르짖으라. 그리하면 네가 알지 못하는 크고 비밀한 일을 보이리라(렘33:2,3)

금식 : 부르짖으라. 내가 여기 있다 하리라(사58:9)

· 기도하여 보여주셨다면 금식하여 하나님 만나서 하늘 문이 열린다.

* 나의 삶에서 기도했을 때

나는 기도로 하나님과 대화했다. 보이진 않았지만 집 준다고 하시고 일주일 만에 집도 주셨다. 그리고 많은 날들을 고통하고 아팠던 결혼생활 때문에 돈이 없고 건강이 약해지면서 밤12시 기도를 많이 했다. 그런데 하나님은 내가 달라는 돈도 건강도 남편의 술도 끊어주지 않고 불만 던졌다. 데굴데굴...

하늘은 왜 내가 달라는 것은 안 주고 자꾸 불만 던지는지 불만이 가득했다. 나중에 알게 되었다. 불 던져 내 인격 속에 삶 속에 가득한 귀신을 쫓아내려고 하셨다는 것을 "우리 하나님은 소멸하는 불이심이라"(히12:29)

* 나의 삶에서 금식이 시작되었을 때에

이혼하고 망하고 나니 화가 나고 짜증나고, 사람들이 나만 혼내는 것도 그렇고 거기다 먹을 것까지 없으니 얼마나 자존심상하고, 내가 없었으면 좋겠는데 있으니 이 일을 어찌할 수 없어서 금식을 했다.

10일, 21일, 30일, 7일, 5일, 3일, 1일, 18년 동안 했다.

처음에는 먹여주셨다. 나중에는 신기한 일들이 일어나기 시작했다. 땅이 생기고 사람이 생기고 아이들이 달라지고 남편이 돌아오고 모든 것이 창조되고 있었다.

하나님은 창세기 1장에서 세상을 창조하고 계셨다.

"땅이 혼돈하고 공허하며 흑암이 깊음 위에 있고 하나님의 영은 수면 위에 운행하시니라"(창1:2) "하나님이 빛이 있으라 하시니 빛이 있으니라"(창1:3)

많은 금식을 하면서 깨닫게 되었다.

나의 삶이 혼돈하고 공허하며 흑암이 깊음 위에 있을 때에 빛이 있게 하는 방법이 금식이라는 것을……

그리고 하나님을 많이 만난 것은 당연한 것이다(사58:9).

자살도 두 번이나 하러 갔다. 그러나 실행에 옮기지 못했다. 그곳은 한강이었다. 추워서 안 되겠다고 돌아왔다.

그런데 나의 삶은 재창조되고 있었다.

남편은 이제 술은 안 먹고 목사가 되었으며 아들과 딸은 나랑 함께 살아준다.

내 하는 일을 모두 따라서 하나님을 섬기고 사람들을 섬긴다.

생각해도 기특하다.

손자손녀들도 모두 사랑해주고 너무나 어여쁘다.

그러면서 우리 엄마처럼 천복을 받은 사람은 없다고 자기들끼리 말한다. 요즘 자식들이 누가 살아 주냐는 것이다.

나의 건강은 모두 좋아졌고 또 안 좋은 곳이 생기면 치료해 주신다.

모두 재창조된 놀라운 복으로 사랑하는 나의 예수님을 믿는 나에게 영광 돌릴 수 있는 길을 열어주신 것이다.

"빛이 하나님 보시기에 좋았더라"(창1:3)

나의 삶이 금식으로 말미암아 하나님 보시기에 좋은 가정과 사역이 되었다. 할렐루야!

마태복음 6장의 성도의 네가지 의무가 있다.

첫째, 마6:2-4, 구제(전도 문제)

둘째, 마6:5-15, 기도

셋째, 마6:16-18, 금식

넷째, 마6:19-34, 헌금문제

이 중에 우리가 첫째, 둘째, 넷째 세 가지는 너무 잘 한다.
그런데 세 번째의 금식을 빼먹고 있었던 것이다.

"대저 나는 여호와 네 하나님이요. 이스라엘의 거룩한 이요
네 구원자임이라. 내가 애굽을 너의 속량물로, 구스와 스바를
너를 대신하여 주었노라" (사43:3)

위의 말씀으로 보아도 여호와 하나님은 거룩하신 분이시기
때문에 거룩한 자에게 복을(구원, 영육) 준다는 것이다.
그래서 우리는 금식하여 내 영혼을 깨끗이 씻으면 영육간에
복을 받게 된다.

금식하는 학교

금식을 하게 하는 학교

금식으로 삶을 재창조하는 학교를 세우게 해 주셨다.

깊은 물과 높은 산은
금식과 꿈·환상과 함께 오른다

하나님 기뻐하는 금식하는 방법(사58:1-12)

(성령 충만 받는 방법 중의 하나)

1. 하지 말아야 할 것 두 가지(사58:3)

① 일하지 않는다(레16:31, 23:28).

② 오락하지 않는다.

2. 해야 할 두가지(사58:4)

① 회개한다(렘2:9).

② 용서한다(마5:22-26, 6:14-15, 18:18).

3. 준비된 금식기도원에서 금식과 보식을 정확히 한다.

① 금식 : 수술기간

② 보식 : 회복기간

③ 은사집회를 통하여 성령과 불로 세례 받는다(마3:11).

　　(*은사집회 시간 : 금요일 오후 1시)

4. 아버지께서 원하시는 보식 기간 (사58:6)

1) 금식기간 : 하루(보식 두 끼). 이틀(보식 하루 반). 삼일(보식
이틀 반)

241

2) 보식 때 먹지 않아야 되는 음식

① 개고기(행15:29-, 돼지고기, 닭고기, 소고기, 오리고기, 육류)

② 설탕 든 음식, 냉동음식, 매운 것, 익히지 않은 음식, 익히지 않은 가루음식, 밥, 밀가루 음식

3) 보식 때 먹을 수 있는 음식

① 아무것도 넣지 않은 흰죽

② 된장국, 무국, 동치미, 부드러운 반찬, 부드러운 생선류, 과일 부드러운 것

③ 금식 때나 보식 때나 약을 먹지 않는다.

5. 하나님이 싫어하시는 금식

1) 금식하지 않아야 할 장소

① 집

② 교회(수술이기 때문에 교회에서 할 수 없다. 교회는 약국, 금식기도원은 병원으로 하늘에서 말씀하신다. 수술은 병원에서 하기 때문이다)

③ 일하면서(사58:3)

④ 이곳저곳 돌아다니면서

⑤ 주의 종이 설교하면서

⑥ 아침금식을 일하면서 계속하는 것, 큰일 날 금식 건강을 망친다.

이미 많은 분들이 당했다.

2) 금식할 때 먹지 않아야 할 것

① 물 외에 아무것도 먹지 않는다. ② 물에 아무것도 첨가하지 않는다.

③ 쥬스, 소고기, 미음종류, 차종류, 음식이나 가루음식이나 아무것도 물에 타서 먹지 않는다(마4;1-, 예수님께서도 무엇인가 잡수셨다는 흔적이 없고 물도 마시지 않았다고 하신다. 우리는 물만 먹고 하면 된다)

④ 주사 맞고 금식하지 않는다(어떤 곳에서는 주사를 맞추어 가면서 40일씩 금식하는 곳이 있다고 들었고 그곳에서 금식하다 53살에 죽은 목사를 봤다. 그렇게 금식시키는 종들을 이단들의 괴수라고 보여 주셨다)

⑤ 하나님은 그대로(창6:22, 요2:5) 따라하는 사람에게 기적을 일으키신다.

6. 하나님 기뻐하는 금식은 내 영혼을 거룩하게 씻어(요삼1:2) 나를 새롭게 만들고(새가죽 부대, 마9:17) 내 삶을 새롭게 만들어 새 하늘을 나에게 오게 하는 최고의 비결이다(계21:1).

7. 돈문제, 건강문제, 자식문제, 가정문제, 사역문제가 모두 해결된다(사58:7-12).

8. 다달이 2-3일씩 3년 정도 금식하면 조상들의 우상 숭배한 죄 값의 저주가(세상 말 팔자) 풀린다(출20:5).

9. 금식할 때가 된 때

① 신랑을 빼앗겼을 때(막2:20), 삶이 안 될 때

② 성령 충만이 나에게 없다고 생각될 때(마25:1-13) 곤고할 때

③ 육체의 힘이 떨어질 때(엡5:18) 세상 술에 취해서 성령이 고갈되었을 때이다.

* 위와 같이 금식하면 삶과 함께 성령 충만을 받게 된다.

  성령님은 천국에 주인이시다.

  그래서 영육의 삶이 잘되어서 죽어서 천국, 살아도 천국을 살게 된다.

금식에 실패한 100명 중의 10명

1. 하나님 기뻐하는 회개와 용서는 뒷전으로 놔두고 밥만 굶으면서 육신의 필요만 달라고 하는 굶식(사58:3,4)

2. 교회에서 집에서 일하면서 목사님들 설교하면서 준비되지 않는 기도원에서 하는 것(예수님에 대한 말씀만 전하고 회개를 촉구하지 않는 곳)

3. 병의 경우 너무 늦어서 금식도 소용이 없는 경우, 미리 미리 금식하시면 병 안들어요

* 병든 사람이 금식하면 98명이 고침 받고 2명은 병원에서 고침 받을 수 있다.

금식하지 않으면 98명이 병원에서 그리고 2명은 기도해서 낫는다.

저주를 풀지 못하면 병은 나았으나 삶은 그대로이다. 금식하면 삶도 병도 함께 좋아진다. 인격도 공의롭고 정의롭지(암 5:24) 못한 행위도 고쳐진다. 그의 죄의 근원자인 사탄, 마귀, 귀신이 나가기 때문이다.

학교를 세우신 이유

천여 명의 목사님들과 많은 백성 중 장성 자들을 만나다 보니 자신이 모두 신부요 제사장이라고 한다. 내가 배운 영계하고는 너무나 거리가 멀다.

사람의 사는 이치를 봐도 에스더가 왕의 아내로서 왕비가 되면서 누리는 권세를 봐야 한다. 그런데 집도 없고 가정도 깨지고 아프고 자신도 먹고 살지 못해서 전전긍긍하면서 은사 받아서 병고치고 기도해주러 다니고 삼백만원 가지고 오면 문제 해결해준다는 수두룩한 많은 종들이 자신들이 신부요 제사장이라고 한다. 이것은 맞지 않다.

구약의 제사장은 백성들 중앙에 성을 짓고 그들이 주는 십일조와 헌물을 창고에 넣어(신14:22-) 부요한 권세를 가지고 백성들을 치리하게 해주셨다.

그런데 예수님께서 이 땅에 오시고 만인제사장이라는 이름하에 성령의 인도와 성령의 충만을 갖지 못하고, 자신의 삶을 잃어버리고 있는 많은 목사님들과 장성 자들이 와서 마치 자신이 제사장이요 신부라고 말하고 있었다.

그들의 인품과 삶은 성경을 무색하게 하고 예수님을 비하할 수밖에 없는 상황이다. 그런데 어떻게 저런 분들이 신부요 제사장이라면(신부를 제사장이라고 한다) 예수님의 권세와 능력을 뭐라고 정의를 해야 할지 암담하기만 했다.

성령께서 그 분야에 대해서 성경을 가지고 꿈·환상으로 가르치기 시작하면서 계시록의 제사장 신부가 나타나기 시작했다. 모든 계시록의 연구가 예수님 재림 전후로 해석되었다. 그런데 성경을 해석하고 살아온 우리의 삶이 피폐해졌고 이 땅에서 신부와 제사장이 왜 필요한지에 대해서도 알 필요도 알아야 할 이유도 없이 말만하는 이상한 성경과 영계, 삶으로 연계되지 못하는 이상한 일들이 일어나고 있다는 것을 알게 되었다.

지금의 나라 안팎의 현상은 말씀을 가르치는 사람들이 말씀을 삶으로 연계하지 못하고 말씀만을 가르치므로 하나님의 진노가 나라와 백성에게 내렸는데 그것이 전쟁이며 신천지며 이단이며 wcc며 악법이며 동성애라는 것을 모르는 사람이 있겠는가 모르셨다면 지금 아시길 원한다.

말세의 증상이라고 말하지 말라. 말세를 부른 것이 우리의 행위요 영혼이 더러워져서 하나님의 뜻을 알지 못하는데 있는 것이다. 하늘과 땅은 통일(엡1:10) 되어 있다고 했는데 통일시키지 못하고 자신들이 제사장이며 신부라고 말하고 다니면서 세상 술에 취하여 지혜를 잃은 사람들이 어떻게 거룩한 하나님의 복을 받기를 원하는가? 아버지께서 얼마나 답답하시면 잘나고 똑똑한 분들을 그렇게 많이 배출했음에도 나 같은 사람을 택해서 이 말을 할 수밖에 없으셨는가에 대해서 부끄럽게 생각해야 한다.

사도 바울이 셋째 하늘(고후12:2)을 보셨다. 그렇다면 땅에도 셋째 하늘이 있다는 것이다. 알고 보니 삼층산이 있었다.

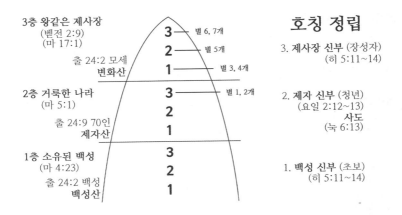

이 산은 1층은 예수님께서 백성을 가르치고 고치셨던 곳이요 (마4;23-25외) 2층은 산에 오르시니 제자들이 따라와서 배웠던 장소요(마5:1-) 3층은 예수님께서 변화산에 세 제자들을 (마17:1-) 데리고 올라가셨던 산이다.

이 산의 층의 설명을 베드로 사도께서 벧전2:9절에서 말씀하셨다. 저희는 택한 족속이요 왕 같은 제사장들이요 거룩한 나라요 그의 소유된 백성이니......

왕 같은 제사장, 같은 이라는 말씀은 예수님의 신부로서의 왕, 왕비라는 뜻, 3층.

거룩한 나라요 어린아이의 시절을 지나 산을 찾고 예수님을 찾고 금식하고 싶어 하는 장성한 자(히5:14) 단단한 음식을 먹을 수 있게 의의 말씀을 경험한 자, 2층.

아직 의의 말씀을 경험하지 못하고 단단한 음식을 먹지 못하는 어린아이와 같은 자들(히5:13)은 1층이라고 가르쳐 주셨다.

사도 바울께서 보신 것과 베드로 사도께서 말씀하신 것을 종합해서 가르치신 영계의 층수이다.

출애굽기 24장에도 모세의 예가 있다.

24:2, 모세만 올라오라!

24:8 "모세가 그 피를 가지고 백성에게 뿌리며 이르되 이는 여호와께서 이 모든 말씀에 대하여 너희와 세우신 언약의 피니라"

피와 말씀의 언약을 가지고 70인이 산에 올랐다.

24:11 "하나님이 이스라엘 자손들의 존귀한 자들에게 손을 대지 아니하셨고 그들은 하나님을 뵙고 먹고 마셨더라"

계6:6하 "감람유와 포도주는 해치 말라 하더라"

하나님께서 존귀하게 여기는 자는 자신이 내 것이라고 택한 자(사43:4). 예수 그리스도를 믿어 성령을 모시고 감람유와 포도주같이 성령의 기름과(마25;1-11) 물이(요3:1-5) 깨끗하고 충만한 자(계6:6). 모세 때와 같이 피와 말씀의 언약으로 깨끗하게 된 자들이 하나님의 음성을 들으며 뵙고 먹고 마실 수 있다(출애굽기 24장 말씀은 박영우 목사님께서 가르쳐 주셨다).

하나님이 기뻐하는 금식은(사58:6) 일하지 않고 오락하지 않는 것이며(사58:3) 안식 중에 안식을(레16:29-34, 23:26- 32) 제사장들의 금식과 백성들의 금식을 설명하실 때에 안식을 취하지 않으면 백성 중에서 끊어버린다고 말씀하고 계신다.

* 성경에 나팔을 보면

  전쟁 때에, 양각나팔(수6:4-20)

  일곱 나팔, 재앙 때(계8:2-)

  일곱째 나팔, 온전한 그리스도의 나라가 되었다고 할 때에

  (계11:15)

  금식해야 하는 대 속죄일에(레25:9)

  금식을 선포할 때에(레23:24, 사58:1)

* 지금도 중요할 때에 하늘에서 나팔을 부신다.

  심판하실 때, 복 주실 때에, 중요한 지시 하실 때, 이 나팔은 하늘의 목소리를 들려주시고 호랑이 포효소리로, 때로는 날카로운 음성으로, 때로는 위로하는 목소리로, 때로는 너무나 슬픈 음성을 통하여, 이것이 나팔인 것을 증명한다.

  고전14:8 "만일 나팔이 분명하지 못하는 소리를 내면 누가 전투를 준비하리요"

  목소리를 부는 나팔 대신 사용하고 계신 말씀이다.

  즉 금식복음을 전하는 사58:1절의 "네 목소리를 나팔같이 날려"

* 18년을 금식하게 하셨고 종들과 백성들에게 금식을 전하게 하셨는데 나에게 금 나팔을 선물로 주셨다. 그 나팔을 이제 이 민족의 큰 종들과 백성들을 향하여 불게 하신다.

"여러분 금식하세요! 나라와 내 가정과 교회가 행복하여 웃으며 살게 된답니다."

우리가 하나님께서 기뻐하는 금식을 통과하지 못하고 제사장이 되면 지금 우리나라의 현상 같은 현상이 또 나타나고 만다. 엄격한 훈련과 영계를 배워서 머리에만 넣을 것이 아니라 아주 혼에 새겨서 그대로 따라하고 그대로 움직이는 것이 습관 되어 있지 아니하면 와스디와 같이 폐위되는 사건이 벌어질 때에 우리나라의 악한 현상과 같이 예수님을 부인하고 아무종교에도 구원이 있다고 말하는 사람을 보게 되는 일이 벌어지고 만다.

이 일들을 바르게 잡으려면 이런 영계부터 자세히 알아야 한다. 말만 가지고 되는 것이 아니라 내가 신부다운 행위가 있어야 된다. "우리가 즐거워하며 크게 기뻐하며 그에게 영광을 돌리세 어린 양의 혼인 기약이 이르렀고 그의 아내가 자신을 준비하였으므로 그에게 빛나고 깨끗한 세마포 옷을 입도록 허락하셨으므로 이 세마포 옷은 성도들의 옳은 행실이로다(계19:7-8) 왜 이 성경을 예수님 오신 곳에다 모두 붙여가지고 우리의 삶의 행위를 내 맘대로 해도 되는 것처럼 만들었냐는 것이다.

예수님 오시면 우리가 가면 되지 왜 지금부터 오시라고 부르는 행위를 하느냐는 것이다. 오시라고 한다고 오십니까? 오실 날짜는 아버지만 아십니다.

연구하시는 분들이 거룩하지 못한 현상이 나타나는 것만 보고 말하는 것이다. 그것이 나의 행위며 나의 죄악이다. 성경을 연구하십니까? 그것은 아닙니다. 우리가 죄 중에 있기 때문에 이런 현상이 나타난다고 아무리 꿈을 꾸게 하고 환상을 보게 하고 선지자를 보내어 말씀하셔도 우리는 예수님 빨리 내려오시라고 소리 지릅니다. 그런 시간에 금식하고 기도하여 "아버지 제가 예수님 오시면 만날 수 있나요?" 물어야 되는 것 아닌가요? 모두 들림 받을 것처럼 생각하시지만 미안한데 아니거든요. 모두 한 번도 묻지 않고 자신이 생각하는 것이 옳다고 마음으로 응답받고 자신의 머리에서 응답받고 있는데 이 말씀을 두려워해야 합니다.

사울이 묻지 아니하므로 그의 나라를 빼앗겼고 묻고 행한 다윗에게 주었다(대상10:14). 자기 마음대로 예언하는 자에게 말하기를 "너희는 여호와의 말씀을 들으라. 주 여호와의 말씀에 본 것이 없이 자기 심령을 따라 예언하는 어리석은 선지자에게 화가 있을 진저 이스엘아! 너의 선지자들은 황무지에 있는 여우 같으니라..."(겔13;1-)

우리의 예언과 마음의 말들이 우리나라와 삶을 황무지로 만들지 않았나요. 내가 생각하는 것이 하나님의 것이요. 내가 말하는 것이 하나님의 것이라고 누가 말하셨나요. 우리의 삶을 보고 우리가 말해야 되지 않나요. 말만하면 되요. 왜 우리의 더럽고 추하고 안 되는 삶이 십자가 때문이라고 거짓말 하시나요. 버려지고 황폐해버린 우리의 삶을 바르게 하시려고(사58:12) 오셨는데 황폐가 없어지는 것이 아니라 왜 더할까요. 크~게 되었을까요. 생각해보고 생각해봐야 하지 않을까요. 그리고 금식하며 통회하고 자복하며 애써야 되는 것이 아닐까요.

예수님께서 말씀하십니다.

"너희들이 나를 불러 내리려하느냐 너희들이 아무리 나를 불러도 나는 나의 때에 가지 네가 부른다고 안 간다. 부르지 말고 회개하고 금식하라. 내가 원하는 것을 너희들이 거룩하여 내가 갈 때 만나는 것이고 오늘 너희들이 행복하게 잘되어서 사는 것이니라"(고전3;17)

진실로 제사장 신부가 되고 싶으시다면 에스더를 생각하셔야 합니다.

에스더는 이방 여인으로서 바벨론에서 위기에 처한 자신의 백성들을 구원한 우리에게 예표가 되는 신부입니다. 우리도 신부가 되면 나와 내 가정은 물론이고 내 나라까지 가슴에 품고 울며 애통하며 금식하는 그런 사람이라는 것을 말해줍니다. 백성들과 함께 죽게 된 나라를 그 신부가 백성과 함께 삼일 금식하고 그 나라를 구원하여 부림절을 만들어냈어요. 우리도 지금 처해 있는 나라의 위기를 에스더와 같이 함께 금식하고 애통하며 옷을 찢지 말고 가슴을 찢고 아주 혼을 고쳐 나쁜 습관을 고쳐야 합니다.

죽겠다, 미치겠다, 환장하겠다, 지랄하네 등 부정적인 나의 말과 행동을 고치는 몰약을 쓰고 아름다운 향품을 부쳐(아름다운 행위와 섬김, 에2:12) 기한이 차면 제사장 신부되어 에스더와 같이 살게 된다.

왕 같은 제사장이라면 이러한 거룩한 일을 해야 하지 않겠느냐는 것입니다. 얼마나 가슴이 아프시면 이런 일을 이 땅에서 하라고 나 같은 사람을 불러서 제사장 신부학교를 만들었겠어요. 사도 바울께서 봐 놓으신 것, 베드로 사도께서 말씀하셨던 것을 전체를 싸잡아서 어떻게 만인이 제사장이라고 말합니까? 엄연히 제사장은 따로 정해져 있었고 우리도 엄연히 정해진 지도자들이 제사장이 되어서 백성들을 돌봐주고 영계를 받아서 아름답게 하늘의 복을 받도록 도와줘야 하고 그들도 함께 죽어서도 천국가고 예수님 오시면 들림 받을 수 있게 해야 하는 것 아닐까요.

예수님 곧 오신다고 말씀하고 계시는 당신은 정말 들림 받으실 수 있으신가요. 예수님께서 웃으십니다. 제발 부탁인데 우리 그러지 말고 제사장되고 신부되기 위해서 하나님이 기뻐하는 금식하여 나를 끊어버리신다는 말씀이 나에게서 벗어나게 하는 일부터 먼저 해야 하지 않을까요(레23:26-32).

* 저희 학교는
첫째, 금식을 하지 않겠다고 하면 받지 않습니다.
둘째, 꿈 · 환상으로 응답을 받지 않겠다고 하면 받지 않습니다.
셋째, 옛 구습을 버리지 않겠다고 하면 받지 않습니다.
넷째, 성경을 날마다 40장을 읽지 않겠다고 하면 받지 않습니다.
다섯째, 밤 12시 기도의 씨름을 하지 않겠다고 하면 받지 않습니다.

우리의 아름다운 행위가 아니면 제사장 신부는 허락자체를 아니하신다는 것이 계시록 19장 7-8절의 말씀입니다.

이런 행위를 묵과하고 말만 가르치고 다른 책만 가르치는 신학교들에 대해서 경고하시며 안타까워하시며 앞으로 어떻게 할 것인가를 방향제시까지 하신 꿈을 주셨습니다.

성경을 가르치지 않고 성경의 행위를 가르치지 않고 공부만 잘하면 되는 걸로 가르치는 학교, 우리는 이제 바꾸어야 하고 변해야 합니다.

(하늘에서 내려다 본 군사동향)

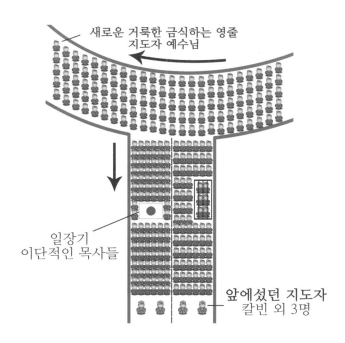

학교 때문에 못한다고는 말 못하고 끙끙 앓고 있던

☆ 어느 날 주신 꿈이다. 하늘에서 내려다보고 있는데 군사들

이 땅에 가득하다. 하늘에서 소리가 들리기를 "하나 둘" 하니까 땅의 군사들이 "셋 넷"하고 움직인다. 또 한 번 "하나 둘" 하니까 "셋 넷"하는데 2번 쪽의 군사 중에 철장(교단)에 묶여 힘을 잃어버린 목사들, 교단의 철장은 이미 부셔져 있었다. 앞으로 이런 교단 없어진다.

뒤에 따라오는 젊은이들이 다리가 휘청거려서 일어나지 못하고 있었고 점점 이 줄이 사라지는 현상을 보여 주셨다.

아래쪽의 반은 일장기가 또렷이 보인다. 너무나 많은 종들이 밀집해 있으나 앞으로 신학교가 거의 사라진다. 그리고 위쪽의 새로운 군사, 금식하는 거룩한 군사의 수는 많지 않은데 앞에 지도자가 없다. 지도자는 예수님이시다.

우리가 이렇게 많은 군사들이(딤후2:3-) 에스더처럼 금식하고 기도하면 어찌 힘을 잃겠는가? 성령 충만 받으라고 하면서 금식을 하지도 않고 가르치지도 않으니 학생들이 어떻게 알아서 하겠는가? 학교도 모두 넘어가서 이제는 모두 만인 제사장설을 넘어서 만인 종교구원을 외치는 신학교와 교수님들이 되셨으니 정말 어처구니없는 일이다.

이런 학교에서 어떻게 교수 노릇하느냐고 예수님이 기뻐하시겠느냐고 하니까 밥 벌어먹고 살아야 하니까 조용히 하라고 하셨다니 예수님의 피눈물이 십자가의 피가 다시 솟구칠 수밖에 없는 일이다. 모두는 아니시겠으나 모두 그곳에 있으면 그럴 수밖에요. 얼마나 안타까우시면 나 같은 사람에게 학교를 세우되 무식한 학교를 세우라고 하셨겠어요.

서울대, 연세대, 이화여대 나와서 목사를 해도 여전히 삶은 고통과 아픔 속에서 살아나지 못하는 것은 그것이 성령 충만 받는 방법이 아니요 하나님을 기쁘시게 해드리는 방법이 아니기 때문에 그런 것이다.

이제는 우리가 옷을 찢지 말고 가슴을 찢으며 니느웨 사람들처럼 회개하고 용서하고 울면 하나님께서 우리를 어찌 용서해 주시지 않겠어요. 하나님의 나라는 말에 있는 것이 아니라 능력에 있다고 하셨으니 이 책을 읽는 모든 분들은 하나님이 기뻐하시는 금식을 즉각 할 수 있는 능력을 허락하실 줄 믿습니다. 백성들은 금식하여 거룩한 복 받아 잘되고 목사님들은 금식하여 제사장 신부되어 삶이 잘되고 평안한 복음을 전하게 되시기를 예수 이름으로 축복합니다.

"원하건데 너희는 나의 좀 어리석은 것을 용납하라 청하건데 나를 용납하라 내가 하나님의 열심으로 너희를 위하여 열심 내노니 내가 너희를 정결한 처녀로 한 남편인 그리스도께 드리려고 중매함이로다",(고후11:1,2)

* 만인 제사장이라고 생각하는 것을 굳이 해석을 해본다면 1층천, 2층천, 3층천의 산을 나누어 볼 수 있다.

예수님의 신부로 말을 한다면 농부의 아내가 있는가 하면 공무원의 아내가 있다. 공무원의 아내도 몇 급의 아내냐에 따라서 월급이 달라진다. 고위 공무원이 있는가 하면 하급 공무원도 있다. 군인도 작대기 하나짜리가 있는가 하면 제대하는 병장도 있고 별을 다는 장군도 있다.

이 모든 사람들은 하는 일도 다르고 월급도 다르듯이 하늘나라 군사(목사)에게도(딤후2;4) 계급이 있어야 하고 백성에게는 별을 달 수 없다는 것이 땅을 보고 하늘을 보면 알 수 있다. 평범한 아내와 남편인 것이다.

요한복음 3장 1-5절까지를 비유해서 본다면 하늘나라를 보는 거듭남이 있고 물과 성령으로 거듭남이 있어 하늘나라에 들어가는 자가 있듯이 이것은 자연의 이치이며 하나님이 만드신 지구의 이치이다.

만인 제사장이라는 말 안에 뭉떵 거려서 이렇게 혼잡한 영계를 가지면 안 되는 것이다. 너무나 많은 것들이 뭉떵 그려져서 우리를 혼잡하게 했으나 이제는 이것을 정상으로 펴서 위아래가 있어야 하고 부모와 자식을 구분해야 하고(목사와 성도, 목자와 양) 제사장 신부와 평민의 신부도 구분이 되어줘야 영계의 질서를 잡을 수 있다.

3층의 제사장 신부되는 법
(벧전2:9, 왕 같은 제사장)

1. 어떻게 별의 숫자와 단계가 올라갈 수 있을까?

(충수마다 1, 2, 3단계로 나뉘어서 우리를 훈련시키는 하늘을 대처해야 한다)

이 땅에 예수님을 믿고 성령을 선물로 받아 성장해 나가면서 자신의 행위를 아름답게 하고 성령의 충만을 입어 일곱 교회의 회개에 이르러 이기는 자가 되면 신부라고 한다.

그러나 그 신부 또한 단계가 있다. 1, 2, 3층의 이렇게 된 사람을 만인 신부라고 부른다. 그러나 1, 2층의 신부도 모두 신부가 아니다. 신부감이지 신부가 된 것은 아니다. 신부 조건은 아름다운 행위자라야 한다(계19:7-8).

3층이 별 3개부터 시작되는데 이러한 사람을 왕 같은 제사장(벧전2:9)이라 한다. 여기에 '같은 이'의 뜻은 에스더와 같은 신부를 설명하고 있다. 그래서 3층 신부는 권세 있는 제사장 신부라고 부른다. 이 뜻은 지도자 곧 목사가 되어야 한다는 뜻이다.

2. 신부 분별법

* 내가 꿈·환상으로 본다... 이것은 대통령께서 나를 불러 너를
  앞으로 별 다는 신부로 만들어준다는 약속이다.
* 다른 사람이 꿈•환상으로 본다... 이것은 이제 확정되어 신문
  이나 방송에 나온 것과 같이 광고하는 것이다. 그러면 되었
  다고 확정한다. 이때에 부부 말고 다른 사람이 꿈•환상으로
  봐주어야 한다
* 계1:20절의 예수님 오른 손의 일곱별의 비밀이다.
  이 말씀을 인용하여 영계의 별의 최고의 단계는 일곱 개이다.

  일곱 교회, 이기는 자에게 주시는 상이 있다. 회개하기를 원하
는 일을 회개하면 상을 받을 때에 별의 숫자가 올라간다.

3. 분별의 방법이 되는 일곱 교회

1. 에베소 교회(계1:7)
  1) 이겨야 할 회개거리
  첫 사랑을 버렸느니라. 어디서 떨어졌는지 생각하라. 네 촛
대를 옮기리라
  2) 이기면 주시는 상급
  하나님의 낙원에 있는 생명나무의 열매를 먹게 하리라
* 생명나무 열매 : 성령께서 충만으로 내주하셔서 예수 그리

스도 안에서 의의 열매를 삶에 가진 자가 되게 해주시는 것
* 열매, 삶이 잘되는 것(빌1:11)

2. 서머나 교회(계2:10)

1) 이겨야 할 회개거리

장차 받을 고난에 두려워 말라

십일의 시험... 죽도록 충성하라

* 십일 : 완전한 시험, 제일 큰 시험지 아내와 남편, 오늘 나에게
  보내어진 모든 사람들
* 사랑과 진실과 생명으로 합격해야 한다.

2) 이기면 주시는 상급

생명의 관 주리라. 둘째 사망의 해를 받지 아니하리라

* 생명의 관, 삶을 살아 있게(잘되게) 해주시는 것
* 관 : 면류관(엡6:17) 구원의 투구 사람을 금으로 만드는 말씀을
  주신다는 것.
  거기에 맞게 훈련시켜 주신다는 것.(말3:1-)
* 둘째사망, 잘되었다. 다시 망하는 것을 면하게 해주겠다.

3. 버가모 교회

1) 이겨야 할 회개거리

발람의 교훈 : 우상의 제물을 먹게 하고 행음하게 하는 것

니골라당의 교훈 : 무 율법주의자 영이 구원받았으니 육은 마
음대로 살아도 된다는 것

2) 이기는 자에게 주시는 상급

감추었던 만나를 주고

흰 돌.... 돌 위에 새 이름을 기록 한다.

흰 돌 : 금식하여 거룩한 자에게 주시는 믿음, 새로운 삶의 터전 위에 내 이름을 새겨주신다는 것

4. 두아디라 교회

1) 이겨야 할 회개거리

이세벨 용납

종들을 꾀어 행음하게 하고 우상제물을 먹게 하였다.

2) 이기는 자에게 주시는 상급

만국을 다스리는 철장권세(계12:5, 19:15)

철장 : 예수님께서 갖고 계시는 철 몽둥이(계12:5, 19:15)

5. 사데 교회

1) 이겨야 할 회개거리

행위가 죽었다. 죽게 된 것을 굳게 하라

2) 이기는 자에게 주시는 상급

생명책에서 지우지 아니하고 그 이름을 하나님 앞과 천사들 앞에서 시인하리라(구원, 롬10:10)

시인 : 자랑해주시겠다는 것

6. 빌라델비아 교회

1) 작은 능력을 가지고 내 말을 지켰은즉 내 이름을 배반하지

아니하였다.
* 거짓말쟁이, 그때에 제사장과 서기관 바리새인들처럼 거짓
  말하는 사람들을 말함
2) 이기는 자의 상급
성전 기둥이 되게 하겠다. 하나님께로부터 내려오는 새예루
살렘의 이름과 나의 새 이름을 그이 위에 기록하리라

7. 라오디게아 교회
1) 이겨야 하는 회개 : 차든지 뜨겁든지
2) 이기는 자에게 주시는 상급
내 보좌에 앉게 해 주겠다. 큰 사람이 되게 해주겠다.

* 예수님의 십자가는 우리의 원죄를 해결해 주셨다.
갈3:13 "그리스도께서 우리를 위하여 저주 받은바 되사 율법
의 저주에서 우리를 속량하셨으니 기록된바 나무에 달린 자 마
다 저주 아래 있는 자라 하였으니"
* 위의 말씀에 원죄의 저주 속량이라는 것을 받침해주는 말씀
  이 아래의 말씀이다.
히9:15 "이로 말미암아 그는 새 언약 때에 범한 죄에서 속량
하려고 죽으사 부르심을 입은 자로 하여금 영원한 기업의 약속
을 얻게 하려 하심이라
* 더욱 확실하게 받쳐줄 수 있는 말씀이 아래의 말씀이다.
요13:10 "예수께서 이르시되 이미 목욕한 자는 발밖에 씻을 필요가
없느니라. 온 몸이 깨끗하니라. 너희가 깨끗하나 다는 아니니라.

1. 목욕은 원죄의 저주에서 속량되었다는 말씀이시다.

2. 발 닦는 것은 자범죄를 말하는 것으로서 발을 날마다 닦듯이 우리는 회개하고 고쳐내야 한다는 것이요

3. 너희가 깨끗하나 다는 아니라는 것은 아무리 예수를 믿어도 다시 죄를 짓는 것은 원죄를 속량하신 예수님의 은혜에서 제외된다는 것이다. 가룟 유다처럼

계2:15 "이와 같이 네게도 니골라당의 교훈을 지키는 자들이 있도다"

에베소 교회와 버가모 교회에 침투한 이단이다. 하나님을 믿은 후에 아무 행동을 해도 죄가 되지 않는다는 주장이다. 도덕 폐기론과 무율법주의자이다. 그런데 그때만 있는 것이 아니라 지금도 현존하고 있다는 것을 알게 되었다.

위의 말씀들은 예수님의 십자가의 보혈의 은혜 아래 있어도 원죄를 속량하셨으므로 우리는 천국갈 수 있다. 그러나 마태복음 3장 2절에서 "회개하라 천국이 가까이 왔느니라" 발을 닦듯이 회개해야 한다는 것을 증명하는 말씀이다.

회개하고 고치고 일곱교회 통과하고 성경의 아름다운 행동을 가질 때 신부가 될 수 있는 것이다.

계19:7,8 "우리가 즐거워하고 크게 기뻐하며 그에게 영광을 돌리세 어린 양의 혼인기약이 이르렀고 그의 아내가 자신을 준비하였으므로 그에게 빛나고 깨끗한 세마포 옷을 입도록 허락하였으니 이 세마포 옷은 성도들의 옳은 행실이로다 하더라"

계21:1-3 "또 내가 새 하늘과 새 땅을 보니 처음 하늘과 처음

땅이 없어졌고 바다도 다시 있지 않더라 또 내가 보매 거룩한 성 예루살렘이 하나님께로부터 하늘에서 내려오니 그 준비한 것이 신부가 남편을 위하여 단장한 것 같더라"

신부가 행위를 아름답게 하지 않고 순종하지 않으면 에스더와 같은 신부가 나지 않는다는 이야기다. 나라와 민족을 살리는 에스더는 그의 왕에게 순종하고 아름다운 행위자였다.

원죄와 자범죄를 분리한다면 우리는 아름다운 행위로 아름다운 반석 집과 새 가죽 부대와 새 땅을 만들어 하늘의 복을 받을 수 있는 신부의 자리에 갈 수 있다. 할렐루야!

* 이 사역을 맡은 나는 사도 바울처럼 행복하다. 눈물의 선지자 예레미야 그의 세대에 회개치 않으므로 바벨론으로 끌려갔다. 그러나 우리는 하나님 기뻐하는 금식으로(사58:6) 회개하고 용서하여 북한의 내 동포를 총칼을 들이대지 않고도 평화 통일로 끌어안을 수 있는 방법이요 주변국들은 작은 이 나라에 돈 빌리러 올 것이고 세계의 경제의 돈줄을 거머쥐게 되어 이 나라가 세계에 우리 하나님이 하셨노라고 말하게 될 것이다. 그 때에 내 하나님이 우리의 눈물을 닦아 주시고 슬픔과 애통이 변하여 희락의 날이 되게 할 것이요 성령과 신부가 말씀하시기를(계22:17) 세계의 거민들아 목마르거든 와서 하나님 기뻐하시는 금식해보시라 다윗족속에게 열린 샘이(금식) 있으니 와서 죄와 더러움을 씻고 우상의 이름을 끊어 기억도 되지 못하게 하고 거짓 선지자와 더러운 귀신들도 쫓아내어(슥13:1-2) 거룩하고 복된 나라들을 만들어 행복

한 삶을 하나님 앞에서 누려보시지 않겠는가?

☆ 재앙만을 예언하고 그 재앙이 어떻게 하면 넘어가는지를 모르는 예언자들 여러분! 우리가 당하고 있는 재앙은 하나님이 기뻐하시는 금식을 하면 넘어가서 재앙은 이루어지지 않고 좋은 것만 이루어지게 하는 선지자가 될 수 있답니다.

악한 왕 아합도 용서해준 금식(왕상 21:27,29) 우리도 이제 금식하여 이 나라에서 전쟁을 없이 합시다. 선지자부터 목사부터 백성까지 하나님 기뻐하는 금식을 해야 합니다.

☆ 전쟁을 선포하는 종들이시여! 제발 부탁인데 신접한 여인 같은 소리하지 마시고 이제 성경으로 돌아가서 회개를 촉구하는 선지자 되시길 원한다. 회개를 촉구하는 하나님의 마음을 아시는 선지자 되시길 축복한다.

* 사도 바울께서 보신 3층천을 해석해주시더니 사도 바울처럼 중매쟁이가 되게 해주셨다. 그의 소유된 백성과 거룩한 나라는(1,2층) 금식으로 씻어서 영육 복 받게 하고 왕 같은 제사장들은(3층) 이 땅에서 권세 받아 백성들의 죄를 고하고 하늘의 비밀을 받아 백성들을 잘 되게 하는 에스더와 같은 신부로서 한 남편인 그리스도께 중매하는 중매장이가 된 것이다(고전11:1-2). 이처럼 복되고 복된 일이 세상에 어디 있겠는가? 저는 천복 받은 사람이다. 저를 만난 모든 사람은 그리스도께 단계별로 중매되어 천복을 함께 받게 될 줄로 믿습니

다. 그래서 내 나라가 잘되고 복된 나라 되길 원한다. 할렐루야! 이 일이 벧엘 영·서 학교에서 이루어지고 있답니다.

☆ 돈으로 사람을 사려하지 말고 진리로 사라!
이 진리가 이단들을 무너뜨리며 이 나라의 영계를 바르게 하는 놀라운 일을 하실 줄로 믿는다.

아모스 예배당 짓고 내 세대에 2000명의 제사장 신부가 세워지면 2000만 명의 영혼들이 구원된다고 하셨다.
당연히 WCC, 동성애 악법과 전쟁은 평화통일로 이루신다. 우리가 금식을 시작하고 10여년이 지나니까 모두 해결되었다. 제사장 신부교회를 앞으로 많이 세워서 자기 자식을 제사장 만들어 그 교회를 물려주고 대대로 하나님의 제사장 신부교회가 이 땅에 안정이 될 때에 하나님의 나라도 안정이 된다고 하셨다. 목사님과 장로님들의 싸움 때문에 얼마나 많은 영혼들이 넘어지고 엎어지고 있는가? 장성 자들은 이단으로 신천지로 빼앗기고 우리 교회들은 싸움을 멈출지를 모르니 우리가 다해도 싸움은 하지 말아야 한다.
그 하나님과의 싸움을 멈추게 하시려고 예수님께서 십자가를 지셨는데 우리가 우리끼리 싸우는 것은 적을 잘못알고 있는 것이다. 사탄 마귀 귀신하고 싸워야지 사람하고 싸우면 어떻게 한단 말인가? 싸우고 싶고 욕하고 싶고 미워하고 싶어도 그것을 참고 그를 받아줘야 하고 그를 감싸줘야 하는 것이 우리가 해야 할 일이 아닌가? 누구 때문에 해야 하는가 십자가 지신 우리 예수님을 위해서 나도 그만한 고난을 감당해야 되지 않겠는가? 나를 대신하여 흘리신 핏값을 형제를 사랑하느라 우리도 고난당해야 하는 것 아닌가?

싸움을 멈추려고 고난당해줘야 하는 것 아닌가? 하고 싶은 대로 싸우고 하고 싶은 대로 욕하고 흉보고 나 하고 싶은 대로 형제를 모략하는 것은 십자가의 역행자로서의 벌을 자처하는 것이다. 십자가를 역행하여 살게 하는 나의 인격의 사탄마귀귀신하고 싸워서 승리해야 한다. 우리 민족이 지금 나하고의 싸움에서 진 벌을 받고 있는 것은 아닌가?

십자가의 사랑으로 돌아가서 고난당하신 예수님의 고난을 우리도 형제를 사랑함으로 져보는 것은 어떠신지요?

우리 아버지께서 피눈물을 흘리시며 자신의 아들을 다시 현저하게 못 박는 우리를 보시고 복 주실 수 있겠는가?

우리의 싸움이 나라에서 가정에서 교회에서 멈출 때에 하나님께서 전쟁을 평화통일로 바꾸어 주신다.

우리 해피투게더로(Happy to gather) 삽시다. 아버지께서 오셔서 친히 써주신 글씨입니다.

하루살이가 하루만 행복하면 되었지 뭐 그리 여러 날을 살려 하느냐?

오늘 잡수셨나요?

오늘 입으셨나요? 오늘 싸셨나요?

오늘 주무셨나요?

그러면 해피투게더(오늘 행복해)입니다. 아버지께서 우리를 바라보시고 원하시는 것은 우리의 행복이다(신10:13).

오류가 나기 쉬운 단어정리

초보자	행2:17	히5;13	요일2:12-14	계1;5
청 년	"		"	
장성자	"	히5:14	"	계1:6

* 초보자 : 나만을 위해서 하나님을 섬기는 사람

　나에게 너무나 초점이 맞추어져서 늘 화낸다. 왜 나에게 그러느냐고 아이들처럼 하기 때문에 초보자라고 한다.

* 청년의 때 : 힘이 있으나 미숙하여 실수가 많다. 늘 조심스럽게 열심히 죽도록 충성하면 가르치셔서 언젠가는 노련한 장성 자를 만들어 주신다. 죽도록 충성하자(계2:10)

* 정성자 : 하나님을 위해서 나를 드린 자

　보낸 사람도 보낸 시험도 모든 것은 하나님이 하고 계시기 때문에 화낼 필요 없고 모든 것이 그럴 수 있다는 너그러운 마음을 갖게 된다.

　아버지께서 나를 나무라셔서 돈, 건강, 자식, 가정문제가 생겨났다. 우리는 잃어버린 삶을 찾기 위해서 고서(옛것) 즉 먼저 할례 된(마음, 혼) 것을 버려야 한다.

이것을 성경에서 죽어라 열매 맺어 줄께(요12:24)로 말씀하신다.

☆ 영혼과 성령님

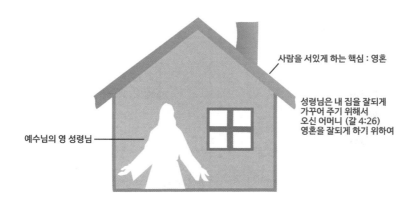

사람을 서있게 하는 핵심 : 영혼

성령님은 내 집을 잘되게 가꾸어 주기 위해서 오신 어머니 (갈 4:26) 영혼을 잘되게 하기 위하여

예수님의 영 성령님

☆ 십자가의 고난과 저주의 고난
• 할 수 있는데 하지 않는 것은 십자가의 고난이요(롬8:17)
• 하고 싶은데 하지 못하는 것은 조상들의 우상숭배한 죄 값의 저주의 고난이다(출20:4-5)

☆ 우리는 하늘로부터 두 가지의 빚을 지고 있다
첫째, 조상들의 우상숭배한 저주의 빚이요(출20:4, 5, 3-4대, 창15:14, 근거, 3,4대는 430년이다, 이스라엘 백성들이 애굽에서 탈출연도)
둘째, 십자가의 빚이다(롬8:13-, 갈3:13)

＊ 빚진 자는 죄인이다. 거기에 묶여 산다는 것이다.

저주의 빚은 금식과 아름다운 행위로 갚고 (사58:1-12)

십자가의 빚은 충성된 섬김과 사랑과 생명으로 갚는다.

(롬8:17, 요12:24, 고전13:1, 계22:17)

  • 내가 못나면 못날수록 예수님은 높아지고 내가 잘나면 잘
    날수록 사랑하는 나의 예수님은 설자리를 잃어버린다.

고로 나는 못날수록 좋다. 못난 것이 목회까지 잘하면 그것은
예수님을 최고로 높이는 것이다.

우리나라에 이단이 많은 이유

영계를 이렇게 사랑하는 나라는 우리나라 밖에 없다.

보여주셔서 알게 되었다. 3층천을 열다가 이렇게 많은 이단이 배출되었다. 이유는 3층천은 무서운 곳이다. 바로 반대편에 그런 급수의 사단이 진을 치고 있기 때문에 까닥 잘못하면 바로 사마귀에게 잡히는 것이다. 그전에 배우는 중 3층에 올라가 봤더니 밥을 하다가 못하고 사라진 사람들이 있었다.

그것은 말씀을 육으로 보고 연구하기 때문이고 다음은 연구하는 사람 자신의 모습을 볼 수 없기 때문이다.

벧엘의 영계가 안전한 것은 자신의 모습을 꿈•환상으로 보기 때문에 자신이 잘하고 있는지 잘못하고 있는지, 말씀이 아버지의 뜻대로 열렸는지 아니 열렸는지를 확인할 수 있었기 때문이다. 그래서 아버지께서 하시는 말씀을 알아들어야 만이 안전하다는 것이다.

그래서 우리는 꿈·환상을 배우고 있다.

안전하게 제사장 신부의 길을 가며 평생 원하시는 것과 일을 해드리기 위해서 대화가 통해야 하기 때문이다.

약속

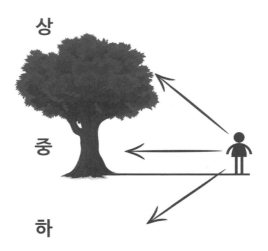

☆ 하 : 상대방하고 약속을 지키지 않는 자는 언제나 하를 면할 수 없는 삶을 갖는다.

☆ 중 : 남하고 약속을 잘 지키면 중간은 간다.

☆ 상 : 나하고의 약속을 잘 지키는 사람은 상으로 간다. 하나님께도 칭송받고 사람에게도 칭찬 받는 독수리 같은 사람이 된다. (창32:28)

- 이 설교를 강대상에서 했을 때에 하늘에서 금가루가 수없이 내렸다. 처음에는 직선으로 내렸고 나중에는 사선으로 내렸다. (고여인 전도사가 본 환상)
- 사람이 금 같이 되는 방법이라는 것이다.

☆ 이제까지 나만을 위해 살았다.

이제는 나와 고통 받는 사람들을 위해서 살아야지 하고 생각하면

첫째, 하나님 나라를 위하고

둘째, 육신의 나라를 위해 사는 공로자가 된다.

☆ 이러한 것을 배우며 익히는 학교가 벧엘 영•서 학교이다.

구약은 여호와 하나님의 행전이요

신약은 예수님의 행전이요

계시록은 제사장 신부들의 행전이다.

이마에 인 맞은 후

90년 6월 1일 손이 하나 나타나 내 이마에 도장을 찍었다. 그러지 않아도 큰 이마에 준비라도 해둔 것처럼 큰 도장이다. 신명기 28:10절. "너를 여호와의 이름으로 일컬음을 세계 만민이 보고 너를 두려워하리라"

성경을 읽은 다음, 비행기를 탄 듯이 붕붕 떠다녔다. 옆집 기도원 원장님에게 가서 "저 이상해요 왜 그럴까요?".

"응 온실 속의 화초를 산꼭대기에 심으려 하시는구면"

졸린 눈으로 "산기도 좀 해" 하신다. 그러면 어떻게 하라고 가르쳐 주시든가 내가 산기도가 뭔지 알아야지 내 나이 35살 때다. 다음해부터 나는 내 인생이 아닌 뭔가에 끌려 다니며 내가 아닌 나를 칠년 살았다. 그리고 거지 되어서 지금까지 미안한 인생을 계속 산다. 애들 아빠랑 이혼해 버렸으니 "얘들아! 어떡해 너희들 결혼해야 하는데 이런 오류를 범했으니" "엄마 걱정마세요. 그것 싫다고 하는 사람하고 안 하면 되지요". "미안하다" 우리 아이들에게 예쁜 며느리 내 멋진 사위 주셨다.

목사 되고 교회를 교단에 등록하러 가서 학장님께 "학장님 미안해요. 저는 목사 모임에 올 수 없답니다.". "왜?" "전국에서 어려운 식구들이 저를 만나러 오는데 집을 비울 수가 없어서요. 그리고 예배를 하루에 세 번 드려요" "응, 그래 안 와도 돼. 내가 알아서 할께" 우리 멋진 학장님은 10여 년을 모임에 한 번도 못 간 나를 안 자르시고 안아주셨다.

하늘이 복을 내리셔서 17년 동안 4천 교회를 세우시고 앞으로도 은혜와 충만한 사랑이 하늘로부터 내리게 될 줄로 믿는다.

사역 중 고향 친구들이 어떻게 알았는지 친구 자녀들 결혼식에 오란다. 문제는 너무 가고 싶은 것이다. 눈물이 철철 흐른다. "친구야! 미안해 나는 갈 수 없단다. 친구가 더 놀랜다. 토요일날 먼 곳을 여행하면 주일에 피곤해서 성도들한테 해가 된다. 미안하다." 그런데 왜 눈물이 그렇게 흐르는지 친구들하고 헤어진지가 40여 년이 넘었는데 다 늙어서도 그리운 것이 고향과 친구인가? 그래도 난 갈 수 없었다.

내 몸이 아니야. 남편에게도 미안해. 시댁식구에게도 미안해요. 영혼 구원을 하지 못한 시아버지께도 미안해요. 삔엘에 와서 땅을 제공해준 우리 이면우 집사님 만날 때마다 미안하다 못해 예수 안에 죄인인데 이런 죄인이 곱곱곱베기이다. 그런데 미안한 땅값은 14년 만에 말한 대로 현찰로 갚아주셔서 영광 나타내며 살 수 있게 해주셨다.

딸이 결혼해서 임신했는데 방이 제대로 없어 불편한 중에 있는데 아이가 일어나질 못해 이를 어쩌나 부랴부랴 우리 장로님이 주신 콘테이너에 하나 더 사서 두 개 붙여서 거실 놓고 방을 만들어줬더니 눈을 뜨고 돌아다닌다.

"딸아 미안하다. 못난 엄마 만나서".

아들이 장가가서 아들 다윗을 낳았는데 방이 너무 추워 한 달도 안 된 아이가 감기가 걸렸는데 너무 심하게 걸려 병원에 입원 5일, 데리고 가자마자 머리에다 주사 놓고 멋진 손자 다윗을 병원이 떠나가라 소리 지르고 그의 엄마 윤희와 나는 놀래서 밖에서 울고 울고 또 울고 그 다음날에야 진정이 되어서 윤희가 병원에 아이한테 다닌다.

"다윗아 미안해, 윤희야 미안해". 밖에 나가서 돈 벌어 먹고 살으라고 내 놔주면 다 벌어서 먹고 살 건데 내보내지 말라는 아버지 명령 때문에 아들도 딸도 벧엘에서 함께 섬기고 봉사하는 중, 아이들이 태어나니 얼마나 미안한지, 우리 외손자 솔몬이도 추워서 미안하단 말하기도 미안하다.

그런데 너무나 감사하게도 건강하고 씩씩하게 자라게 해주신다. 방만 그렇지 밖에 나가면 천애의 교육 현장이다. 산이며 밭이며 고구마 캐고 감자 캐고 냇가에 가서 올챙이 고기 다 잡아서 키우다 죽이고 또 잡고 땅에 돌아다니며 지렁이 잡아다가 손으로 주무르며 논다.

나는 한 번도 손으로 만져 본적이 없는데 솔몬이가 손으로 주물럭거리고 자기 방에다 흙 담아다가 지렁이 침대 만들어 재운다. 처음에 다윗은 못 만지더니 지금은 함께 주무르며 논다. 수련원의 넓은 공간이 모두 놀이터요 여름에는 수영장에서 신난다. 서울에서는 아이들이 자연을 보고 만지러 나오는데 우리는 눈만 뜨면 자연이다. 방은 방이고 마당부터가 자신들의 거실이라고 신난단다.

아들 목사가 처음에 이사 와서 조그만 방 하나에서 사는데 답답하면 나오기만 하면 좋단다. 그래서 이름을 부쳐 놓은 게 마당은 거실이고 밭과 산이 마당이란다. 그것 참 긍정의 좋은 생각이었다.

아이들도 똑같이 말하고 생각하며 날마다 창조주 하나님을 배우고 익히며 재미있게 자란다. 큰 손자 다윗은 태양을 받고 태어나서 큰 지도자가 된 모습을 보여주셨다. 여름이면 돌 지난 후부터 데리고 나가서 지도자 모세의 교육을 시킨다. 지팡이 잡고 나를 따르라 방향을 가르치면 그곳을 따라가는 것이다. 먼저 내가 하고 그 다음은 아이가 한다. 지가 앞서가 내가 따라가면 "나를 따르라" 하고 지팡이를 가르치면 하나둘 하고 가르치기를 4년 만 5세다.

다윗은 하나님을 위해서 큰 지도자가 되어서 하나님의 뜻을 이루어 드려야 한다고 하면 "알고 있어요 할머니" 다음에 또 말하면 "알고 있으니 걱정하지 마세요 제가 다 할게요" 김장하느라 또 손이 터졌다. 밤에 다윗이 보더니 "할머니 손이 왜 이러세요?" "칼로 배추 잘랐더니 손이 부르터서 터졌어"하니까 "할머니 제가 할게요. 20살 되면 할 수 있나요?" "다윗, 우리 함께 하자! 지금도 너는 우리와 함께 하고 있는 거야" 나를 위로 한다. 아이들에게 어렸을 때부터 자신의 가야할 길을 알리고 교육하는 것이 중요하다고 생각한다. 많은 시간 외로웠다.

　영이신 하나님, 예수님, 성령님이 계셔도 다 자란 자식이 있어
도 늘 나는 혼자다.
　혼자 있는 것도 좋아하지만 이마에 도장 맞은 이후로는 늘 내
방은 혼자다. 그런데 두 손자 태어나고 세 번째 손자를 가지니
방이 좁아 어떻게 할지 모르다가 지금 입구 오른쪽 방을 개조하
여 온 식구가 모여 살게 되었다. 아들, 딸, 나. 그리고 며느리 손
자손녀 넷, 얼마 만에 모여 사는지 모른다.
　인 맞은 이후 처음인가?
　추운 방에서 끌어안고 살던 이후 처음인 것 같다.
　벧엘은 방이 모두 따로 있어서 살아도 함께 살지 못했다.
　아이들이 태어나니 하는 수 없이 주방을 따로 만들었다. 이곳
에 와서 두 손녀를 보았다. 언제나 밤이면 조용하던 내 방이 떠
들썩하고 특히 다윗은 밤만 되면 할머니 찾아 책을 읽어달라고
한다.
　밤에는 손자들 사역을 해야 하는데 제일 재미있는 시간이다.
"할머니 놀자", 그런데 어떻게 노는지를 모른다. 계속 조른다.
다윗 할머니는 어떻게 놀 줄 몰라 네가 놀면 옆에서 지켜보고
있을게. 우리 할머니는 책 읽어주는 것 밖에 할 줄 몰라서 화가
나나 보다. "다윗 미안해 그 대신 옆에 있어줄게". 아침 9시 회
의에 갈려면 가지 말란다. 자기랑 놀자는 거다. "다윗 약속을 지
키지 않는 사람은 짐승이고 약속을 지키는 사람은 훌륭한 사람
이 된단다." 계속 조르니까 똑같은 말을 계속 하니까 할머니 얼

른 가세요 한다.

　사람도 가르치기 나름이고 길들이기 나름이다. 아이들이 어 렸을 때는 기저귀에 싼다. 조금 크면 변기에 싼다. 더 크면 화장 실에 가야 한다. 지난 겨울이 다섯 돌이라서 화장실에 가는데 번번이 그냥 온다. 왜 오냐고 물으니까 화장실이 너무 추워서 도저히 안 나온단다. 하는 수 없이 화평에서 평강으로 화장실 갔다 오더니 하는 말. 평강의 화장실은 너무 따뜻하단다. "다윗 미안해 우리 기도하자. 하나님! 우리 다윗과 형제들에게 따뜻한 화장실 있는 집 주시면 정말 감사하겠습니다. 예수님 이름으로 기도합니다 - 아멘 -"

"다윗! 우리가 기도했으니 때가 되면 하나님께서 우리에게 따 뜻한 화장실 있는 집을 주실 거야. 네!" 너무나 예쁘고 멋있고 사랑스러운 손자 손녀를 주신 내 하나님을 찬양한다. 훌륭하게 키우셔서 제사장 가문의 제사장 신부들로 멋지게 세우셔서 민 족과 세계를 예수님의 이름으로 깨우게 될 날을 기대하며 오늘 도 그들을 위해서 하나님의 뜻대로 살려고 애쓴다.

　장로님이 제주도에 땅 사셔서 심방 갈 때에 외손자 솔로몬과 그 엄마가 따라 갔다가 사진 찍어 왔다.

　다윗은 세 번째 동생이 태어나서 얼마 되지 않아 못 갔다.

　그런데 다윗이 자라면서 나도 제주도에 할머니랑 가고 싶다 고 계속 졸랐던가 보다. 그의 부모가 땅값 갚으면 가자고 했단 다. 이번에 땅값을 갚았으니 가자고 한다.

　아버지께서 "너는 아모스 예배당을 짓는 것이 너의 사명이다.

예배당을 짓고 나면 너에게 쬐끔 자유를 준다."고 하셨었다. 그 전에 제주도에 놀러간 것이 아니고 심방가서 둘러보고 온 것이다. 마음을 다잡고 다윗에게 갔다.

"다윗 미안해" "왜!" "할머니는 제주도에 갈 수 없다. 하나님께서 아모스 예배당 짓기 전에는 아무데도 가지 말라고 하셨단다. 너희들과 가고 싶긴 하지만 할머니는 책임이 있단다. 다윗도 복 받게 해야 하고 민족도 세계도 복 받게 해야 되는 책임이 말이야. 그래서 하나님 말씀에 순종해야 한단다." 눈을 크게 뜨고 화내는 것이 보인다.

이 아이는 다른 아이들과 달라 맏아이라서 할머니 사랑을 많이 받은 만큼 자신도 할머니를 사랑한다.

"대신 아모스 예배당 짓고 나서 하나님께 5일의 휴가를 받아서 그때는 꼭 너희들이 원하는 곳에 가서 너희들하고만 놀아줄게 미안해" 옆에서 복 딸 그의 고모가 변명해주고 변호해주니까 애가 누그러지면서 알았다고 한다. 마음으로 말을 받는 아이다. 할머니가 한 번 말하면 두 번 다시 안 한다.

아침 일찍 일어나면 할머니를 찾아온다. 나는 아침 5시-8시까지 잠을 자는데 2시간 잤는데 깨운다.

"다윗 미안해 이 시간에 할머니를 깨우면 너무 피곤하단다.". 두 번 다시 안 온다. 와도 자고 있으면 슬그머니 나간다. 자기 전 기도를 하는데 기도하면서 꼭 오줌을 눈다.

"다윗 기도할 때 오줌 누면 하나님이 약간 싫어하실 것 같지?" 했더니 그 다음날 기도하다가 습관적으로 소변 통을 잡으려 하더니 다시 돌아와 기도하고 오줌 눈다.

고모의 아들과 함께 산다. 그런데 이들은 친형제지간을 만들어 놨다. 딸도 네 명 아들도 네 명 모두 입양시켰다. 그래서 너무나 행복하게 산다. 하루는 솔몬이 아빠가 솔몬에게 장난감을 사주는 것을 보고 자신도 사준다고 하는데 마음에 드는 것이 없어서 다음에 사기로 했단다. 그런데도 샘이 났던 모양이다. "할머니" "왜" "고모부와 할머니 중에서 누가 돈이 더 많아요?"

어떻게 대답할지 몰라서 가만히 있으니까 "고모부는 누가 돈을 줘요?" "회사 사장님이" "그러면 할머니는 누가 돈을 줘요?" "하늘의 하나님 아버지에게 할머니는 통장이 있어 다윗 그러면 누가 돈이 많을까?" 하니까 "당연히 할머니지요!" 세상에 하나님 교육을 한 번도 가르친 적이 없는데 이 아이는 하나님이 싫어한다고 하면 무엇이든지 안 한다.

이날 하나님을 최고로 높였기 때문에 장난감 하나 사줬다.

자기 할아버지 성갈렙 목사가 자기 동생 중에 누가 최고 잘한다고 하니까 아니라고……

최고 잘하는 분은

일번 하나님

이번 예수님

삼번 성령님

그리고 사번이 동생이라고 하더라고 할아버지가 좋아서 입이 크게 벌어졌다. 특별히 가르치지 않아도 보고 듣는 것이 살아계신 하나님이다, 두 돌쯤 되었을 땐가 옆집 수아가 바나나를 먹고 오니까 "엄마, 나도 바나나 먹고 싶어요" 하니까 수아가 하나 밖에 없어서 못줬다. 보고 있으니까 엄마가 아이의 손을 잡고 "하나님, 우리 다윗이가 바나나 먹고 싶데요 주세요" 기도하는 것을 보고선 그 자리를 뜨지 않았는데 누가 들은 것처럼 저쪽에서 바나나를 갖다 준다.

이렇게 살아계신 하나님을 만난 우리 손자 복둥이들 우리 아버지의 큰 일꾼으로 키우실 것이 눈에 보여 오늘도 소망 중에 즐거워하며 행복하다.

큰 일꾼 되어 민족과 세계를 예수님의 이름으로 금식으로 꿈•환상으로 깨우고 행복한 가정을 이끌게 될 것을 기대하면서 오늘 감사드린다.

내 자식에게 말씀을 가르치고 가르치고.......(신6:6-7)

천대의 복이 예수님으로부터 이루어지게 될 것을 믿는다.

인 맞은 후 미안한 일이 너무 많았는데 그 아픔이 변하여 자손 천대의 복을 주시는 하나님, 예수님, 성령님을 만나게 되었다. 할렐루야!

아버지 땅 값 갚아 주세요.

10년이 넘고 영·서 학교를 세워 열심히 순종을 해도 땅값 갚
아질 기미가 보이질 않는다. 갚아야 할 것을 갚지 못하고 사는
죄인도 언제나 당당할 수 없이 빚진 죄인이며 채주의 종이 될
수밖에 없는 것이다. 집사님은 가게를 차리고 집을 사려하고 나
는 아무런 기미가 보이질 않으니 답답해서 기도 하니 내가 갚
으려 하질 않기 때문이란다. '이면우 집사님 땅값 갚기 3억 5천,
여러분 협력하시고 하늘의 복을 받으세요.' 하고 게시판에 여기
저기 붙였다.

그랬더니 뜬금없이 신경도 안 쓰던 딸이 갑자기 자신의 어머
니에게 신경을 쓰고 땅값을 어머니의 통장에 넣으라고 하며 어
떻게 할 거냐고 다그치더니 어머니를 아들집에서 짐 싸가지고
데리고 나와서 기도원에 계시게 하더니 갑자기 양로원에를 보
내느니 어쩌느니 하고 아들이 엄마를 못 모신다고 욕을 하더니
어느 날 밤늦게까지 아들딸이 모여서 뭐라고 하더니 토요일에
밤 12시가 다 되어 어머니랑 함께 나온다.

어머니(땅주인 최성경 권사님) 어디가세요? 하니까 애들이 내
일 남산 구경시켜준다고 가자고 한다. "내일이 주일이에요"

하니까 "내일 모셔다 드릴게요". 하고 가더니 어머니는 영영 소식이 없다. 갑자기 어머니를 잃어버린 것이다. 땅 주인을 잃어버린 것이 아니고 이곳에 와서 10년이 넘게 눈을 마주치며 살아온 어머니를 잃어버렸다. 땅이고 교회고 소용없이 어머니가 없다는 것에 마음과 생각이 비어버린다.

그리고 어머니를 모셔간 그분의 딸을 해코지할 생각만 계속한다. 이면우 집사님도 평생 산 어머니를 잃어버리고 정신없다. 둘 다 정신이 아득하다. 그래도 그의 딸을 해코지는 하지 말자고 했다. 삼성보험 설계사이기 때문에 이런 사실이 회사에 알려지면 좋을 리 없다.

어머니를 잃어버린 두 사람, 이면우 집사님과 나. 나는 집사님네 어머니가 내 어머니 인줄 몰랐다. 다 버려도 그분만 있었으면 좋겠다. 힘도 없고 아무것도 해줄 수 없는 노인인데 사람의 마음도 이상했다. 우리 아버지께서 우리를 잃어버리시고 나처럼 이성을 잃으시는 행동이 예수님을 십자가에 못 박으셔서 우리를 찾으셨나? 별 생각 다 해봤다. 집사님과 나는 어머니를 잃어버리고 더욱 깊은 형제가 된 듯 했다.

어느 날 수련원에서 일을 하고 있는데 그의 아내 영화가 찾아왔다. 네 식구가 지난밤 결정을 했단다. 뭘! 돈 다 줘버리고 어머니를 택하기로, 돈 때문에 어머니를 훔쳐갔으니까 땅이며 돈이며 지네들이 다 갖고 어머니를 달라는 것이다. 그러면서 "원장님! 우리 어머니 좀 찾아주세요." 한다.

"내가 어떻게 찾아? 하나님 찾아주세요" 그렇게 하고 어머니의 며느리 영화는 돌아갔다. 그리고 두 달 정도가 된듯한데 어머니 소식은 없는데 그의 형제들이 입구 땅에 문제를 놓고 우리집 입구에 누렁이 집에서 여럿이 모여 회의를 한다는 것이다. 나는 잘 됐다. 회의하고 나오면 따라가서 어머니 뵙고 와야겠다 하고 입구에서 8시경부터 차 대놓고 기다리는데 쳐다보니 회의가 언제 끝날지 아득하다.

문득 생각이 들어오기를 내가 먼저 가서 집을 찾아 놓을까 그런데 주소를 어디서 본 것 같은데 아무리 생각해도 생각이 안 난다. "아버지 생각나게 해주세요?" 했더니 "맞아!" 어머니 딸이 우리 집에 1억을 차압해 놓았는데 토지대장을 떼어보니 거기 있었었다. 생각나게 해 주셨다. 주소를 찾아 가지고 회의 하는 동안 남산 끝에 있는 그의 집을 찾았다.

그 집은 다세대 주택 4~5층 되는 것 같고 문이 2중이라서 도저히 들어갈 수 없다. 문 밖에서 서성대는데 젊은이 두 사람이 나온다. 1중문 2중문 자동으로 닫히는 문이기 때문에 들어갈 수 없다. 그런데 함께 간 고 목사가 제일 밖에 있는 대문을 발로 막았다. 그들이 나간 다음 들어가 보니 안에 문이 잠기지 않았다. 천사가 막은 것 같다. ~바울과 신라가 감옥의 문을 찬송으로 열었다오~ 기적 같은 일이다. 지하에 있는 집 같아서 들어가서 '딩동' 하니 누구세요! 세상에 어머니 목소리다. "어머니, 저예요!" 하니까 어머니가 깜짝 놀라 문을 열어 주신다. 들어가서 끌어 안고 무슨 일이냐고 "어머니 어서 일어나세요. 집으로 가게" 딸집에서 온갖 협박과 고통 속에 계셨다. 그런데 면목이 없어서 못 간다는 것이다.

집에 연락해서 그들의 회의가 언제 끝나는지 알려달라고 했는데 열시가 조금 넘어서 끝나서 출발했다고 약 50분 정도면 집에 도착할 것이란다. 어머니는 아무리 설득해도 안 되어서 아들 이면우 집사님에게 전화해서 바꾸어 줬다.

아들이 "어머니! 어서 일어나세요. 괜찮아요. 거기서 계속 사실 거냐고 어서 나오세요"하고 설득 하니까 일어나셔서 그냥 나오시는 것이 아니라 꼼지락 거리고 계속 이것저것 찾으시는데 가슴이 콩닥콩닥 뛰고 정신이 없다. 세상에 도둑은 어떻게 남의 것을 도둑질 하고 사나....... 나는 지금 딸집에서 어머니를 도둑질 한 느낌이다. 서둘러서 모시고 그 곳을 비껴 내비게이션을 맞추고 5분도 안 왔는데 그 딸에게서 전화가 와서 욕을 하고 반정신이 나갔다. 어머니를 모시고 어디로 가야할지 모르겠다.

분명히 우리 집에 경찰이 닥칠 것 같다. 차를 돌려세워 가평(아들있는 곳)으로 갑시다! 하고 막 돌리니까 경찰이 왔단다.

이곳저곳 경찰에 신고하고 쫓아다니는데 첩보영화의 주인공이 된 것 같다. 아들한테 가다가 아무래도 거기도 쫓아올 것 같아서 집사님을 나오라고 해서 만났는데 아니나 다를까 거기도 경찰이 들이 닥치고, 내촌 파출소, 포천경찰서, 가평경찰서, 영화인지 꿈인지 난 도무지 정신이 없다. 딸은 연신 전화해서 엄마한테 오빠한테 입에 담지 못할 욕을 한다. 경찰서마다 아들이 전화 받아서 어머니 아들이 받았다고 말하고 나는 인계했다고 통화하니 무마가 되었다. 집에 돌아오니 아침 일곱시였다.

지난 밤 8시에 나갔다가 밤새 첩보 영화 찍고 들어 온 것이다.

그의 며느리가 다 포기하고 어머니만 찾아달라고 하더니 세상에 밤새 어머니와 첩보영화 속에서 있다가 아침에 나온 것이다.

☆ 하나님은 돈보다 부모를 택한 사람에게 복을 주시는 것을 보았다.

돈을 택하니 돈이 딸에게서 사라지고 사람을 택하니 돈주머니 어머니가 돌아오신 것이다. 전적으로 우리 예수님과 그의 군사 천사들의 활동인 것이 눈에 확연히 보인다. 어머니가 돌아오셔서 보니 교회도 고소해 놨고 남은 땅 다섯 군데 정도에다 모두 돈 빌렸다고 설정해놨고 엄청 일을 많이 저질러 놓았다. 모두 다시 고소 취하하고 집사님이 차압해 놓은 돈도 모두 변호사 사서 해결해줬다.

그러나 땅값은 오지 않았고 집사님은 슈퍼하며 집사느라고 이 땅을 담보로 돈을 대출받았다. 엄청 비싼 이자를 급기야 이곳을 담보하여 빚을 내야 되기 때문에 우리의 주민등록증을 모두 옮기게 되었다. 어지간한 일에도 얼굴색 하나 끄떡없는 훈련자 인데 웃기는 여전히 웃는데 쓴 웃음이 나오고 40~50명이나 되는 식구들의 주소를 모두 옮겨야 하는데 옮길 곳이 없다. 그런데 신기하게도 위쪽에 창고가 나와서 세를 얻었는데 우연히 얻은 것이 아니라 아버지의 예비하심인 것을 알게 되었다.

온 식구가 나랑 아이들만 빼고 모두 옮겼다. 내가 내가 아닌 것 같다. 구름 위에 있는 것 같기도 하고 땅속에 있는 것 같기도 하고 사람이 약간 이상하다. 주소지를 말소할 사람, 말소하고 퇴거할 사람 모두 퇴거 했다. 그날 밤 11시에 아버지 앞에 나갔다. 그리고 말씀 드렸다.

"아버지! 왜 저를 불쌍히 여겨주지 않으세요?"

사실은 이면우 집사님을 불쌍히 여겨 땅값 해결해 달라고 기도하려고 일찍 나갔는데 그가 불쌍한 것이 아니라 내가 불쌍한 사람이었다. 고래고래 소리 질렀다. 왜! 저를 불쌍히 여겨주지 않으시냐고요. 아버지 한분을 믿고 여기까지 따라온 저를 왜! 왜! 불쌍히 여겨주지 않으시냐고 울며 울며 소리쳤다.

너무 아팠다. 얼마나 부족하고 못났으면 10년이 넘어도 땅값 해결을 못해 주시겠느냐고 아버지가 돈이 없어 못 갚아 주시겠어요? 왜 백점짜리를 찾으세요. 백점짜리 찾으시면 저도 이단 되요. 아버지가 부족하게 만들어 놓으시고 왜 백점짜리 되라고 하세요. 그래서 모두 이단된 거지요. 저는 싫어요. 나는 천국 갈 거예요. 지옥 안 가요. 부족한 대로 쓰세요. 저는 백점짜리 예수님 안 될 거예요. 저는 아버지의 아들이요 딸이지만 백점짜리 못 된다니까요. 부족한 대로 쓰세요. 죄인인 채로 쓰세요. 어떻게 제가 의인이 됩니까?

저는 죄인이 필요한 예수님 믿는 죄인이에요.

아버지! 왜 저를 불쌍히 여겨주지 않는 거예요?

나만 불쌍히 여겨주시면 우리 이면우 집사님도 살고

나만 불쌍히 여겨주시면 이곳의 가엾은 종들도 살고

나만 불쌍히 여겨주시면 나라와 세계가 사는데

왜! 왜! 나를 불쌍히 여겨 주지 않는 거예요

얼마나 울며 몸부림을 쳤는지 모른다.

얼마나 시간이 지났을까 앞에 예수님 앉으시는 의자에서 세

미한 음상이 들린다.

　아주 작게.

　"내가 너를 가까이 해야겠느니라.

　내가 너를 가까이 해야겠느니라.

　내가 너를 가까이 해야겠느니라."

　동일한 말씀을 세 번 하셨다.

　나를 불쌍히 여겨주시면

　이면우 집사님

　여기 종들

　나라와 세계가 산다고 했는데

　세 번의 음성이 들렸다.

　시 145:18절에 "여호와께서는 자기에게 간구하는 모든 자 곧
진실하게 간구하는 모든 자에게 가까이 하시는도다." 진실하게
간구하는 모든 자에게 가까이 하신다.

　"진실하게 진실하게" 진실은 내가 불쌍한 것이었다.

　다윗의 자손 예수여 나를 불쌍히 여기소서! 했던 맹인도(마
9:27) 배고픈 자도(마9:36) 병자도(마14:4) 귀신들린 딸도(마
14:4) 간질한 아들도(마17:15) 문둥병자도(막1:41) 여러 가지로
가르치신 때에도(막6:34) 과부도(눅7:13) 세리도(눅18:13) 모두
고쳐주시고 해결해 주셨다.

　나는 내가 불쌍한지 몰랐다.

나는 내가 교만한지도 몰랐다.

거지 같이 살다가 여기서도 거지지만 여기 거지는 재미있다.

공기 좋고 물 좋고 일도 많아서 많이 생각할 필요도 많이 신경 쓸 것도 없다.

자연히 때가 되면 먹여주시고 입혀주시고 가르쳐주신다.

금식만 잘하고 기도만 잘하고 인격은 고치는 척만 잘하면 된다. 그래서 나는 내가 한 번도 불쌍한지 몰랐다.

예수님의 신부되어 영계를 많이 배우고 알면 나는 위대한 사람인 줄 알았지 불쌍한지 몰랐다. 나의 도움을 받는 그는 내가 불쌍히 여긴다. 하지만 내가 불쌍한지는 꿈에도 몰랐다. 그런데 그것이 진실이라니 더 어처구니가 없어졌다. 그런데

- 나를 알고 너를 알면 백전백승이요
- 나를 모르고 너를 알면 백전백패요
- 나도 모르고 너도 모르면 이건 말할 것도 없이 인생을 이미 망친 것이다.

아버지! 감사합니다. 진실을 알게 해주셔서 저는 조상들의 우상숭배한 죄를 지고 더러운 일을 하며 성내고 화내는 자이며(눅 1:20,21) 이 더러움은 항상 사역 중에도 있어 먼저 화내고 성내는 더러운 자요, 개 같은 행동을 벗지 못하며 하늘로부터 "야! 이 개새끼야! 네가 그렇게 개새끼라고 하면 네가 개새끼다." 이렇게 말씀을 하셔도 나는 내가 불쌍한 사람인줄 몰랐고 불쌍한 사람을 도우라고 만들어 놓은 위대한 사람인 줄 알았다. 겸

손하면 높아지고 교만하면 낮아지라 하신 말씀은 진리이다(잠 29:23, 약4:6, 벧전5;5,6)

지가 교만하니까 진창에서 못 나오고 사랑하는 벧엘의 가족은 보살피지 못하고 밖으로 내쫓기는 신세로 만드는 비참한 책임자가 되어 있었던 것이다.

"아버지! 죄송합니다. 자신을 알지 못하는 이 교만한 고집불통을 용서해 주세요."

보여주신 대로 보내 주신
광주 안디옥교회 박영우 목사님

'천국과 지옥'을 증언한 박영문 장로님의 형이시다.
광주 안디옥교회를 개척하여 35년째 목회중이시다.

땅값 때문에 고통과 아픔 속에 있을 때에 고경중 목사가 꾼
꿈이다.
　☆ 너희에게 아모레퍼시픽, 하얗고 엄청나게 크고 멋진 차
('오래 나눈 사랑'이란 의미)를 주신다고 하신다.
'오래 사랑을 나눈 사람'이라는데 무슨 뜻인지 몰랐다.
　박영우 목사님의 목회경력이 30년이 넘으셨으니 오래 사랑을
나누셨다는 것이다.
　9년 전 쯤 꿈을 통해서 5천여 명의 성도를 가진 목사님이 자
기 성도들을 금식시키기 위해 버스로 데려다주고 데려가는 것
을 보았다. 100명의 성도만 가지고 있어도 나를 사람 취급도 안
해주는데 과연 그런 일이 있을 수 있을까?
　"아버지 그렇게 하세요."하고 있었는데 내 책을 보신 박영우
목사님이 전화를 걸어주셨다. 책 잘 보았노라고.
　나는 이 분을 만나보고 싶었다. 하지만 이분은 목회하시느라

바쁘시고 몸이 많이 지쳐 있다고 한다.

"이는 너희에게 안식일 중의 안식일인즉"(레16:31, 23:23 -32)

금식이 안식 중에 안식이라고 말씀하신다. 금식만 해도 병이 빠져나가고 성령 충만을 받아 힘 있게 사역할 뿐만 아니라 가정의 모든 문제들이 해결된다는 것을 나는 잘 알고 있다.

그래서 박 목사님을 꼭 모셔다 금식하게 하여 행복하게 해드리고 싶었다. 나는 배운 것이 그것 밖에 없기 때문이다.

그분의 자서전을 보니 아주 큰 교회여서 언감생심이라, 내가 올려다 볼 나무가 아닌 듯 하나 뵙고 싶은 마음이 앞선다. 우리 기도원에 오셔서 말씀을 전해달라고 부탁하여 기도원을 연지 14년 만에 처음으로 부흥회를 열었다. 그때 하나님께서 박영우 목사님에게 저와 동역한 꿈을 주셨단다.

내가(저자) 큰 밭에서 일하는데, 흙을 곱고 편편하게 고르고 이랑을 내고 씨를 뿌리기 위해 구멍을 내는 농기구로 찍고 그 구멍에 씨를 심어 놓은 곳에 박 목사님이 흙을 덮고 다니더라고 하셨다. 성령님은 정말 정확히 동역하는 사역을 보여주신 것이다.

우리 신학생들에게 1달에 신구약 성경 1독, 매달 금식 그리고 꿈, 환상을 해석하는 등 계시 신학을 가르치는데, 현장 목회가 잘될까 의심하는 분들에게 박 목사님이 1달에 1번씩 오셔서 금식하고 목회자 세미나를 하실 때마다 우리 신학과 잘 접목하는 말씀을 하신다.

목회 현장에서 나의 신학과 똑같은 성령님의 사역에 대해 말씀하실 때마다 힘을 얻는다.

박 목사님은 2가정으로 개척하셔서서 수천 명 성도를 이루셨기에 현장 목회에서 있었던 내용을 말씀하실 때 우리 신학생들이 우리 신학으로 목회 성공을 할 수 있다는 희망에 부풀어 있다.

또 금식을 13번째 하러 오셨는데 철야기도 하시고 새벽에 하나님께서 꿈을 주셨는데, 벧엘에 생수가 강단에 맑게 흐르는 모습을 보여 주셨다고 한다.

씨를 심는 곳에 흙을 덮고 다니시는 일이나 생수를 증거 하시는 일 등 이 모든 것이 하나님께서 저와 동역으로 붙여주신 분이기에 박 목사님을 자세히 소개하는 것은, 한국교회 갱신을 하여야 하기 때문에 이 점에 오해가 없기를 바란다.

2013년 10월 WCC 부산 반대집회 때 박영우 목사님이 설교를 하실 때 대전 OO교회 담임이신 OOO 목사님에게 환상이 보였는데, 큰 두 천사가 흰 독수리 모습으로 WCC 반대집회 성도들 위에 날으는 모습을 보셨다고 한다. 그리고 앞으로 한국교회에 하실 사역을 말씀하셨다고 한다. 두 지도자가 설 것에 대해서 예언하신 것이다.

박영우 목사님은 참으로 놀라운 분이었다. 세계에 100만개의 교회를 세우기 위해 12년을 기도하는 분이었고, 하나님의 훈련 과정을 통과한 지도자였던 것이다.

100만 교회, 누가 감히 그런 기도를 할 수 있겠는가? 박 목사님에게 그 이유를 물었더니, 너무도 많은 사람들이 지옥에 가는 것이 괴로워 그 영혼을 10억쯤 구원하려면 백만 개의 교회가 필요하다는 것이다. 나는 종 반장이므로 그 순간 "그럼 나는 100만의 종을 길러야겠구나!"라고 생각했다.

☆ 꿈을 꾸니 신기하게도 큰 길이 있었고, 천국으로 연결되어 있었다. 이 꿈을 연거푸 세 번을 꿨다. 박영우 목사님이 이미 하늘 구름 가까이 이 길을 올라가고 있었다.

나쁜 꿈이 꿔질 때는 해결해주시려고 보이신 것이다. 어려운 일이 생길 수 있으니 조심하라는 싸인이다.

박 목사님은 수정 같이 맑은 생명수 강이(계22:1-2) 있는 산으로 가고 있다.

"또 그가 수정 같이 맑은 생명수의 강을 내게 보이니 하나님과 및 어린 양의 보좌로부터 나와서 길 가운데로 흐르더라. 강 좌우에 생명나무가 있어 열두 가지 열매를 맺되 달마다 그 열매를 맺고 그 나무 잎사귀들은 만국을 치료하기 위하여 있더라." (계 22:1~2)

이 강물을 먹는 자는 결코 주리지 않고, 소원을 이루어 나라와 교회와 개인을 잘되게 하는 아버지의 뜻을 이 땅에 이루어 드릴 수 있다. 이 물을 한 컵 얻어 마시면 성령 충만해지는 놀라운 하늘의 강물이다.

이 물은 산속 깊은 곳에 있다(변화산, 마17:1~13 참조).

하늘에서 내려주신 물이며 3층산 영계에 깊이 들어가면 있다. 박 목사님은 바로 이곳으로 이미 가고 있었다. 책을 만드는 동안에 이 물이 목사님의 손에 오기 시작 했다.

박영우 목사님을 만나기 전에 꿈을 꾸니, 유리로 만들어진 교회 입구로 몇 사람들이 오토바이 하나를 움직이지 못하게 묶으려고 굵은 쇠줄을 가지고 들어가고 있었다. 안으로 들어가니 컴퓨터 화면 아래에서 위로 계속 올라가며 보여지는 이름들이 있었다. 이름들이 계속 올라가고 있다는 것은 뒤에 계속 이름이 이어져 있다는 것이다.

⋯ 해석 해보니, 굵은 쇠사슬을 가지고 들어가서 오토바이를 묶겠다는 사람들은 교단의 문제였다. 교단에서 목사님을 퇴출시키기 위해서 애쓰고 있다는 것이다. 그것은 WCC(세계 교회 협의회)를 잘못된 것이라고 부산 반대집회에서 설교하신 이유로 박 목사님을 노회재판에서 1년 정직(1년 동안 설교권 박탈, 당회장권 박탈) 판결로 괴롭히고 있는 것이었다.

컴퓨터 모니터에 계속 올라가고 있는 목사님들의 이름들은 앞으로 목사님께서 교단을 창립하실 때, 그 교단에 들어와 목사님과 함께 거룩한 사람들과 교회들을 이끌 분들이라는 것이었다. 또 박 목사님과 함께 목회자 세미나 할 것을 꿈으로 보여주셨다.

꿈에 한강 아래와 한강 위쪽의 높은 산 위에 음식상이 푸짐하게 차려져 있다. 한강 아래의 상을 가져다가 산 위의 상을 함께 붙여놓으니 사람들이 많이 와서 먹기 시작한다. 그 가운데 아주 귀한 분들이 고급 옷을 입고 간간히 와서 먹고 있고 많은 목사님들이 짝을 지어 계속 와서 먹고 있다.

이것은 목사님들과 하나님의 백성들을 이제까지 섬긴 박 목사님의 말씀과 사람의 영혼을 씻어 거룩하게 하는 금식과, 우리의 길을 지도받는 꿈, 환상을 접목해놓으니 범사에 잘 된다는 것이다.

박 목사님의 시험을 이긴 말씀과 벧엘의 금식 기능이 접목되면서 많은 사람들이 복을 받으므로 고급 사람도, 목사님들도, 하나님의 백성들도 많이 와서 잡수시고 즐거워하고 있는 것이다.

박영우 목사님을 만나기 전에 하나님께서 5월을 기다리라고 하셨다. 그런데 목사님과 통화하는 중에 박 목사님에게도 5월을 기다리라고 하셨단다. 마침내 하나님께서는 5월에 박 목사님을 만나게 하셨다.

박영우 목사님이 확신하는 100만개 교회가 될 것을 보여주시다.

☆ 꿈에 하늘에서 백만 개의 교회가 내려왔고 박 목사님께서 그곳으로 이사 오셨다. 이를 이루기 위해 얼마나 전심으로 기도하며 애를 쓰시는지 눈물겹다. 어찌 아버지께서 그분의 소원을 이루어드리지 않을 수 있겠는가! 영혼을 구원하고자 하시는 그 열정으로 인하여 아버지께 택함을 받고 100만개의 교회를 이루기 위한 마지막 작업을 하시는데 며칠 전에도 꿈에 보여 주셨다.

☆ 꿈에 보니까 얼마나 박 목사님의 영혼이 멋져지셨는지 참으로 아버지의 사랑은 이렇게 받는 것이 아닌가 싶다.

10억 영혼구원을 위하여 백만의 교회를 사모하고 있는 그분에게 아름다운 자녀와 교회, 사랑하는 성도들과 사랑스럽고 능력 있는 사모님을 주시고 이제 또 100만 교회를 함께 이룰 수많은 능력 있는 동역자들을 붙여주기 시작하신다.

우리가 하늘을 사모하여 아버지께서 원하시는 일을 예수님의 손을 꼭 잡고 성령님의 도움을 받아 이루어드리는 일에 최선을 다한다면 아버지께서 우리에게 무엇을 아끼시겠는가! 영혼구원의 열정이 샘솟아나기를 원한다.

하나님께서 말씀하시기를, 박 목사님은 사람을 돕는데 있어서 다른 사람은 조금 주는데 아주 크게 주시기 때문에 이 복을 받을 수 있게 준비되었단다.

"모든 종교에 구원이 있다."는 WCC, 허허참 세상별일 다보겠네. 큰 교회들이 다 넘어가는 판국에 이분이 반대자로서 설교하셨다고 유튜브에 나와 있었다.

이 문제가 터지기 전에 어떤 큰 교회 목사님의 죄상에 관하여 하나님께서 말씀하시는데, 하나는 지성전을 세워 마이크 달아 주일에 영상 예배를 드린 성령모독죄요, 두 번째는 자신의 아들을 종으로 세워 제사장의 나라를 이어가야 하는데 돈줘가지고 망가뜨린 죄요, 세 번째는 잊어버렸지만 이 세 가지 죄에 걸리면 우리는 파면 당할 수밖에 없다.

이것을 회개하지 않으므로 그는 WCC주동자가 되었다. 상실함에 버려두니(롬1:23~) 영락없이 지옥 백성으로 바뀌었다. 우리는 죄를 가볍게 여겨서는 안 된다. 나라에도 죄가 있어 전쟁이 일어날 수밖에 없다. 나중에 보니까 그 목사님은 권세자의 자리에서 평민이 되어 회개하였더라 3층천을 잃어버리고 1층천으로 회개된 것이다.

☆ 꿈에 무서운 천사가 A4종이를 담을 만한 좁은 리어카 네 개를 끌고 굴속으로 들어가는데 하늘에서 소리 들리기를 "이 민족의 죄악상을 가지러 들어갔는데 가지고 나올 때까지 회개하지 않으면 전쟁이 일어난다."

얼마나 크게 소리를 치셨는지 우리를 사랑하시는 만큼 애태우고 계신 것이다.

"금식해야 해! 금식!"

산꼭대기에서 소리치니 처음에는 몇 명의 사람들이 나와서 다리를 건너려고 하는데, 조금 후에 보니 물밀듯이 사람들이 쏟아져 나와 금식 대열에 참여하고 있었다.

그 네 가지 죄.

1. WCC는 종교다원주의(예수 외에도 구원이 있다)를 주장한다.
   우리가 성경을 버리고 예수님을 버렸다.
2. 동성애, 고쳐주려는 것이 아니라 밀어 준다.
3. 문란한 성도덕 문제
4. 영광을 가리는 욕 문제(합2:16)

'미치겠네, 죽겠네, 환장하네, 지랄하네' 하며 남에게 손가락질하고, 나라를 욕하는 것, 정치인들 욕하는 것, 그런 모든 일이 다 나 때문이라고 말하고 내가 회개하고 용서하면 내가 상을 받는다. 그리고 나 때문에 나라도 잘 된다.

율법을 완전케 하러 오신 예수님 앞에 우리는 율법으로 산다. 남을 판단하고 정죄하는 것은 율법이다.

복음을 사랑하고 좋아한다면 허물을 덮어줘야 하고 고쳐서 잘되게 해야 하는 것이 우리가 해야 할 일이다.

이 죄를 없애기 위해 우리 민족의 종들과 백성들이 10년 정도 대거 금식하니까 이런 문제들이 싹 사라졌다. 전쟁은 자연히 평화통일로 이뤄 주신다고 약속하셨다.

박 목사님은 예장 통합교단 장로회 신학대학원을 나오셨는데 이렇게 타락된 시대에 그 교단이 WCC를 지지할 때, 박 목사님이 나서서 반대하고 설교하시니 정말 자랑스럽고 감격스럽다. 이런 분을 나 같은 못난이에게 만나게 해주신 것은 귀하신 사역에 영혼을 씻는 금식과 순종할 수 있는 꿈. 환상이 필요했기 때문이며 이 나라를 거룩하게 만들기 위한 이 작업에 필요하기 때문이다.

사모님도 함께 훈련을 통과하셔서 금식을 시작한 이후에 권세자가 되셨다. 사모님 또한 영민하시고 지혜 있으며 능력자이시다.

교회와 기도원이 하나 되어 일하기 위해서는 많은 이해가 필요하다. 약 1년 반이 지나는 동안 18년 전에 박 목사님에 관하여 나에게 꿈으로 보여주셨던 대로 종들과 백성들의 지도자가 되어 함께 일하게 될 분이신 것을 하나님께서 보여 주셨다. 자신이 계획하신 12년의 시험기간이 끝난 분이셨다.

1. 사랑

2. 진실

3. 생명이었다.

성도들도 함께 금식하게 되면서부터 그분들이 목사님을 향한 꿈·환상을 받은 것이다. 12년 동안 모세와 같은 민족의 장군 지도자 시험을 치르게 하셨고 그 시험을 통과시키시는 과정 속에서 사람과 교회를 연구케 하셨는데 이 연구가 끝났다고 하신다.

이제 교회와 주의 종들을 함께 섬기면서 이 민족의 거룩하지 못하여 생긴 여러 가지 죄악의 문제들을 해결하고자 택정된 분이시다. 누군가 박 목사님 오시니까 우리의 모든 문제가 해결되더라는 꿈을 꿨는데 정말로 해결되었다.

땅값도 민족에게 금식을 전하는 것도 세상이 알아주는

하나님께서 빼어나게 쓰시는 부흥 목사님들도 박 목사님을 보시면 말이 필요 없이 금식을 받아들이신다. 박 목사님이 금식을 전하면 그의 이름만 듣고도 따른다. 하나님의 사랑과 계획하심과 택하심이 이런 것인가 보다.

18년 전에 보여주신 것을 알고 나서 너무 놀랐다. 그런데 사실 확인이 필요했다.

"아버지! 이분이 정말 맞아요?"라고 물을 때, 기도 중에서 꿈인지 환상인지 바로 방문이 열리면서 박 목사님도 웃고 거기 계신 분들은 모두 웃는 것을 다섯 번 정도 보았다. 그 말이 떨어지기가 무섭게 하늘을 열어 보여주셨다. 참으로 신기한 일이다.
많은 꿈을 꾸고 많은 하늘의 계획을 들었으며

* 백두산 천지 같은 곳에 한복을 입은 멋있는 여자들이 빙 둘러 앉아 많이 있다. 하늘에서 소리가 들린다. 무엇인가 묻는데 손을 들어 지지하는 모습을 보았다. 하늘의 회의인 것이다(렘23:22).

* 어마어마하게 큰 연못이 있다. 모두 조용한데 옆구리에 붙어 있는 우리나라만 사람들이 우굴우굴하다. 이미 그 깊은 물에 들어가서 소리 내며 수영하는 많은 사람들이 있었고 들어가려고 계속 내려가고 있는 사람들로 북새통이다.
이것은 우리나라만 영계가 시끌벅적하다는 것이다.
기뻐하시는 모습이며 전 세계 영계의 동향이다.
앞으로 되어 질 일들, 우리나라가 제 2의 이스라엘로써 민족과 세계를 지도해야 되는 일들, 얼마나 많은 것들을 아브라함에게 숨기겠느냐 하시던 하나님이 나에게도 숨기지 않으시고 보여 주셨다.
이 나라의 종들이 영계를 사모하고 하나님을 사랑하는 것은 하나님이 우리를 그렇게 이끄시기 때문이다. 하나님이 택하신 기업의 나라이기 때문이다. 박 목사님을 18년 전에 보이신 일의 분별은 정말 놀라웠다.
이것은 박 목사님이 지도자로 쓰셔서 거룩하게 하는 금식과 꿈 ☆ 환상을 함께 전파하고 금식을 하시게 되면 모두 웃게 된다는 것이다. 나라도 교회도 가정도 자신도….

　* 꿈에 목사님께서 이 민족의 영의 지도자가 되셨다는 것을
　　보여주신다. 택정 받으신 것과 되신 것은 분리해야 한다.
　내가 행동으로 옮길 때 그것이 확정되는 것이다.
　3층의 산이 있다. 1층에 가보니 왕궁의 사람들이 식당에서 밥
을 하고 있다(목사님들이 백성들에게 말씀을 해서 먹인다는 것
이다). 그런데 깊숙이 들어가 보니 2층으로 올라가는 계단이 없
이 꽉 막혀있다. 그러니까 사람들이 밖으로 나가서 어딘가로 가
는데 2층으로 가려는 것 같은데 실제로 2층에를 가보니까 몇 사
람 도착하지 않았다.
　여기서 2층은 제자산으로서 영계가 올라가야 한다는 것이다.
왜냐하면 예수님이 친구이고 형제인데 우리의 남편이기도 하
시기 때문에, 자연히 영이 성장하면 신부가 되고 싶지, 언제까
지 친구로 형제로만 있겠느냐는 것이다.(이것은 계단을 놔서 바
로 올라가게 해야 하는 당위성을 설명하고 계신다. 금식을 하면
바로 올라가는데 금식을 신학에서 배운 적이 없는 목사님들은
금식을 하면 큰일 나는 줄 안다. 목사안수 받을 때 한 번하면 되
는 줄 안다. 그나마도 지금은 없다. 배우지 못했기 때문에 가르
칠 수도 없어서 백성들이나 종들이나 밖으로 나가서 헤매고 다
니다가 살아계신 하나님은 못 만나고 사탄, 마귀, 귀신들을 만
나서 이단에 빠지고 자기 잘난 종들에게 빠져서 헤매고 다니는
것을 이렇게 보이신다. 실제적인 일이다. 이단이 많고 혼잡한
영계가 판을 치는 것은 잘못 듣고 잘못해석하기 때문이다)

박 목사님께서 2층 중앙에 서 계셔서 3층을 바라보고 "파산이다." 이렇게 외치니까, 이렇게 해야 할지 저렇게 해야 할지 모르고 있던 사람들이 "와!"하고 소리쳤다.

이것은 3층천에 올라가지 못한 죄, 신부가 되어야 하는데 그렇지 못한 죄, 금식하고 응답을 제대로 받지 못하여 혼잡되어 버린 삶과 영계 교회안의 성도들이나 목사님들이 네 명 중에 1명은 잘되고 세 명은 모든 문제를 안게 되어 버렸다고 말씀하신다. 건강 문제, 자식문제 뿐만 아니라 가정과 돈의 문제까지 태산 같은 많은 문제 속에서 어버지를 섬기는 것이 이제는 지쳐서 허덕이게 되었다는 것이다. 이 일들을 어찌할 줄 몰라 하고 있는 것이 우리의 기독교계의 현실이다. 이것이 잘못되었다고 파산하고(딤전1:18-19) 있는 분이 박 목사님이신데 아버지께서 1년 이상의 금식을 보시고 이제는 확정하여 이일을 본격적으로 시작하시겠다는 싸인이시다. 우리가 함께 해야 한다. 나라와 나의 사랑하는 자녀들에게 천대의 복을 물려주고 나라와 교회들이 잘되게 해야 하지 않겠는가? 아버지의 귀하신 은혜에 감사드릴 뿐이다.

항간에는 이제는 개척도 못하고 때가 다 되었으므로 전도도 할 필요 없다고 하는 분들의 말을 들으면서 세상에 예수님이 다시 오실 때에 지붕에서 일하고 있었고 그 밭에서 일하고 있었다(마24:17-18. 참조)는 것을 알아야 한다.

우리나라에도 지금의 교회와 금식기도원교회를 4~5배를 더 지어서 구원해야 하고, 북한에도 빼곡히 지어 도시에는 교회,

산에는 금식기도원교회 지어 구원과 회개와 용서의 금식이 병행될 때, 우리 민족의 조상들이 우상 숭배한 죄가 사라지고 남북이 통일되어 춤추게 된다.

함께 가야지 우리만 갈 것인가? 안 된다는 귀신의 가르침을 버리고 성령 충만으로 계속 구원의 역사를 이루는 오늘을 살아야 한다. 그러다가 오늘 오시는 예수님 만나면 된다. 우리 때에 안 오시면 죽고 나서 가서 뵈면 된다.

술 취하고 방탕한 나라들의 현상만 보고 '때가 다 되었으니 갈 준비하라'는데 뭘 하고 있다 갈 것인지가 궁금하다. 지붕에서, 밭에서, 전도 자리에서 기도 자리에서, 금식 자리에서 100만 교회 개척과 종들을 기르고 씻기고 자신의 은사를 활용하는 자리에서 만나야 한다.

왜 나만 가려 하는가? 이 민족을 다 데리고 가야하지 않겠는가? 욕심 많게 왜 자신만 가려 하는가? 하나님께서 과연 그런 사람을 받아주시겠는가?

박 목사님은 대단한 소망을 갖고 계신다. 그러니 우리 아버지께서 사랑하지 않을 수 없다. 100만 개의 각 교회를 천명이상 성도를 맡은 종들로 기르고, 또 만들어진 분들을 금식으로 씻기고 닦아서 더 큰 성도를 맡기게 해 달라고 매일 기도하신다. 얼마나 좋은 기도인지 자동으로 줄줄 따라 해진다. 아버지께서 얼마나 기뻐하시는지…. 어떻게 기뻐하지 않으시겠는가? 입장 바꿔 생각해보면 된다. 나 잘 먹고 잘 살고 내 교회만 잘되면 되지라는 기도와 전 세계를 가슴에 품고 기도하고 그것을 해보려고 애쓰고 수고하며 몸부림치는 한 사람(렘5:1) 영혼구원을 위해 애쓰시는 사랑하는 나의 예수님의 십자가를 생각한다면 두 말이 필요 없는 것이다. 무슨 말이 우리에게 필요하단 말인가? 이 책을 쓰고 박 목사님을 소개하는 것이 지나치다고 생각하신다면 한 번만 생각해보면 된다.

나는 원래 거짓말도 못하고 가식도 못하는 사람이다. 보고 들은 대로만 말하고 쓴다. 박 목사님께서 "너무 칭찬한 거 아니여?" 하셨다. "목사님! 저는 보고 들은 것, 하나님 아버지께서 목사님을 사랑하신 것만 썼습니다. 못쓴 것이 많지 다쓰지 못했어요." 박 목사님은 우리하고 똑 같으시다. 그런데 그의 마음속에 영혼을 사랑하는 불만 달랐다.

이 지구촌을 살릴 지도자 박 영우 목사님,

이 민족을 살릴 모세와 같은 지도자 목사님이라는 것을 알았으니 이제 우리는 힘을 모아 하나님께서 기뻐하는 금식을 해야 한다. 박 목사님을 섬겨 함께 이 일을 이루어드리는 것이 우리가 해야 할 일이다.

박 목사님이 오시고 나니 멋진 목사님들이 줄줄이 오셔서 부흥회를 인도하신다. 그 중에 김정식 목사님은 다부지고 야무진 아버지의 아들이다. 보기만 해도 오지다.

함께 하시는 대구 샘 깊은 교회 손석원 목사님, 하나님이 승리로 이끄시면서 교회의 많은 성도들을 돌보시면서도 부흥회를 계속하여 사랑하는 영혼들을 위해 애쓰시는 아버지의 멋진 종이며 아들이다.

서울 성천교회 강석원 목사님은 큰 교회 공사를 시작하여 바쁘신 중에도 계속 부흥회 하시며 백성들을 깨우시느라 애쓰신다. 모두 다 아버지의 보석이며 사랑둥이들이다.

장경동 목사님도 오셨는데 박 목사님을 보시고 "여기 웬일이냐?"고 얼싸안고 좋아 하신다. 박 목사님 하시는 말씀이, "매달 한 번씩 이곳으로 금식하러 왔어(현재까지 14회). 8월 달에 버스와 승합차로 많은 성도들이 함께 와서 금식했어요." 장 목사님은 "엉"하고 놀라신다. 박 목사님은 나를 가리키며 물어보라고 하신다.

"목사님! 금식은 전쟁을 막아 평화통일을 이루고 WCC를 없애고 동성애도 없애고 악법도 없앱니다. 우리 모두가 금식하고 기도하니 10년 조금 넘으니까 모두 해결 되었어요."

"정말!"

"장 목사님도 한 달에 이틀만 박 목사님처럼 시간을 내셔서 금식하시면 평생 건강하시고 형통하십니다."

"그래, 나는 먹고 기도하고 싶은데"

나는 다시 금식 전도한다.

"장 목사님! 환자들이 병이 낫는 확률입니다. 100명에서 기도만 하면 10명 살고 90명 죽습니다. 금식하면 90명 살고 10명 죽는답니다."

장 목사님은 금식 전도하기로 약속하셨다. 우리 성령님의 놀라우신 금식의 시작 싸인이시다. 장 목사님은 약속대로 금식전도를 시작하셔서 어려움 당하고 있는 분을 연계시켜주셔서 와서 금식하고 좋다고 계속 왔다 갔다 한다.

하나님의 사랑을 받는 첫 번째 조건이 약속을 잘 지키는 것인데 감사할 뿐이다. 우리 아버지 예수님 성령님께서 우리 민족을 일으키실 때가 된 것이다.

박 목사님은 계속 금식 전도하신다.

"나 말이여 기적의 성령 충만(나의 저서중의 하나)을 세 번 읽었어! 장 목사님도 세 번 읽어봐. 두 번 읽어서 어느 정도 알았지만 세 번 읽으니까 더 깊이 알아지더라고." 책 읽기 좋아하시는 장 목사님은 나한테 책 다섯 권 사가셨다. 나는 장 목사님이 쓰신 "결혼 하면 괴롭고 안 하면 외롭고" 가정 문제의 책을 얻었다. 아주 재미있고 재치 있는 책이다. 남자 목사님이 가정에 관한 책을 썼다니 더욱 더 흥미가 있었다. 간결하고 간단하지만 진리가 거기에 있었다.

함께 오신 김호민 목사님, 그의 메시지와 몸놀림은 아름다운 조화를 이룬다. 아버지께서 주신 신기한 달란트였다.

순복음 삼마교회 이일성 목사님께서 오셔서 큰 은혜를 주셨는데, 교회를 개척할 때 거액을 헌금하신 분이 있었다고 한다. 그런데 하나님께서 받지 말라 하셨다면서 지하실 38평에 새 신자 3명으로 시작했다고 한다. 이 소식을 듣고 신학생들이 큰 도전을 받게 되었다. 이일성 목사님도 바로 눈감으니까 강대상에서 맑은 생명수의 강물이 흐르고 있다고 증언하셨다. 얼마나 기도하고 금식하고 애쓰셨으면 하고 가셨다.

화곡동 축복교회 임은진 사모님은 꿈, 환상 해석 책을 내신 분이시다. 여기 오셔서 벧엘의 강대상을 환상으로 보시니 빛이 내리쪼이고 그 빛에서 칼이 나오더니 금식하는 식구들에게 가서 수술하더라는(수술하면 병, 돈, 자식문제, 가정문제 해결된다는 것) 것이다. 그리고 큰 화로가 있는데 불이 타고 있다는(성령의 불 붙이는 제단이라는 것) 것이다. 축복 교회에 더 큰 복이 내리게 되기를 축복한다.

그리고 GoodTV에 이성수 목사님은 TV에 나를 내보내려고 보내주신 천사 목사님이시다. 18년 전에 TV에 나간다고 하나님이 내게 보이시더니 이제 책이 나오면 나가게 된다. 큰 복을 함께 받게 될 것이다.

어디까지나 우리 박 목사님이 우리와 함께 계셔서 금식의 본을 보이셨고, 평안을 주시기 때문이다. 이렇게 택하신 목사님이 계시기만 해도 말이 술술술 먹혀들어 다른 목회자들이 관심을 가지기 시작하고 금식에 귀를 기울이니 어찌 박 목사님께서 100만개 교회를 못하시겠는가!

할렐루야로 이 민족을 거룩하게 구별하여 구원하고, 온전한 그리스도의 나라와 100만 교회를 하나님 앞에 돌려드리기 위해서 우리는 합심하여 금식하는 길 밖에 없다.

이 민족이 모두 구원받고 금식하여 하늘로부터 내리고 있는 조상들의 우상 숭배한 죄를 끊고 복된 나라, 제사장의 나라, 대한민국을 만드는 모세와 같은 지도자가 되실 것에 대해서 나는 조금도 의심하지 않는다.

8년 전부터 이 민족의 멋쟁이 지도자 되시는 15분 정도를 만나게 해주시겠다고 꿈에 보여주셨고, 몇 달 전에도 보이셔서 곧 만나게 될 거라고 하시더니 이제 만나게 하신다.

영혼들을 씻기시고 자신의 영혼을 씻어 거룩하신 아버지 앞에 성령 충만으로 영광 돌려드릴 영의 지도자시다.보이시고 이루시는 내 아버지를 찬양 드린다. 우리 아버지께서 택하시고 이루어 가시는 일이시니 마무리도 우리 아버지께서 하실 일이다.

☆ 안디옥교회는 그 옆에 약 2만여 평 되는 연못과 공원이 있다. 그곳을 가 보았더니 사랑하시는 자에게는 교회도 그런 곳에 다 주시나보다고 생각했다. 공원에서 교회를 바라보니 교회가 공원의 연못 위에 떠 있는 듯이 아름다웠다. 손을 높이 들고 기도했다. "아버지! 이 공원에 놀러오는 사람들이 안디옥교회를 보거든 그들은 모두 안디옥교회로 보내셔서 구원받게 해 주세요. 예수님의 이름으로 기도합니다. 아멘."

☆ 박영우 목사님의 자서전 "내가 너를 지명하여 불렀나니"는 두 명의 성도와 함께 시작하여 큰 교회로 성장하시기까지의 이야기가 나와 있다. 땅 살 때의 기적 같은 이야기, 집사 시절에 전도사님을 섬긴 순박한 이야기, 교회를 지으면서 일어나는 에피소드와 슬픔과 눈물이 나의 가슴을 울리고 살아계신 하나님 아버지의 사랑의 손길이 느껴진다.

예수님이 아니면 갈 수 없는 길, 십자가가 아니면 포기할 수밖에 없는 길을 늘 무서운 시험과 환란 속에서도 이기게 하시고 승리로 이끄신 하나님의 살아계신 간증서이다.

교회의 어려움 속에서 "내가 살면 교회가 죽고 내가 죽으면 교회가 산다."는 귀한 말씀이 내 마음에 박힌다. 내가 좋아하는 "죽으면 열매 맺는다."(요12:24)는 말씀과 흡사하다.

그의 유튜브 설교를 통해서 나는 깊은 산과 같은 말씀에 감동한다. 잔잔하게 흘러나오는 말씀은 마음에 평안을 준다.

광주 안디옥교회는 목사님과 성도들이 똑같다. 하나님 사랑하고 목사님 사랑하고 예수님을 사랑하는 목사님을 그처럼 사랑하고 기도하는 성도들이 안디옥에 자리하고 있다. 영으로 보아도 이렇게 거룩하고 깨끗한 교회가 별로 없다. 안디옥 성도들은 복 받았다.

우리 민족의 교회들이 이와 같이 되기를 원한다. 금식하는 교회, 예수님을 사랑하여 세우신 목사님을 사랑하고 함께 기도하며 한 마음으로 가는 교회, 100만 교회를 위하여 목회자들과 성도들이 기도의 등불을 끄지 않기 위해서 애쓰고 수고하는 모습은 아버지께서 기뻐하시는 모습이다. 앞으로 더욱 많은 성도들이 와서 함께 기도하며 헌신하고 복 받는 모습을 영으로 미리 보면서 아버지 앞에 영광을 돌려 드린다. 할렐루야!

뒤에서 칼을 꽂더라 (꿈)

나라나 교회나 가정이나 나하고 너는 함께 살아야 한다. 그런데 많은 사람들이 사람 등 뒤에서 칼을 꽂는다. 이 말은 뒤에서 욕하고 책망한다는 것이다. 이제 우리는 싸움을 멈추기 위해서 훈계를 하고 받는 훈련을 해야 한다. 싸움을 멈추어야 하는데 훈계하고 받는 훈련이 목회자나 성도들이 제대로 되어져 있지 않기 때문에 나라나 교회나 가정이 어려움을 당하고 있다. 우리가 강대상에서 훈계하고 책망하고 그것을 받는 것이 얼마나 좋다는 것을 가르친다면 그것을 그대로 따라할 것이다. 이것을 가르치지 않기 때문에 못하고 있는 것이다. 이것을 잘못 가르치고 행하지 못하기 때문에 누가 나에게 뭐라고 하면 욕하고 성질 내다가 성경에 걸려 넘어져 벌 받아 어려움 당하는 것이 우리이다. 이것을 로마서 2장에서 우리에게 경고하고 있다.

그리스도인이나 백성이나 모두 재훈련을 해야 하는 목록은 훈계와 책망을 받고 훈계할 줄 알고 책망도 사랑스럽게 받을 줄 알아야 한다.

"너는 말씀을 전파하라 때를 얻든지 못 얻든지 항상 힘쓰라 범사에 오래 참음과 가르침으로 경책하며 경계하며 권하라 (딤후4:2)

이 말씀은 사도 바울께서 디모데에게 엄한 명령이라 표현한 말씀인데 우리가 지금 행하지 못하는 분야이다.

이 책을 쓰면서 생각나는 나의 간절한 기도의 제목이다.

이 민족이 금식과 꿈. 환상이 유행하는 나라 되어 형통하고 훈계와 책망을 하고 가르치고 받는 것이 자유로워져서 나라와 교회와 가정에서 쌈닭 귀신들이 사라지게 하는 것이다.

말만 듣는다고 바로 되는 것은 아니다. 그러나 우리가 강대상에서 끝없이 가르치고 행한다면 성경을 통한 하늘의 뜻이 이 땅에 이루어져 우리나라도 싸움이 멈추는 그래서 전쟁이 사라지는 나라가 된다는 것을 성경이 말하고 있다. 아버지의 간절한 소원인 화목제물이 되어 달라 내가 내 아들을 너희를 위하여 내어주었으니 너희도 화목제물이(롬3:25, 12:1,18) 되어달라는 간절한 소원이 이루어지기를 원하는 마음을 전한다.

　책망 : 잠6:23, 9:7,25:12, 27:6, 29:1,

　훈계 : 잠4:1, 5:12,23. 6;23, 8;10, 33.10:17. 12:1. 13:1, 18.15;5,32,33. 19:20 등 많이)

　잠 23:23 "진리를 사되 팔지 말며 지혜와 훈계도 그리 할지니라" 알았으면 꼭 하라는 말씀이다.

　"주의 말씀은 내 발에 등이요 내 길에 빛이니이다."
　(시119:105)

　위의 말씀대로 하나님의 말씀이 발에 등이 되게 하려면 꿈. 환상으로 나를 봐서 내가 가야할 길인지 아닌지를 가늠하고 다녀야 한다(응답). 그렇지 아니하면 어두운 길을 가면서도 알지 못하여 결국은 호랑이를 만나 나의 삶을 잃어버리고 울며 회개하게 되는 것이 우리였다.

　이제부터 나의 길을 비추시는 말씀을 따라 꿈. 환상으로 여쭤보면 보여주시는 "생명의 길을 따라 기쁨이 충만케"(행2:28) 되시기를 축복한다.

8장

웃으면 복이 와요

나의 스승은 누구인가?

말씀의 스승은 예수님이요

행위의 스승은 내 앞의 사람이다.

그럼 온전하신 예수님을 행위의 스승으로 삼으려면?

꿈·환상으로 그 분을 뵈면 따라 한다. 진실로 따라 하며 흉내 내 볼 수 있다. 그렇지 않는 한 사람만을 따라 한다. 10%의 오류의 사람 따라 하면 그 사람의 오류까지 안게 된다. 사람을 섬기는 차원을 넘어 기르다 보니 남들이 겪지 못하는 삶과 생각의 오류도 많다. 능력 있고 빵빵하게 돈 많고 재능 자를 보내겠는가?

가르친다는 자체는 세운다는 것인데 이들이 모두 나의 스승이며 나의 성경을 여는 열쇠이며 나의 복들이다. 그러면 이 복둥이들을 어떻게 잘되게 해줄까?

어느 날 아버지께서

"너는 뭐해서 먹고 살래?"

"일 잘할래? 말 잘해서 먹고 살래?"

아무리 생각해도 힘이 부족해서 일 잘해서 먹고 살기 틀린 것 같아 "말 잘해서 먹고 살래요" "네 말대로 되라!" 하신 음성 속에 이들에게 복을 빌어주기로 했다.

"너희들은 나보다 백배가 나은 종이 되라!"

못될 것 뭐 있겠나? 나는 늙고 너희는 젊다.

나는 못 배우고 너희는 배웠다. 나는 기운이 약하고 너희는 세다. 그러니 당연히 그렇게 해야 한다."

하늘에 말을 심었다. ~ 아멘!

사람이야 진짜로 듣던, 거짓으로 듣던, 장난으로 듣던 나에게는 아무런 상관이 없다. 사람을 중심하여 말하고 행동하는 것을 잊어버린 지 오래다. 하나님이 들으시고 그대로 갚아 주시기만 하면 된다.

이 땅에서 부모, 자식, 형제, 자매 모두 버린 자는 땅에서 백배받고 영생을 상속하리라. 버려야 산다는 것을 깨닫는다. 사람을 기른다는 것은 참으로 쉬운 일은 아닌 듯하다.

각각의 특성과 나타나는 인격이 달라 이제는 하나하나의 꽃들을 들여다보며 행복하다.

어렸을 때 가난과 조실 부모. 고통을 받아 자기 마음대로 못산 사람은 사람의 눈치를 잘 보고 그의 낯을 잘 살핀다. 그 사람의 얼굴 표정에 민감하여 빠른 행동으로 비위를 맞추고 사랑 받는 자리에 있다. 반대로 사랑을 듬뿍 받고 자란 사람은 아주 둔하여 옆에 사람이 어떤 상황인지 살필지 몰라 얻어맞는다. 또는 사랑을 덜 줬다고 원망 불평한다. 그러다 하나님께 매 맞았다.

나는 가족과 사랑하는 벧엘의 온 식구에게 성경적인 인격, 말하고 행동하고 배려하는 것에 대해서 사람됨의 기본을 훈련하라고 명령받았다. 사람 되는 훈련이다.

사람의 소양만 갖춘다면 거기에 무슨 모자를 씌우든 멋진 사람이 되고, 그렇지 못한다면 어떠한 직책을 줄지라도 감당할 수 없다는 것이다.

* 그 키(Key)가

잘했다(칭찬) : 감사합니다.

잘못했다(질책. 훈계. 책망) : 감사합니다. 고칠 수 있게
　　　　　　　　　　　　기도 해주세요.

- 지나치게 칭찬을 좋아하는 사람 : 너에게 화가 있다고 성경이 말씀하신다(눅6:26)

반대로 엄한 명령 속에 있는 범사에 오래 참음과 가르침 경책 경계하며 전하라(딤후 4:2)는 말씀을 역행하는 것도 끝없는 삶의 훈련과 시험이 끝이 나질 않고 있었다.

- 말씀훈련 : 듣는 훈련. 성경을 읽고 혼에 새기는 훈련을 벗어나서 이런 삶의 아름다운 행위를 혼에 새겨 늘 예수님을 춤추시게 해드리는 멋진 하루! 행복합니다. 어떤 부요와 능력 속에서도 내 행복을 찾을 수 없다면 그것은 예수님께서 원하시는 바가 아니요. 천하를 호령하고 산을 들어 바다에 던지는 믿음이 있다한들 나와 내 가족이 내 아내와 남편이 행복하지 못한다면 그 믿음이 무슨 소용이 있겠는가?

"네 행복을 위하여 여호와의 명령과 규례를 지키라"(신 10:13). 내가 행복하지 못한다면 내 몸을 성전 삼아 계시는 천국의 주인이신 성령님 임마누엘하신 사랑하는 예수님이 행복하시겠는가?

- 내 마음 성전에 나에게 들어오는 저주, 나쁜 생각, 미워하는 생각, 성경을 위배하고 싶은 모든 것들을 친히 감당해 주시고 나로 하여금 사람을 사랑하고 위로하고 그를 참아주고 책망하며 세워 나가게 해주시는 분이 임마누엘 하신 성령님이시다. 예수님의 영이시며 사랑의 본체이시다.

그래서 우리는 날마다 웃기 위해 긍정의 사고를 열어야 하고 위와 같은 단계의 여러 가지 훈련을 통과하며 행복한 삶을 열어가고 있다.

고로 오늘 만나는 모든 사람이 나의 스승이다. 못난 사람, 잘난 사람, 돈 많은 사람, 없는 사람, 지위가 있는 사람, 없는 사람, 정신 환자 등등 나를 만나는 모든 사람이 주신 선물이며 스승이다. 시험을 치르는 데는 시험지가 필요하듯이 사람을 선물로 주셔서 여러 가지 삶을 살아보게 하시고 대처하게 해주신다.

그러나 사랑하는 나의 예수님은 그와 비교할 수 없는 나의 사랑하는 스승님이시다.

고통과 아픔 때에 언제나 바라보는 십자가는 나를 넘어갈 수 있는 힘을 주시고 할 수 없는 일을 하게 하시고 하지 않아야하는 일을 하지 않게 하신다.

그래서 오늘도 나는 예수님의 귀하신 십자가와 그의 부활을
사모하며 사랑한다.

주님의 쓴잔을 맛보지 않으면
주님의 쓴잔을 모르리
주님의 괴로움 당하지 않으면
주님의 고통을 모르리
주님의 십자가 져보지 않으면
주님의 죽으심 모르리
주님의 쓴잔은 내 것이요
주님의 괴로움 내 것이며
주님의 십자가 내 보물이라
그의 부활 내 영광이리라

나는 예수님이 나의 주인이신 것과 나의 스승이신 것이 너무
나 자랑스럽다.
그래서 그것을 날마다 자랑하며 사모한다.

나의 달려갈 길 다간 후에 (사명)

그 후에 주께서 나에게 생명의 면류관을 씌어주시리라.

그것 벗어 사랑하는 나의 예수님께 드리리라.

그동안 나의 저주, 가난 때문에 온갖 수모에 침 뱉음을 당하신 사랑하는 나의 예수님.

긍휼 받지 못할 자에게 긍휼을 베풀어 주시고, 씻지 못할 모든 죄를 십자가의 그 보혈로 씻어주셔서 사람답게 살게 하시느라고 얼마나 눈물 흘리시고 얼마나 아프셨던가?

위로가 위로되지 않고 사랑이 사랑되지 못하는 환경 속에서 그 아픔과 슬픔을 견디시고 나와 우리를 포기치 않으시고 이끄신 나의 사랑하는 예수님.

누가, 사람이 최고라고 말할 수 있는가? 그 누구도 예수님 외에 최고가 될 수 없고 최상의 것을 가질 수도 없다. 나는 다만 나의 눈물과 생명으로 그의 발을 씻기고 나의 가진 몸으로 그의 발을 닦고 내 눈물로 그의 피의 은혜를 천만분의 일이라도 갚을 수 있다면... 가히 할 수 없는 말이다.

다른 사람처럼 천국에 가본 것도 아니요. 그렇게 높고 깊은 영계를 봤는지 안 봤는지 나는 모른다.

그러나 단연코 말할 수 있다.

계시록 3장 8절의 적은 능력을 가지고도 그의 인내의 말씀을 지키고 배반하지 않은 것을 사랑하시는 나의 아버지 앞에 천국 가는 그날까지 나의 생명이 다하는 그날까지 나에게 적은 능력의 소유자라는 것을 잊지 않게 하소서!

나는 능력이 없으나 사랑하는 나의 예수님의 이름으로, 그의 능력으로 살아갈 수 있도록 인도하실 것을 믿어 의심치 않는다.

나는 예수님을 사랑한다. 사랑합니다. 나의 예수님.

생긴 그대로

부족하면 부족한 대로

넘치면 넘치는 대로

모자라면 모자라는 대로

그대로 받아주신 예수님을 생긴 그대로 사랑합니다.

예수님! 사랑하는 아버지! 성령님!

울고 있는 이스라엘아

너와 나의 종들이 고쳐야 한다. 무얼 고칠까 행위를 고쳐야지. 행위를 고쳐주지 않은 말씀은 살아있는 말씀이 아니다. 성경은 언제나 너희를 역행해야 복 받는데 아멘하고 웃고 행복하기만 하는 것은 잘못된 일이다. 서로 친절하게 하며 불쌍히 여기며 서로 용서하기를 하나님이 예수 안에서 너희를 용서하심과 같이 하라(엡4:32) 이 말씀처럼 하라는 것이다. 정리해 보았다.

첫째, 서로 친절하게 하며

서로 친절하게 하라. 서로, 혼자하게 놔두면 얼마나 잘하겠어요. 서로라는 말은 상대가 만족할 때까지로 보면 되겠다. 물건은 만들어서 소비자가 만족할 때까지 서비스를 하는데 우리는 나 혼자 친절하지 서로 친절하지 않다. 상대야 어떻든 상관없이 내 맘대로 섬기고 내 맘대로 사다준다. 그가 원하는 것은 묻지도 않고 원치도 않는다. 내가 좋으면 되는 것이다. 내가 배고프면 밥 사주고 내가 어디가고 싶으면 데리고 가고 내가 좋으면 그도 좋은 줄 알고 내가 기분 나쁘면 그도 나쁜 줄 안다.

성경은 오른뺨 때리면 왼 뺨 내놓으라고 하는데 나는 때리면 바로 열대 때린다.

성경하고 아주 무관한 행동을 하면서도 믿음 이야기가 나오면 그 사람의 믿음은 예수님이 지신다. 예수님보다 더 큰 십자가 더 큰 사랑의 행위자처럼 말한다. 나도 너도 그렇다. 우리 민족과 우리는 원래 친절하지 못한 쌈닭 민족인 것이 분명하다. 성격 차이로 앞에서 싸우느냐. 뒤에서 흉봐서 싸우느냐의 차이만 있을 뿐이다. 조상들의 우상숭배의 죄 값으로 일제치하를 겪게 되었고 6.25사변도 겪게 되었다. 이제 우리가 이러한 조상들의 우상 숭배한 죄 값으로 온 인격과 말을 버리고 성경으로 돌아간다면 우리 민족에게 전쟁은 없다. 평화통일이 기다리고 있다. 그것을 고치는 것이 필요하고 하나님 기뻐하는 금식을 종들로부터 백성까지 하여 거룩해지면 나라의 전쟁도 막아지고 삶의 전쟁도 막아진다.(레26: 돈, 건강, ,자식, 가정이 안 되는 문제)

우리는 이 친절에 다시 훈련하려면 속으로 생각하는 것을 버리고 입으로 말해야 한다.

• 사랑해요 감사합니다.

• 뭘 도와드릴까요?

그가 원치 않는 것은 해주지 말고 그가 원치 않는 것은 말하지도 말라.

어느 날 아버지께서 말씀하십니다.

원치 않는데 도와주고 말하는 것은 싸구려 손이요. 그가 원하는 것을 돕고 말해주는 것은 비싼 손이라고……

"어떤 손이 되고 싶냐?" "비싼 손!"

"네가 자기의 일에 능숙한 사람을 보았느냐. 이러한 사람은 왕 앞에 설 것이요. 천한 자 앞에 서지 아니하리라.(잠22:29)"

우리가 잘못 배우고 말하는 것은 성경이 아닌 옛 구습이요 버려야 할 조상들의 우상 숭배한 죄 값인 복 받지 못하고 길들여진 악습이었다. 우리는 10여 년 동안 이렇게 훈련되어졌다.

항상 친절하게 안아줄까 도와줄까? 아니다.

☆ 가장 친절한 것은 웃음이며 아름다운 미소이다.

이렇게 있다가 그가 원하는 것이 있고 도움을 원한다면 0.8초로 행동한다. 5리 가자고 하면 10리 간다. 미안해서 이만큼만 도와주세요 하면 그곳에 있는 일을 온전하게 도와주고 전도하여 예수님을 전한다.

둘째, 불쌍히 여기며.. 불쌍하다는 것은 무엇일까?

"여호와께서는 자기에게 간구하는 모든 자 진실하게 간구하는 모든 자에게 가까이 하시도다."(시145:18)

우리의 진실은 불쌍한 것이다. 죄가 죈지를 모르는 민족. 분명히 성경은 있는데 성경대로 못한다. 엄마가 애기를 뱃속에 넣고 성경 읽고 교회 다녔는데 이 아이는 세상에 살 때에 성경하고 같이 하는 것이 아니라 엄마 아빠하고 똑같이 한다.

죽겠다. 미치겠다. 지랄한다. 염병 지랄하네 라고 말한다.

욕하면 영광이 가려진다고(합 2:16) 하셨는데 우리는 입에 욕이 붙어 있어서 욕이 아니면 말이 안 되고 죽겠다가 아니면 수

식어가 없어진다.

그래서 나의 영광거리가 사라진 것은 아닌지 생각 또 생각해 보고 고쳐야 살아계신 하나님이 나의 삶에 나타나신다.

학생들이 모여 있는 곳에 가보면 무섭다. 욕이 너무 많고 욕된 행동이 너무 많다.

아이들 나무랄 것인가?

누굴 보고 한 것인가?

부모 보고 따라한다! 그것이다.

그 부모는 그 부모 보고 한 것이다.

이것을 조상들의 우상 숭배의 죄 값으로 3-4대의 저주가 내린 다고 말한다(출20:5).

누가 먼저 고쳐야 하는가?

부모가 먼저 고쳐야 한다.

자식을 잘되게 하고 나도 행복하게 살려면 하나님 기뻐하는 금식으로 내 입과 행위에 쳐져 있는 흉악의 결박인 말과 행동을 고쳐야 한다. 하나님께서 나를 불쌍히 여겨 가까이 해주시고 복 주실 것이다. 나도 사람을 불쌍히 여기게 되어 복 주시는 하나 님을 만나게 될 것이다.

셋째, 서로 용서하기를 하나님이 예수 안에서 너희를 용서하 심 같이 하라.

예수님께서 우리의 저주를 속량하시려고(갈3:13) 십자가에 달려서 고난당하시고 속량해주셨다. 이곳에 문제가 있어서 우리의 삶의 복의 완성을 이루지 못하고 있었다. 복이 100% 완전한 것은 없다 할지라도(100% 완전한 복은 받지 못했다 할지라도) 죽음, 건강, 자녀, 돈, 가정(레26:1- 13)의 치명적인 사건들에서 벗어날 수 있어야 하는데, 늘 불안 속에서 살다 언제 나에게 암이 찾아올지 모르고, 언제 자식이 정신을 잃고 나의 삶을 죽일지 모르며, 언제 아내나 남편이 바람나서 나 혼자 될지 모르고, 나에게 있는 돈이 언제 나를 대적하여 빚쟁이 만들지 모르기 때문에 두려운 마음을 벗을 수가 없다. 분명히 예수님을 믿고 교회는 다니는데 교회 안에서 너무나 많이 일어나는 일이기 때문에 나도 안전하지 못해서 두려움에서 벗어날 수 없는 것이다. 두려움에는 형벌이 따른다고 했는데 형벌을 불러들이고 있는 행위인 것이다.

간단하게 성경으로 해석해보고자 한다.

갈 3:13절의 저주 속량을 조금만 갈라보면 해결된다.

* 저주는 두 가지가 있다.

1. 원죄 : 원죄는 하와 할머니가 뱀의 유혹으로 선악과를 따먹으므로 버림받은 죄이다(창3:1-).

2. 자범죄 : 자범죄는 우리의 행위로 저지른 죄이므로 예수 믿고 회개하고 예수 그리스도 이름으로 물세례 받으면 죄 사함 받고 성령을 선물로 받게 된다(행2:38). 여기에 성령이 천국의 주인이시다. 이곳에 주목해야 할 것은 원죄는 예수 그리스도의 고난과 부활로 말미암아 생명이(예수 그리스도) 왔고 예수 믿으면 된다(히9:15). 자범죄는 내가 회개하여 예수 그리스도의 이

름으로 세례 받으면 성령이 선물로 주어진다고 하셨는데 여기
서 내 행동의 행위가 필요한 것이다.

　예수 믿는 것도 행위요
　회개하는 것도 행위요
　세례 받는 것도 행위이다.

　이 세 가지의 행위에 의해서 천국이 오는 것이다.
　이 천국이 성령이며 임마누엘하신 예수 하나님이신데(사9:6),
하나님이 욕하는 것을 좋아하시겠는가? 흉보는 것을 좋아하시
겠는가? 옛 모습을 버리지 못하므로 성령께서 노여워하고 계시
고 성령 충만하지 못하므로 나를 지배하지 못하신다.
　우리는 내 입의 말과 행동을 고치는 것이 율법의 완성이라는
것을 깨닫는다. 율법을 폐하러 온 것이 아니라 완전케 하신다는
것이다(마5:17). 그 밑에 성경을 주목하라. 행하고 가르치면 천
국에서 크다 할 것이고 행하지 않고 가르치면 작다고 할 것이다
(마5:19) 하셨는데, 이 천국을 하늘에 있는 천국에만 비하니 말
이 안 맞아버린다. 땅의 천국 땅의 예수 믿는 사람들을 설명하
고 계신 것이다.

　하나님은 우리를 불쌍히 여기셔서 자신의 아들을 십자가에
못 박아 죽이시고 나를 구원하셨건만 우리는 불쌍히 여김을 받
지 못하고 고통 속에 머물러 있다.
　그것을 성경을 잘못 해석했기 때문이다.

원죄는 예수 믿어 천국가게 되었으니 자범죄인 우리의 행위는 하나님 기뻐하는 금식으로 흉악의 결박을 끊으면 쉽게 고쳐진다. 고치고 나면 하나님이 나를 불쌍히 여겨 나의 문제를 사 58:7-12절처럼 멋지게 해결해 주신다. 돈 문제, 건강문제, 기도 문제, 뼈 문제, 자여손천대까지의 복으로 인도하시고 살아계신 하나님, 예수님, 성령님을 날마다 만나 행복한 지도 받으며 하루가 할렐루야로 시작하고 끝나게 하신다.

알파와 오메가의 말세는 오늘 하루 안에 다 있는 것이다.

자범죄의 행위를 고쳐 이 땅의 복을 완성해야 하는 것이 우리가 해야 할 일이다.

그런데 이 문제를 0.8초로 훈련하여 섬기고 사랑하고 불쌍히 여기는 것이 안 된다. 그전의 옛 구습이 금강석 철필로 머리에도 마음에도 새겨져 있기 때문에(렘17:1) 금강석 철필의 새김은 10년을 훈련해도 툭툭 튀어나오는 옛 구습 때문에 나와 너의 고통은 앞에 말씀드렸듯이, 대적의 아픔이요 땅값의 고통이요 법의 대적이요 내가 하나님의 말씀을 거역하는 만큼 삶이 순탄치 못하고, 대적 자들이 쉬이 없고 나라도 법도 나의 무법에 대하여 질책하고 훈계를 계속한다.

하루는 지치고 상한 마음에 살 소망이 끊어진 사도 바울과 같이 되었다.

고후 11:26 "여러 번 여행하면서 강의 위험과 강도의 위험과 동족의 위험과 이방인의 위험 시내의 위험과 광야의 위험 바다의 위험, 거짓 형제 중의 위험을 당하고"

나는 사도 바울도 아니고 이스라엘 족속도 아닌데 이 성경이 나의 것이 되어 있는지 알 수 없다. 감옥의 문이 열려 무법자를 처단하는 나라의 법에서까지 벗어날 수 없어 이 작은 몸 하나가 날마다 찢기고 당기고 때리고 꼬집고 성령의 충만이 아니면 나의 사랑하는 성령님의 저주 감당이 아니면 도저히 내 힘으로는 이 천국의 대궐이 감당이 안 된다.

가르치고 행하면 천국에서 크다 할 것이요(마5:19)

나는 별로 천국에서 큰사람 되고 싶은 생각이 없는 사람인데 왜 하늘은 나를 놔두지 않고 이렇게 볶아 잠13:12절 말씀처럼 "소망이 더디 이루어지면 그것이 마음을 상하게 하거니와 소원이 이루어지는 것은 생명나무니라"

소망을 주시고 그것을 잡고 살아계신 하나님과 살아가는 것을 재미로 살게 놔두시면 되는데, 가난하여 농약도 못 치는 야채와 상추 가을까지 줄줄이 나오는 것 먹고 싸고 씻고 닦고 하루살이의 삶을 그냥 살라고 놔두시면 되는데, 나로부터 시작하여 모두 못나고 모두 배움도 단절이고, 여기다 찌그러지고 찌그러져 있는 사람들 15년 동안 가르치고 먹이고 닦고 씻고 해봤자 도토리 키재기처럼 거기가 거기이다.

너와 나 잘난 사람이 뭐 하러 나에게 오겠나?

잘난 사람은 우릴 무시하고 손가락질 하느라고 도리어 복을 못 받아, 차라리 못난이들끼리 모여서 때리고 꼬집고 하는 것이

맘 편안 우리 집.

누런 호랑이에서 백호로 바꿔 세상에 나가면 "천지가 개벽한다."고 보여주시니 참 개미도 웃겠다. 그런데 아버지 예수님 성령님은 내가 어떤 소리를 해도 들은 척도 안 하시고 패고 때리고 물에 넣다 불에 넣다를 계속하시며 예수 그리스도 안에 있는 생명의 성령의 법으로 죄와 사망의 법에서 해방시키는 해방군으로 쓰시겠다 하시니 참으로 어처구니가 없다. 나의 죄와 사망의 법(레26:14- 돈, 건강, 자식, 가정문제,)이나 해결해주시지!

　말해도 소용없고
　고통해도 소용없이
　꿈에 보니 포장으로 가려놓은 채
　가르치고 패고
　가르치고 때리고
　깨달으면 깨알만큼 돈 주시고 사랑한다 하신다.

참으로 하늘은 어떻게 생겼기에 나를 이렇게 콩 볶듯 하는가? 어떤 사람이 보니 바위터널을 뚫어놨더라고 한다.

금식과 기도와 눈물의 고통의 삶의 몸부림이 하늘을 울렸고 예수님께서 나 때문에 더러움에 내쳐지셨고 나 또한 진토에서 일어날 수 없는데, 나는 왕의 앞에 설 전문인이 못되는데 (잠 22:29) 그것을 만드시느라고 진땀을 흘리시며 그 아픈 십자가에서 내려오지 못하시는 나의 예수님!

☆ 누군가가 환상을 보니 예수님이 십자가에서 달린 채로 피

가 낭자한데 내가 그 십자가를 예수님 채로 짊어지고 배꽃 같이 하얀 옷을 입었는데, 예수님의 피가 그 옷에 가득한 채로 큰 아모스 예배당 강대상에 섰다고 말한다.

사랑하는 나의 예수님이 부활하신지가 언제인데 아직도 십자가에서 못 내려오시나요.

비인격적인 우리의 행동들은 나의 문제를 해결할 수 없고 해결하지 못하는 예수님을 십자가에서 내려오시지 못한 채 피 흘리고 계신 것으로 보이신다.

우리의 가정문제, 자녀문제, 건강문제, 돈의 문제가 해결되는 것이 육으로 보면 예수님이 살아나셔서 부활하시는 것이다. 내려오셔야 흰 옷 입으시고 우리랑 함께 거닐며 이야기 하시고 사랑해 주시고 우리를 어루만질 수 있다. 우리의 해결하지 못하는 고통이 바로 이런 것이다.

큰 아모스 예배당의 강대상에서 피 흘리신 예수님의 십자가에서 흘러내리는 피에 젖은 채 내가 한 말은 무엇인가?

"여러분, 이 예수님에게 이제 자유를 드려야 되지 않겠어요?

하나님 기뻐하시는 금식하세요. 회개하세요. 용서하세요. 성경의 인격으로 고치세요. 그리고 성령 충만 받으세요. 예수님도 나도 행복해지십니다."

⋯⋯ 이렇게 안타까운 상황을 보이셔도 고쳐져야 말이지요.

어느 날 강대상에서 앉은 나, 말을 않고 두 시간을 꼼짝없이 앉아만 있었다. 나는 아무 말을 할 수 없었고 지치고 지쳐 이제 고칠 힘도 없었다. 개새끼를 고치라는 것이다. 나는 그냥 그대로 그 개를 충성된 개로 쓰라는 것이다. 그 개가 충성돼야지 어떻게 개새끼를 충성된 개로 쓰냐는 하늘의 말씀이다. 강대상에서도 나를 개라고 하면 은혜 받았다고 하고 네가 개라고 훈계하면 바로 물고 달려든다. 우리는 안 된다. 나는 멋지고 너는 개라는 것이다. 안 되는 것을 어떻게 해요. 두 시간의 정막이 하늘과 나 사이에 있었다. 조그맣게 내 입이 열리면서 소리가 들리는데 이것은 내가 한 것이 아니요 성령께서 내 입을 사용한 내 영혼의 아픔의 노래였다.

  울고 있는 이스라엘아!
  왜 기도를 잊었느냐?
  어둠속의 기도는 하늘 보좌 흔든단다.
  내 모든 사정을 주님께 고백을 하여
  위로 받고 구원 받아라!

  들렸지만 난 아무 말도 안 했다. 또다시 부르신다.
  눈물도 안 난다. 이 글을 쓰는 나는 울고 있다. 그러나 그때는 죽기를 작정하고 살 소망을 잃어버린 사람으로선 대답할 말이 없었다.
  성령께선 나를 채근하시듯 두 번째 노래를 부르셨다.
  한참 후에 입이 열렸는데 너무나 조그만 소리다.
  "고쳐주세요! 저와 사랑하는 종들을"
  "내가 고쳐주마" "네 눈물과 고통, 수고와 애씀, 주리고 아픈 것을 내가 아노니 너와 사랑하는 자들을 고쳐주마"

한참 뭐라고 위로하셨지만 나는 더 이상의 위로가 되지 않는 이상한 사람이 되어 있었다.

"이 음성이 하나님인지 귀신인지 제가 어떻게 믿어요?"

나는 10년 이상을 속아온 것 같았다. 들리는 음성을 분별 못해 망해가는 나라를 바로잡기 위해 나는 마음에서 나는 음성을 닫았고, 꿈과 환상으로 모든 들리는 음성 소리를 분별하고 있었기 때문에 이런 소리를 믿지 않는다.

☆ 바로 꿈인지 환상인지가 열려서 보인다. 옆에서 보니 30-40여 명의 사람들을 한 줄로 세워 놨는데 그 앞에는 길게 강물이 있는 것 같다. 갑자기 누군가 이들을 그 물속에 쳐 넣는다. 모두 나와서 바른 자세를 취한다. 한사람이 휘청거리면서 빨리 서질 못하자 다시 쳐 넣는다. 모두 재빨리 일어나서 몸을 추스르고 바르게 서고 아까 제대로 못 선 사람이 늦었지만 아까보다는 빠르게 선다. 조그만 똑딱 배를 타고 예수님께서 빠르게 우리에게서 멀리가시더니 얼마나 빠르게 배를 확 돌려서 우리를 향하여 오신다. 깜짝 놀라 비몽사몽 환상에서 깨어났다.

☆ 우리의 훈련하는 과정이다.(창14:14, 딤후 2장)

영계의 높이 나는 독수리 훈련이요 땅의 왕 백호 만드는 훈련이다. 무서운 삶속으로 집어넣으시고 하나 같이 똑바로 서라는 것이다. 한 사람만 부족해도 다시 하시는 그 모습. 눈물겨운 모습이었다. 독수리가 자신의 새끼를 훈련할 때 언덕 밑에 던져서 밑에 가서 받는 공중의 왕으로서 살게 하는 훈련을 시킨다더니 영계의 왕으로 키우고 계신다. 떠나시던 예수님께서 우리를 향하여 몸과 배를 돌리시는 것을 보고서야 눈물이 흐르고 감사가 나온다.

사람이 독해지면 감사도 눈물도 없다. 돌을 깎아 파는데도 물이 필요하듯 돌 터널을 팔 때 내 눈물이 예수님의 눈물이었어야 팔 수 있고 기계가 불나지 않게 눈물을 사용하셨다.

감사합니다. 예수님! 저희들을 버리지 않고 돌아와 주셔서,

하염없이 흐르는 눈물은 감사의 눈물이었다. 조상들의 우상숭배의 죄를 짊어진 우리 민족, 그것이 무엇인지 어떻게 해결해야 하는지 알지 못하여 WCC가 생겨났고 동성애가 생겨났고 천주교를 이기지 못하고 절도 이기지 못하고 이단도 이겨보지 못한 채 북한의 김정은은 미사일을 들었다 놨다 한다.

속수무책으로 당해서 이제는 전도도 하지 말고 개척도 하지 말고 예수님만 마라나타 하시라고 하늘 쳐다보고 있는 주의 종과 백성들. 아우성치고 기도해도 묵묵부답으로 암 걸려 죽어가고, 병들고 돈도 사라지고 자녀도 계속 죽기 아니면 고통 속에서 헤어날 수 없다.

이것 때문에 성경을 알게 하시기까지 우리는 이러한 고통 속에서 성경을 내 몸에 새겨서 십자가의 전달자로 바꾸고 계셨다. 하나님 기뻐하는 금식을 하면 성령 충만이 오면서 다 해결된다는 것이다. 물과 성령으로 거듭나야 천국에 들어갈 수 있다(요 3:5). 등불에 기름을 예비해야 천국에 갈 수 있어(마25:1-) 이 말뜻이 무엇인지 이해하게 되기까지, 우리는 서로를 불쌍히 여기

며 서로 친절하며 하나님이 예수 그리스도 안에서 너희를 용서하심 같이 너희도 서로 그리하라는 말씀은 다시 머리에 마음에 금강석 철필로 새기고 계셨던 것이다(렘17:1-). 100% 완전할 수 없으나 90%이상 98%까지 성경의 사람으로 나는 하나님이 아니라는 것은 언제나 회개거리가 있다는 것을 인정하는 것이다.

사람이 100점짜리 되려고 하면 그 사람이 예수가 되어 나온다. 우리는 예수님의 대행자로서 대행자인 것뿐이지 그의 이름 예수가 될 수 없다. 그것이 인정된다면 예수님의 십자가의 용서의 복음이 내 안에서 완성된다.

그 누구의 잘못도 어떠한 행위의 불완전도 용서할 수 있고 용서 받을 수 있기 때문이다.

그러나 용서를 경험하기 위해서 일부러 죄를 지면 안 되고 믿음과 사랑을 시험하기 위해서 일부러 죄를 진다는 것은 히브리서 6:6절의 말씀, "타락한 자들은 다시 새롭게 하여 회개하게 할 수 없나니 이는 그들이 하나님의 아들을 다시 십자가에 못 박아 드러내 놓고 욕되게 함이라"

우리는 100점짜리 되려고 해서도 안 되고 상대를 백점짜리 만들려고 해도 안 된다. 부족한 채로 못난 채로 살아보려고 따라가 보려고 애쓰고 수고한 우리들을 예수님은 지극히 사랑하시고 그의 품에 포근히 안아주신다.

이것이 천국이며 이것이 복음이다.

내가 낮아지면 낮아질수록 나의 예수님은 높아지시고 내가 못나고 못 배웠으면 못 배울수록 예수님의 위대성은 나타난다.

내가 너무 잘나고 내가 너무 잘하면 설교도 상담도 인격도 집안도 다 좋고 잘한다면 배움도 너무 많아 그 배움 자랑하느라 애쓴다면 과연 예수님 자랑은 언제 할 것인가? 예수님의 자리는 어디에 있어야 하겠는가? 나의 부족 때문에 우리 예수님을 높여 드리는 것뿐만이 아니라 더욱더 의지하여 나의 천국이 지금부터 영원까지 행복하여 영광돌리길 원한다.

아버지의 아픔

아들을 이 땅에 내주시어
우리를 위하여 십자가에 매 다실 때에
아버지의 아픔을 누가 알까
너 자식 있느냐 낳아 길러 봤느냐
그의 손가락 문에 끼고
날카로운 것에 찔려 피 흘릴 때
그 아이의 아픔은 더 이상 그의 아픔이 아니요
내 가슴에 전기 흘러 고통으로 들어와
아이 안고 통곡하며 내가 더 많이 울었던 것

생각하는가
자식을
사랑하는 자식들을 살리고자 내 놓으실 때
그 누가 그 마음을 헤아려 어루만져 드릴 수 있단 말인가
십자가에 매달리어
엘리 엘리 라마 사박다니(아버지여! 아버지여! 어찌하여 나를
버리셨나이까)

소리 지르며 아파하실 때
그 누가 그 마음을 헤아릴 수 있었던가

아버지여! 내 영혼을 부탁하나이다
숨을 거두실 때에
태양이 빛을 잃고
온 땅이 어두워지고
무덤들이 터져 죽었던 자가 살아나고
당신은 진정 하나님의 아들이셨군요
하나님 아버지께서 아프시고 어찌할 바 모르시면

태양이 빛을 잃어버리고
온 땅이 칠흑의 어둠이 되며
우르릉 쾅쾅
그 아픔과 노여움을 누가 막을 수 있단 말인가
나 주님의 기쁨 될 때
그 가슴을 어루만져 드릴 수 있는
최고의 선물을 드리는 것 일세

내가 낮아져서 내 주님을 높여드릴 때
그 아픔 그 고통을 이제는 내가 안게 되리

절망하고 실망하여 실의에 빠진 어느 날

주께서 날 부르시며
찾아 오셨네
사랑하는 자야
너의 고통과 아픔을
내가 보았노라

내가 그들을 고쳐 주리라
내가 저들을 고쳐 주리라
그리하소서 내 주여!
우리를 등지고 마냥 멀어지시더니
가시던 길 돌이키셔서
나를 보고 돌아오시니
할렐루야!

내 자식 맘에 안 들어
도저히 볼 수 없다고
돌아보지 않고 가시던 그 발걸음

돌이키셔서 나를 보고 달려오시니
그 사랑 그 은혜 어찌 하오리이까
벌레만도 못한 죄인
용서하신 나의 주여!

그 십자가 그 고난을 어찌 견디셨나요
죽어야 산다고 말씀하시며
죽어야 열매 맺고
나만 봐야 산다고 하셔도
이 세상은 왜 이리 보이는 것도 많은지
나를 버린 사람도 보이고
나를 쳐다보고 비웃는 사람도 보이고
세상의 돈은 왜 그리 잘 보이는지

세상의 좋은 것은 왜 이리 많은지
죽으면 산다고 말씀하시는 뜻은
나하고 너무나 먼 당신이요
보이는 것은 보암직 먹음직하여
하와 할머니 왜 그러셨어요 라고
말하지 않게 해야 하는데
내가 했던 그 말을 내가 했던 그 말을
내 후손은 하지 않게 해야 하는데

육이 죽고 싶어요

영의 생각으로 살고 싶어요
생명과 평안을 갖게 하소서
육신 속에 살며
육을 죽이는 일이
어찌 사람의 뜻으로 되겠는지요

하나님의 나라는 말에 있는 것이 아니라
능력에 있다 하시니
나를 능력으로 이끄사
육에 살아도 영으로 살아
나를 위해 십자가에 고난당하신
예수님 위해 사는
굳은 믿음자 되게 해주소서

비 떨어지는 내 방과 아이들 방, 그대로 따라하지 못한 내 죄 값

예배당을 이어서 유아실과 방송실 또 숙소를 증축할 때에 이런 방법이 아닌 다른 방법을 주셨는데 이것이 될까 생각할 때에 옆에서 이렇게 하자고 다른 방법을 제안했다.

그리고 따라했다. 그것을 이미 지시를 하셨음에도 불구하고 그렇게 될까? 하고 고개를 갸웃거리고 있을 때에 조언을 한 것이다. 그런데 달아낸 방들은 별 방법을 다 해봐도 계속 샌다. 다른 식구들은 모두 예배당에서 멀리 있으나 우리 가족은 이곳에서 산다.

그런데 신기하게도 아들 방과 내 방이 이곳에 있어서 아이들의 침대에 물이 떨어지기를 몇 해를 지났는지도 잊었다. 그런데 지난해에는 내 침대 오른쪽에서 물이 떨어져서 침대 끝에 가서 누워도 물이 튀기는 마찬가지였다. 하는 수 없이 조그만 방 하나를 뜯어서 내 침대를 옆으로 옮길 수밖에 없는 사건이 벌어졌다.

아들의 방에는 비니루 테이프로 붙여서 물을 유도하건만 여전히 쫓아다니면서 나를 회개시킨다. 그대로 따라하면 기적이 벌어지는데 따라하지 못한 죄가 이렇게 오래도록 나를 괴롭히고 있는 것이다. 침대 옮긴 날 나의 침대 오른 쪽에 예수님께서 나타나셨다.

"예수님!"하고 안으려하니 씩 웃으면서 사라지신다. 환상이다. 그쪽이 예수님 자리이다. 고맙다고 하시는 것이다.

나는 내 몸에 물 떨어져서 옮겼는데 그곳이 예수님의 자리였던 것이다.

지금도 그 자리에는 책이 수북이 쌓여 있다.

각종 서류, 성경책, 남들이 가져다 준 간증책 등

그런데 우리 예수님께서 허리 아프시지 않으실까?

"예수님 죄송해요. 다시는 그런 일을 범하지 않도록 시키는 일을 내 머리 안 돌아가더라도 따라할 수 있게 늘 저를 지도해 주세요"

따라하지 못한 것 용서해 주시고 아모스 예배당과 새 숙소 주셔서 이사하게 해주세요. 사랑합니다!

나에게 주신 선물,
사랑하는 종들과 그의 자녀들

하나님의 사랑은 나에게 사람을 주시는 것이다
사랑하는 부모를 주시고 형제를 주신다
남편과 아내를 주시고 자녀를 주신다
며느리도 주시고 사위도 주신다
모두 모두 내가 행복하라고 주신 선물이다

그것도 너무 고마워서 어찌할 수 없는데

어느 날 날더러 종 하라시더니
많은 종들을 주셔서 함께 살게 해 주신다
어떤 사람은 유하고 어떤 사람은 뻣뻣하다
그러나 사람은 모두 똑 같을 수 없다
모두 달라서 대처하기도 힘들다
그러나 때가 되니 그것 또한 재미있다
이제는 그들이 아모스 예배당 짓고 아버지의 약속대로
그들의 바운드를 얻어 나가서
알콩달콩 아버지와 가족과 함께 목회하는 모습을 보는 것
이들이 아버지의 보석이며
나의 보석이라

내가 어렸을 적에는 그들이 내 원수인줄 알았다
그러나 내가 장성 자가 된 다음에는
이들이 아버지의 사랑이며 보석이라는 것을 알았다
이들이 나를 훈련시켜 원장을 만들어줬고
이들이 나를 도와 아버지의 벧엘을 일구어줬다
하나님의 나라에 공로자들이 된 것이다

그리스도 예수 안에 있는 생명의 성령의 법으로
죄와 사망의 법에서 해방시키는 역할을
이 지구를 살리는 지구의 공기 넣는 주유소 사장들로서
아버지 앞에 영광 돌리며 살고 있으며
또 자신의 바운드 안에서 행복하게

아버지의 뜻을 이루는 그림과 같은 보석들이 되었다
다윗이 사울을 피하여 아둘람 굴로 도망하니
형제와 아버지의 온 집이 듣고 내려가서 그에게 이르렀고
환난당한 모든 자와 빚진 모든 자와
마음이 원통한 자가 다 그에게로 모였고
그는 그들의 우두머리가 되었는데
그와 함께 한 자가 사백명 가량 되었더라(삼상22:1,2)

다윗은 그들을 어떻게 먹여 살렸는가
이스라엘 백성에게 내린 만나가 내렸는가
아니면 누군가가 선교헌금 보내줘서
먹고 살았을까

성경을 자세히 들여다보니 다윗이 소년 열 명을
갈멜에서 양털을 깎는 나발에게 보내었네
왜 보내었을까
잘 돌봐줬으니 나에게 은혜를 베풀라 한 것이다
그는 은혜를 베풀지 못하고 하나님께서 치시매 죽었다
그런데 지혜로운 그의 아내 아비가일이 먹을 것을
바리바리 싸가지고 그에게 나아갔고
나발이 죽은 다음에는 아비가일을 아내로 맞았네(삼25:43)
꼭 지혜롭기만 해서 그렇게 했을까
그는 부요한 사람이라
다윗이 어떻게 먹고 살았는가를

나는 어떻게 먹고 살았는가
다윗은 장군이며 많은 사람을 먹여 살릴 왕 될 사람이니까
누가 되었던 먹고 사는 것을 아버지께서 책임지시더라

이스라엘 백성들은 광야에서 만나와 메추라기를
우리에게도 이 광야생활에서 만나와 메추라기를
얼마나 먹었던가
아버지의 은혜와 사랑이 언제나 다윗을 따랐듯이
우리도 언제나 그랬다

그 뒤 그들은 이스라엘의 왕이 된 다윗과 함께 나라를 세우고
능력 있는 나라에서 능력 있는 왕과 함께 행복하게 살았다
우리도 우리의 사명을 다하며
아버지의 뜻을 따라 거룩한 나라
제사장의 나라 대한민국 만들고
지구를 거룩하게 하여
아버지께서 기뻐하시는 나라
아버지께서 기뻐하시는 지구되어
다윗의 사백인의 사람들처럼
훌륭한 종들 되어 할렐루야로 찬양하리라

아둘람 굴의 사백인 처럼 아버지께서 그의 나라와 의를
위해 쓰시고
이 종들이 저보다 백배가 나은 종들이 되어서

별을 주렁주렁 달고
하늘을 우러러 날마다 우렁차게
하나 둘 셋 넷!
구령을 부쳐
하늘의 명령을 따르는 귀한 보석되게 하심을
감사 또 감사하나이다

김다니엘 목사
(하늘의 말을 대신하는 선지자)

책 "십자가 사랑"을 쓴 여 목사
그리고 이번에 새로 나온 책,
"신부"

12년 전 예수님 만나
방에 혼자 앉혀 놓고
음성 듣게 연습시키고
환상 보게 훈련시키고
하늘의 음성을 듣고
세례요한처럼 예수님을 증거하게 하셨다

사랑하는 딸을 통하여 이 땅에
자신의 뜻을 알리시려고 훈련시킨 귀한 딸
얼마나 하나님만을 사랑하는지 그 누구도 따라갈 수 없다
하늘의 소리와 환상을 얼마나 보는지
얼마나 귀한 은혜를 주셨는지
부럽기도 하다 그러나 따라할 순 없다

그래서 그냥 그의 것을 그가 보는 것을

그의 눈을 통해 함께 보고

그의 귀를 통해 함께 듣기로 했다

내가 보는 것을 다 보고 그보다 더 보는 사람

하나님께서 새로 나온 "신부" 책을 통해서

이제 이 땅에 신부들이 수두룩해질 거라면서

좋아서 어쩔 줄 몰라하는 선지자

그는 오늘도 하늘의 음성을 듣느라

귀를 기울여 이 땅에 하나님의 음성을 대행 해준다

믿음도 좋고 사람 사랑도 잘하고

내가 본 3층천의 제사장 신부의 별을 다니엘도 봤고 함께 증
거하게 되었다. 광주 안디옥교회의 비전도 함께 보았는데 성령
께서 각각 다른 사람들에게 일치하게 깨닫게 하셨으니 이것 또
한 놀라운 일이다.

아버지께서 귀하게 훈련시킨 사랑하는 딸을 통하여

이 땅에 수많은 1, 2층에 있는 신부들 가운데

3층의 제사장 신부들이 많이 많이 나와서

2000명의 제사장 신부 탄생하는 날

민족을 2000만 명 구원해주시고

전쟁은 사라지고 평화통일로 이루신다시니

아버지께도 영광이요 땅에서는 할렐루야로

우리 아버지를 찬양하게 되리라

그날에는 WCC도 동성애도 악법도 이 땅에서 사라지고

거룩하고 복된 하나님의 나라 대한민국이 되리라

사랑하는 딸에게도 좋은 가정 아름답고 능력 있는 자녀로
만들어 주셔서
이 땅에서 행복하게 사명 감당할 수 있게 하시리라
우리 서로 손을 잡고 이 땅에 예수 그리스도의 나라가 될 때까지
할렐루야로 금식복음을 전하리라
영혼을 깨끗이 씻어 거룩하신 아버지 앞에
신부로 중매하는 중매쟁이로
함께 사랑하고 함께 세우고 함께 일하며
아버지의 뜻을 이루어 나가리라

사랑하는 보석 같은 딸 다니엘과 함께 사랑합니다.
아버지! 예수님! 성령님!

9장

성경으로 나를 연구한 결과

하늘에서 나에게 복은 안 주고
왜 자꾸 나쁜 것만 주는가?

"그리스도께서 우리를 위하여 저주받은 바 되사 율법의 저주에서 우리를 속량하셨으니 기록된 바 나무에 달린 자마다 저주 아래 있는 자라 하였음이라"(갈3:13)

이 말씀은 예수님께서 우리의 저주를 속량해주셨기 때문에 우리에겐 이제 저주가 없다고 한다. 그런데 하나님 아버지는 아니라고 하신다. 원죄의 저주가 속량되었다고 하셨다.

그런데 영계를 배운 지 15년 만에 아버지께서 하신 말씀을 성경에서 찾았다. 자범죄는 우리가 회개해야 한다고 하셨다. 그런데 그렇게 말씀을 하시는데도 어디에 근거가 있는지를 찾지 못했는데 드디어 찾았다.

* "그는 새 언약의 중보자이시니 이는 첫 언약 때에 범한 죄에서 속량하려고 죽으사 부르심을 입은 자로 하여금 영원한 기업의 약속을 얻게 하려 하심이라"(히9:15) 할렐루야!

하늘은 천국 가는 그날까지 배워야 하며 알아보려 해야 한다. 꿈으로 말씀하셨어도 말씀에 근거가 있어야 하는데 15년 만에야 찾을 수 있게 하셨다.

또 어느 구석이 이쁜 데가 있었나보다, 지난밤에 한 영혼을 위하여 애통하는 기도를 드렸는데 영혼의 주인이신 내 아버지께서 내가 맘에 드신 모양이다. 감사합니다. 아버지 하나님!

* 원죄는 예수님께서 십자가에 피흘리심으로 해결해 주셨고
* 자범죄는

　첫째, 조상들의 우상 숭배한 죄 값 (출20:5)
　둘째, 나의 불순종의 죄 값 (약4:7) 때문에.....

치리하는 사자를 보냈는데 사탄, 마귀, 귀신이다.

이들이 오면 레위기 26:13-, 이하의 돈 문제, 건강 문제, 자식 문제, 가정의 문제가 발생하게 된다.

고로 85% 초토화 당했다.

이제는 좋은 것을 받을 수 있다

첫째, 조상들의 우상 숭배한 죄 값은 하나님 기뻐하는 금식으로 빚을 갚아준다.

갚아주는 금식하는 기간 동안 자신의 윗대로부터 받은 인격과 행동을 성경으로 바꾼다.

이것을 로마서 8장 30절에서는

미리 정하신 이들을 부르시고

부르신 그들을 의롭다 하시고

의롭다 하신 그들을 또한 영화롭게 하셨느니라.

성경으로 나의 인격을 바꾸는 일은 의롭게 성경의 의를 갖게 해주신다는 것이다.

바꿀 때에, 꿈•환상으로 분별하여 여부를 확인하며 바꾸어 나간다.

둘째, 순종의 자리에 서서 예수님의 십자가의 피의 값을 사랑과 진실과 생명으로 갚으면 하늘이 나에게 복 비와 복 바람과 복 사람을 주셔서 레위기 26장 1-13절의 복을 완성해 준다. 돈,

건강, 자식, 가정의 문제를 해결하여 평안으로 이끌어주신다.

이것을 18년 동안 연구하게 하신 결과, 나의 가정에 98% 완성의 복을 허락해 주셨다.

할렐루야!

우리 민족은 여기에서 벗어날 수 있는 사람이 단 한사람도 없다. 그래서 왕부터 시작하여 백성에 이르기까지 니느웨 왕과 백성들처럼 모두 금식하여 울고 애통하여 하나님의 은혜 아래 들어가기를 위해서 애써야 하고, 당면해 있는 문제들을 해결하기 위해서 금식해야 한다.

당면한 문제들만 해결한다면,

우리는 똑 같은 일을 반복하여 죄를 먹고 마시는 일을 하지 않게 된다. 인격을 고쳐 성경의 사람이 되었기 때문에 치명적인 죄는 안 짓게 되기 때문이다.

그러나 죄를 아니질 수는 없지마는 치명적으로 나타나고 있는 예수 부인의 사건은, 우리 민족과 2세들에게 지옥을 안겨주는 결과가 오기 때문에, 어떤 일이 있어도 하나님 아버지, 나의 주인 되신 예수님, 어머니와 같이 우리를 돌보시는 성령님을 이 땅에 능력 있게 활보하게 해드려야 만이 우리의 현재와 미래가 천국으로 바뀌게 되고, 세계에 이름난 나라요 세계에 뛰어난 백성들이 되어 큰 소리치며 영광 돌리는 날이 수년 내에 이르게 될 것이다.

이 일은 우리 민족을 사랑하시는 하나님 아버지께서 한 사람의 육을 죽여 살리셔서 이처럼 귀한 은혜를 내려주신 것이다. 이것 때문에 한 번도 편할 날이 없이 훈련 받고 배웠다.

그래서 이 일을 통하여 이 민족을 거룩하게 재 구원하고 나라와 백성과 함께 통일된 대한민국에서 "하나님이 보우하사 우리나라 만세!" 애국가 부르며 영광 돌리게 될 것이다.

할렐루야! 이 민족과 나라와 백성과 세계와 교회를 사랑해주신 아버지! 예수님! 성령님을 찬양합니다!

거룩한 천국 저 높은 곳을 향하여

초판인쇄	2016년 12월 15일
초판발행	2016년 12월 17일
초판 2쇄	2017년 4월 1일

저 자	박이스라엘
펴 낸 이	최성열
디 자 인	심현옥
펴 낸 곳	하늘사랑출판사
연 락 처	031-516-1009, 010-9932-8291
출판등록	제399-2016-000055호
이 메 일	csr1173@hanmail.net
I S B N	979-11-956221-2-2 03230
가 격	14,000원